Harper
Collins

SEÁN LAIDLAW

BARRIE

Wie ich eine Hündin rettete –
und sie mich

Aus dem Englischen von
Johanna Wais

Harper
Collins

HarperCollins®

FSC
MIX
Papier
FSC® C019821

1. Auflage: November 2020
Deutsche Erstveröffentlichung

Originaltitel: »Barrie. How a Rescue Dog and Her Owner Saved Each Other«
Erschienen bei: Coronet, UK

Published by arrangement with Coronet,
an Imprint of Hodder & Stoughton, an Hachette UK company

Umschlaggestaltung: HarperCollins Germany / Deborah Kuschel,
Konzept: Coronet
Umschlagabbildung: Privatbesitz des Autors
Lektorat: Sophie Ewald
Satz: GGP Media GmbH, Pößneck
Printed in Germany
Dieses Buch wurde auf FSC®-zertifiziertem Papier gedruckt.
ISBN 978-3-7499-0012-1

www.harpercollins.de

Werden Sie Fan von HarperCollins Germany auf Facebook!

Für Andy

1

Das erste Mal begegnete mir Barry an einem ganz normalen Montagnachmittag. Der Himmel war bedeckt, und es war ein wenig kühl, nicht ungewöhnlich für Syrien im Februar. Er hatte sich in den Haufen Schutt eines nahe gelegenen Schulgebäudes verkrochen, wo er stur die Stellung hielt und aussah, als würde er sich dort verstecken. Winselnd kauerte er unter einer Betonplatte von der Größe einer Tür.

Barry war winzig und sichtlich verängstigt. Tiefe Traurigkeit überkam mich, als ich diesen kleinen wimmernden Hund betrachtete, inmitten der Überreste einer Schule, die nun überall verstreut lagen. Er war ein Bild der Unschuld, und ich fragte mich, was ihn dorthin gebracht hatte.

Ich konnte es nicht gut erkennen, aber trotz der Verwüstung um ihn herum wirkte er einigermaßen unversehrt, wobei die Betonung hier auf *einigermaßen* liegt.

Die meiste Zeit meines Erwachsenenlebens bin ich Soldat gewesen und habe erlebt, wie gewaltig sich ein Krieg auf alles auswirkt, was seinen Weg kreuzt. Unsere morgendlichen Fahrten durch die Stadt Rakka boten eine Diashow all dieser Schrecken. Wir fuhren kilometerweit an ausgebombten Gebäuden vorbei, an Häusern, deren

Wände mit Einschusslöchern übersät waren. Der Krieg ist gnadenlos, und Barry war im Bauch dieses Monsters geboren worden.

Barrys Ohren waren einen Hauch dunkler als der Rest seines Körpers, der bis auf den schwarz und braun gefleckten Kopf weiß war. Sie standen seitlich von seinem runden Köpfchen ab. Er war von einer Staubschicht umhüllt wie von einer Decke, ich konnte sie auf seinem Fell zittern sehen.

»Ich habe auch Angst«, sagte ich zu dem Kleinen, der natürlich nicht wissen konnte, dass mich im Alter von fünf Jahren ein Rhodesian Ridgeback angegriffen hatte – ein fieser alter Hund, der unseren Nachbarn gehörte. Dieses Erlebnis war hängen geblieben, weshalb mir jetzt, gelinde gesagt, ein klein wenig beklommen zumute war.

Aber ich dachte mir: Ach, zur Hölle, was soll's! *Im schlimmsten Fall beißt er mich, dann erzähle ich allen, eine Bestie von Hund hätte sich auf mich gestürzt.*

»Hi, ich bin Seán. Wie heißt du?«, fragte ich vielleicht eine Spur zu optimistisch.

Natürlich antwortete er mir nicht direkt – wie auch, er war schließlich ein Hund –, aber er würdigte mich keines Blickes, hielt den Kopf nur starr in derselben Position. Irgendwann bemerkte ich, wie er mich vorwitzig aus den Augenwinkeln ansah. Freches Kerlchen, dachte ich.

»Du brauchst einen stolzen, würdevollen Namen«, sagte ich zu ihm. Ich wollte, dass er einen coolen Namen bekam, keins dieser süßen Kosewörter wie Schnuffel oder Marshmallow. Oder Flecki – um Himmels willen nicht Flecki. *Das passt nicht zu dir*. Ich besah ihn mir näher, und da kam mir eine Idee.

»Barry. Ich nenne dich Barry!«

Eines meiner Teammitglieder – wir waren neun Leute und hießen *Team 1* – hieß Barry, und auch wenn er sich immer wieder einredet, ich hätte den Hund nach ihm benannt, ist das nicht der Fall.

Ab jetzt war Barry meine Mission. Obwohl er wie ein kleiner Frechdachs wirkte, brauchte es nicht mehr als diesen einen flüchtigen Seitenblick von ihm, und es war um mich geschehen. Ich war hin und weg.

Es war ein Glück, dass ich Barry gefunden habe, nicht zuletzt, weil ich ihn, dem Wimmern nach zu schließen, zuerst für ein syrisches Kind hielt, das irgendwo eingeschlossen und womöglich verletzt war.

Hinter uns lag ein langer Arbeitstag in Rakka, der ehemaligen Hauptstadt des sogenannten Islamischen Staats. Mein Team hatte die Aufgabe, eine *Green Zone* zu schaffen, ein Gebiet, das frei von Sprengfallen und sicher für Zivilisten war, und an diesem Tag hatten wir Tonnen von dem Scheiß in die Luft gejagt. Der IS war eine gnadenlose, heimtückische Truppe, die uns bergeweise Fallen und Bomben hinterlassen hatte. Gegen drei Uhr nachmittags hatten wir die letzte Sprengfalle in einem Regierungsgebäude am Ufer des Euphrat im Süden der Stadt beseitigt. Wir waren müde und froren. Die Sonne verbarg sich hinter gewaltigen weißen Wolken. Am anderen Ufer des Flusses standen unsere Fahrzeuge an einer Tankstelle. Dorthin gingen wir nun zurück und wärmten uns an einer Tasse Chai.

Wenn ich sage, dass wir tonnenweise Scheiß in die Luft gejagt hatten, dann meine ich wirklich *eine Menge*. Ich war Spezialist für Bombenentschärfungen in der am heftigsten bombardierten Stadt der Welt; die Kakophonie der Explosionen und Schießereien brach nie ab, bis wir sie irgendwann nur noch als ein Hintergrundrauschen wahrnahmen. Man gewöhnt sich einfach daran. Ohrenbetäubende Explosionen waren in Syrien nicht ungewöhnlich, aber an jenem Tag war es, als befänden wir uns in einem leeren Raum, in dem nur das Echo von Barrys Wimmern zu hören war.

Das Entschärfen von Bomben folgt einem festgelegten Protokoll von dem Moment an, in dem wir die Sprengfalle finden, bis wir sie entschärfen oder in die Luft jagen – in der Regel geschieht Letzteres. Nachdem ein Sprengsatz identifiziert wurde, folgt immer ein Moment der Stille, ehe das Entschärfungsverfahren in Gang gesetzt wird. Oder kurz gesagt: Bevor sich die Gefahrenzone in das Set eines Katastrophenfilms verwandelt, informieren wir alle über Funk über unsere nächsten Schritte.

Das ist wichtig, *sehr* wichtig sogar, denn die Sicherheit jedes Einzelnen geht absolut vor. Wer da draußen überleben will, muss gut organisiert sein. Schließlich möchte niemand inmitten eines Kriegsgebiets plötzlich eine Explosion erleben, mit der man nicht gerechnet hat. Denn glaubt mir, das ist wirklich kein Vergnügen.

Wenn etwas nicht nach Plan läuft, wartet man einige qualvolle Minuten, in denen einem das Herz bis zum Hals schlägt, auf eine Bestätigung des anderen Teams. Man wartet darauf, dass das Funkgerät Informationen über Opfer preisgibt, hofft, dass diese furchtbare Stille bald unterbrochen wird.

Es wirkt vielleicht selbstverständlich, ist aber fundamental: Wir müssen hundertprozentig sicher sein, dass wir die Einzigen sind, die irgendetwas in die Luft jagen.

Plötzlich und heftig durchbrach ein Jaulen die unheimliche Stille, und sofort rannte ich zu der Stelle, von der das Geräusch kam. Als Soldat hat man vielleicht eine Sekunde Zeit für seine Emotionen, aber dann muss man sich zusammenreißen und handeln. Ich dachte, das könnte eine Rettungsmission werden.

Rakka ist nicht so verlassen, wie man vielleicht denkt – in gewisser Weise ist es sogar eine trubelige Stadt. Zumindest fühlte es sich so an. Morgens waren wir nicht die Einzigen, die mit Fahrzeugen unterwegs waren, es gab Märkte, und Kinder spielten in den Straßen. Viel zu oft fanden wir die leblosen Körper von Kindern, die einen falschen Schritt getan und dafür mit ihrem Leben bezahlt hatten.

Bei dem Gedanken an ein gefährdetes Kind entsteht im Kopf kurz eine Panik, die man unmöglich verhindern kann, aber sie wird fast unmittelbar danach von der Erkenntnis überlagert, dass es noch gerettet werden kann. Und dann blendet man alles andere aus. Es ist deine Mission, es ist das, wofür du ausgebildet wurdest.

Ich hatte einen Dolmetscher, damit ich mit meinen syrischen Jungs kommunizieren konnte, aber in diesem Augenblick brauchten wir ihn nicht. Wir alle scannten sofort die Umgebung und lauschten auf ein weiteres Wimmern.

Das Geräusch war von einer Stelle wenige Hundert Meter von dort entfernt gekommen, wo unsere Fahrzeuge parkten, aus dieser Schule, deren Mauern komplett nach innen eingestürzt waren. Rakka war in keiner guten

Verfassung: Schutt und Staub, so weit das Auge reichte. Wind strich durch die Risse und Spalten seiner Gebäude und fegte grauen Staub durch die Stadt, was so unheimlich klang wie ein lang gezogenes Flüstern.

Heute glaube ich, Barry wollte uns mitteilen, wo er sich befand, denn er heulte noch einmal auf wie eine Sirene.

»Da lang!«, brüllte ich und zeigte auf eine Ansammlung von Steinbrocken. Sie waren kaskadenartig vom zweiten Stock des Schulgebäudes heruntergefallen und bildeten eine Art Treppe, die wir hinaufsteigen konnten.

Wir mussten uns dem Geräusch vorsichtig nähern, da wir das Gebiet noch nicht nach versteckten Sprengsätzen abgesucht hatten. Obwohl er nicht weit weg war, konnten wir nicht so schnell bei ihm sein, wie man sich das unter normalen Umständen vielleicht vorstellt. Es war nicht wie im Film, wo man wie ein Irrer auf das Opfer zurennt. Es dauerte. Auf unserem Weg suchten wir die Umgebung nach der Quelle des Wimmerns ab, aber auch nach Anzeichen für Sprengfallen oder Drähten.

Es war eine ziemlich gebräuchliche Taktik des IS, ein Kind weinen zu lassen, um Ersthelfer anzulocken. So war die Realität da draußen, und es macht mich immer noch krank. Jeder einzelne Schritt zählt in Syrien, das durften wir nie vergessen.

Nachdem ich mir meinen Weg durch noch mehr Schutt gebahnt hatte, fand ich ihn endlich, zitternd unter der massiven Betonplatte. Ich schob die Arme darunter, um die Platte hochzuwuchten, und drei meiner syrischen Jungs eilten mir zu Hilfe.

Ein weiterer kam dazu, um unter die Platte zu schauen und sicherzustellen, dass uns dort keine Drähte, insbesondere Stolperdrähte, Druckschalter oder Bewegungsmelder überraschten. Vorsichtig ging er auf den Boden und sah sich gründlich um. Alles sauber.

»Auf drei. Eins … zwei …« Bei drei hoben wir die Platte an und warfen sie über den Schutthaufen. Sie war schwer, bestimmt hundert Kilogramm.

Ein paar Sonnenstrahlen strichen trotz des ansonsten bedeckten Himmels darüber, und es stellte sich heraus, dass dort kein syrisches Kind gefangen gewesen war, sondern ein verängstigter Welpe.

Es war eine grausige Szene: Der Welpe war umgeben von drei anderen und einem großen Hund, seiner Mutter, wie ich annahm. Der Kleine war der einzige Überlebende des unbeschreiblichen Grauens, das ihn umgab. Ich sah ihn an, und ihm stand die Einsamkeit ins Gesicht geschrieben. Im Rückblick kann ich wohl sagen, dass ich insgeheim die gleiche Einsamkeit empfand. Wir vergessen häufig, dass der Krieg nicht nur Menschenleben zerstört, sondern alle Formen des Lebens. Der Hund gilt als der beste Freund des Menschen, aber diese Liebe und dieses Mitgefühl wird ihm selbst selten zuteil. Hier kennt er allein die Angst.

Ich hatte einen Keks dabei, den ich nun hervorholte, um zu verhandeln. Er hat bestimmt Hunger, dachte ich. Wer würde da einen leckeren Keks verschmähen? Aber meine Bemühungen, ihn damit aus der Reserve zu locken, waren vergeblich. Stattdessen versuchte er mich sogar drei oder vier Mal zu beißen. *Wilder kleiner Racker.*

Ich wollte ihn nicht zu sehr bedrängen – schließlich war er allem Anschein nach durch die Hölle gegangen und sollte sich nicht bedroht fühlen. Nicht, dass ich mich vor ihm gefürchtet hätte; er war ein fußballgroßer Welpe, was konnte er mir schon tun? Trotzdem trug ich zur Sicherheit meine Einsatzhandschuhe, die besonders dicke Variante, und schob ihm den Keks langsam mithilfe einer chirurgischen Klemme hin.

Nein, ich hatte keine Angst, aber in einem Kriegsgebiet ist es immer gut, so vorsichtig wie möglich zu sein. Okay, ein *bisschen* Angst hatte ich vielleicht doch, aber nur ganz wenig.

Nachdem sich der Welpe zuerst zurückgezogen hatte, änderte er seine Meinung, schob die Schnauze Richtung Keks und knabberte ganz vorsichtig daran. *Gute Entscheidung*. Ganz sachte legte ich meine Hand – immer noch in den Schutzhandschuhen – auf seinen Kopf und streichelte ihn. Es war pures Glück.

»Hallo, Barry!«, sagte ich ganz begeistert. »Bist ein braver Hund!«

Er hatte einen drolligen verwirrten Gesichtsausdruck, als ich diesen Satz ungefähr elf Mal wiederholte. Was soll ich sagen? Ich war nicht sicher, ob er wusste, wer mit dem besagten braven Hund gemeint war. Im Nachhinein denke ich, ich war für ihn wahrscheinlich nur irgendeine merkwürdige große Gestalt, die ihm unverständliche Dinge zurief, und er hatte Angst vor dem Krach, den ich dabei verursachte.

Er ignorierte mich weiterhin, obwohl er nun meinen Snack verspeiste, auf den ich mich eigentlich selbst gefreut hatte. Nachdem er erst einmal auf den Geschmack gekommen war, verschlang er den Keks mit wenigen Happen.

Erst kurz darauf bemerkte ich, dass mein ganzes Team sich krümmte vor Lachen.

Ich bin ein ziemlich großer Typ mit Vollbart und am ganzen Körper tätowiert, weshalb sie wahrscheinlich nicht mit einer derartigen Reaktion rechneten. Sie wunderten sich offenbar, dass ich der Babysprache überhaupt mächtig war.

Alle nacheinander warfen wir einen Blick auf ihn, und die kurze Zeit, die wir an diesem Tag mit ihm verbrachten, brachte eine Menschlichkeit in uns zum Vorschein, die in diesem Teil der Welt sonst selten Platz hat.

Die guten Tage in Syrien waren langweilig, die schlechten tödlich. Aber dieser war anders. Meine Jungs zeigten grinsend die Zähne wie in der Colgate-Werbung. »Barry! Barry!«, riefen sie. An diesem Nachmittag vergaßen wir für einen Moment, wo wir waren. Verrückterweise vermisse ich diese Augenblicke. Obwohl wir uns an einem der feindseligsten Orte befanden, die man sich vorstellen kann, sind mir ausgerechnet diese Gefühle noch gut in Erinnerung geblieben.

Als es dunkel wurde, mussten wir zurück zum Lager fahren. Ich musste den Welpen in Rakka zurücklassen, aber ich versprach ihm, wiederzukommen.

»Bis bald, Barry. Ich bin bald wieder da.« Ich wünschte mir so sehr, dass meine Worte der Wahrheit entsprachen. Ich wusste nicht, was Barry und mich verbinden würde, ob wir überhaupt jemals irgendeine Beziehung zueinander aufbauen würden, aber er stand für Hoffnung an diesem Ort, und ich wollte sie gerne bewahren.

Ich streckte die Hand aus, um ihn noch einmal zu streicheln, ihn meine Liebe und Wärme spüren zu lassen, denn ich konnte mir nicht vorstellen, dass er in seinem jungen Leben viel Zuneigung erfahren hatte, und ich war mir nicht sicher, ob ich ihn wiederfinden würde. Ja, ich würde mein Versprechen vermutlich nicht halten können, aber manchmal ist so eine Notlüge schon in Ordnung.

Wir ließen ihm etwas Wasser da und machten uns auf den Rückweg. Tabka lag westlich von Rakka, etwa eine Stunde Fahrt entfernt, ich hatte also viel Zeit, von einer Zukunft mit Barry zu träumen. Ich versuche nicht, mich hier als hoffnungslosen Romantiker darzustellen, das bin ich nicht, aber ich fuhr der untergehenden Sonne entgegen, und meine Gedanken waren bei ihm.

Am Stützpunkt musste ich unbedingt allen von Barry erzählen.

»Er war unter einem Schutthaufen versteckt!«, rief ich, immer noch ehrlich verblüfft darüber, dass ich den Hund gefunden hatte. Andy und Digger, die in gewisser Weise seine Patenonkel werden würden, waren genauso begeistert wie ich.

»Wie heißt er?«, fragte Andy.

»Barry!«, antwortete ich. »Morgen versuche ich ihn wiederzufinden.«

»Du hast den Hund nach Barry benannt?«, fragte ein etwas verwirrter Digger dazwischen. »Nach *unserem Teamkollegen* Barry?«

Es war ein lustiger Abend mit den Jungs. Ich verbrachte ihn wie üblich größtenteils im Fitnessstudio, aber ich konnte nicht aufhören, an den Hund zu denken. *Wenn er morgen noch da ist, nehme ich ihn mit ins Lager.*

Ich hatte an dem Tag ein paar Videos aufgenommen. In Syrien dokumentierte ich immer alles, was ich tat. Ich postete ein kurzes Video von Barrys Entdeckung auf Instagram, und als die Menschen in Großbritannien morgens aufstanden, war er bereits ein echter Superstar. Das Video eines verlassenen Welpen aus Syrien verbreitete sich, und bald trudelten die ersten Reaktionen aus Essex ein.

Meine liebe Familie war völlig aus dem Häuschen. Fragen ohne Ende und Wellen von Liebe machten mich fast ein wenig eifersüchtig, muss ich zugeben. Plötzlich wollten alle Barry-Videos sehen, und meine gute Freundin Netty sagte, ich dürfe ihn auf keinen Fall dort lassen.

Das war der Beginn von *Barry Watch* und der Beginn eines neuen Lebens für uns beide.

2

Bevor ich zum Militär ging, war ich völlig verloren. Ein junger Kerl aus Essex, der versuchte, mit allem klarzukommen, was das Leben ihm vor die Füße warf. Es war das Jahr 2005. Ich trug die Haare mit Gel im Stachel-Look wie ein Mitglied einer Neunzigerjahre-Boyband, war in immer zu große Hemden gekleidet und besaß – meinen Lehrern zufolge – keinerlei besondere Fähigkeiten.

Es ist wahnsinnig berauschend, wenn deine Lehrer dir die Fähigkeit absprechen, dein Leben auf die Reihe zu kriegen. Ein großartiges Gefühl. Ein wonniger Stachel, der nie ganz verschwindet.

Ich will nicht unfair sein. Mein Versagen in der Schule war größtenteils meine eigene Schuld. Ich kam einfach nicht klar im Unterricht. Wenn man mir eine praktische Aufgabe stellte, gab ich mir Mühe. »Seán ist immer sehr gut in der Praxis, hat jedoch Schwächen in der Theorie.« Worte, die meine Eltern regelmäßig von meinen Lehrern hörten.

In den Klassenzimmern fühlte ich mich eingesperrt, und Lehrbücher und ich passten einfach nicht zusammen. Ich wollte Dinge anpacken, nicht nur darüber lesen, wie man sie tat. Ich wollte erfahren, was die große, weite Welt für mich auf Lager hatte.

Das Leben hält bekanntlich viele wertvolle Lektionen bereit, und eine, die ich als Siebzehnjähriger lernte, war: Wenn man die Schule auf der Prioritätenliste ganz unten einordnet, schränkt das die eigenen Möglichkeiten später enorm ein. Überraschung!

Während meine Kumpel ihr Leben nach dem Schulabschluss planten, entschied ich mich dafür, die Schule zu verlassen und arbeiten zu gehen. Entscheiden ist vielleicht nicht das richtige Wort, denn damals waren meine Optionen ziemlich dünn gesät. Diejenigen, die aufs College und an die Universität gehen wollten, erwartete eine aufregende Zukunft. Aber was würde ich wohl mit meinem Studienkredit anfangen, fragte ich mich. Vermutlich fluoreszierende Shots nicht identifizierbaren Alkohols kaufen. Eine Menge davon.

Der Milliardär Richard Branson hat mit fünfzehn die Schule abgebrochen, und aus ihm ist schließlich auch etwas geworden. Also war ich der Meinung, mich würde ein ähnliches Schicksal erwarten.

Nachdem ich von der Schule gegangen war, suchte ich mir einen Job. Bei der Arbeit dachte ich unentwegt darüber nach, ob ich die richtige Entscheidung getroffen hatte. Damals war es mir sinnvoll erschienen. Schließlich soll man lieben, was man tut, und tun, was man liebt. Ich hasste die Schule. Und wenn ich nicht ganz falschliege, ist Hass das Gegenteil von Liebe … Also lag in meiner Entscheidung zumindest eine gewisse Logik. Eine etwas verdrehte zwar, aber immerhin. Ich erinnere mich heute noch an eine Lehrerin in der Oberstufe, die sagte, aus mir würde nie etwas. Der werde ich es zeigen, dachte ich bei mir. *Ich werde es ihr verdammt noch mal zeigen.*

Die Vergeltungsszene, die sich vor meinem inneren Auge wie ein wunderbarer Kurzfilm abgespielt hatte, wurde grob unterbrochen vom Lärm und Geschrei herumrennender Kinder. Man kann es nur als konzertierte Anstrengung bezeichnen, die Schallmauer zu durchbrechen. Auch wenn sie es nicht geschafft haben – sie waren nah dran.

Da war ich also, siebzehn Jahre alt, hatte die Schule geschmissen und konnte mir von einem Platz in der ersten Reihe aus die Folgen meiner Entscheidung anschauen. Für magere fünf Pfund in der Stunde hatte ich das Vergnügen, Kinder im Alter von eins bis zwölf zu unterhalten. Ein Job, in dem einem vor allem eines klar wird: Jeden einzelnen Tag haben Kinder Geburtstag.

Ich denke, wir sind uns einig, dass kein Jugendlicher in Großbritannien – oder in irgendeinem Land – davon träumt, eines Tages für Mindestlohn in einem Kinderbetreuungscenter in Essex zu arbeiten und mit einer dicken und schlecht aufgetragenen Schicht Clownsschminke im wenig begeisterten Gesicht Zaubertricks vorzuführen.

Wer einen Satz Spielkarten in einer Hand hält und in der anderen Ballons, deren Formen vage an Tiere erinnern, denkt früher oder später ernsthaft darüber nach, welche Lebensentscheidungen einen an diesen Punkt gebracht haben, und tut sofort alles in der eigenen Macht Stehende, um von dort zu verschwinden.

Lieben, was man tut, und tun, was man liebt …

Ich hatte eine ziemlich normale Kindheit in Dagenham, im Osten Londons. Mein Vater Ian war Datenanalyst. Er arbeitete hart und war ein pragmatischer Mensch, ein Charakterzug, den ich vermutlich von ihm geerbt habe.

Von ihm habe ich außerdem die Augen und das Lächeln. Hat man mir jedenfalls gesagt. Meine Mutter Karen arbeitete in unserer Schulkantine und tat ihr Bestes, um mich von Ärger fernzuhalten. Meine kleine Schwester Rachel war so nervig und liebenswert, wie Geschwister nur sein können. Zuerst konnten wir uns nicht ausstehen, dann doch. Meine große Schwester Gemma kümmerte sich immer um mich und achtete meist darauf, die Weisheit an mich weiterzugeben, die sie dadurch erlangt hatte, dass sie vier Jahre älter war als ich. Tat sie es nicht, sagte sie meinen Eltern, sie sollten mich gefälligst in einer Gasse beim Zeitungskiosk aussetzen. Sie kam nicht so gut damit klar, kein Einzelkind mehr zu sein. Wir hatten außerdem einen Hund, Toby, einen neugierigen kleinen Yorkshireterrier.

Wir lebten in einem staatlich geförderten kleinen Haus in einer heruntergekommenen, eintönigen Straße. Als ich noch klein war, wurde mehrere Male bei uns eingebrochen. Es gab keine Parks oder irgendetwas, was Ähnlichkeit mit einem Park gehabt hätte, also taten wir so, als wären die Schlaglöcher in unserer Straße der frisch geschnittene Rasen von Wembley, und kickten zerbeulte Fußbälle hin und her.

Als ich in der Oberstufe war, zogen wir nach Romford.

Ich war ein chronischer Schulversager. Ich war pummelig, hatte eine Zahnspange, wegen der ich nicht viel lächelte, und war absonderlich und dabei nicht einmal besonders clever.

Nach ein paar katastrophalen Jobs hier und da beschloss ich Ende 2007 zur British Army zu gehen. Meinem Vater gefiel das – er war Offiziersschüler gewesen und hatte als Jugendlicher davon geträumt, als Pilot für die Royal Air

Force zu fliegen –, aber meine Mutter fand es nicht so toll, dass ihr Junge Soldat werden wollte. Ich weiß noch, wie ich nach sechsmonatiger Jobsuche ins Wohnzimmer kam, um die große Neuigkeit zu verkünden.

»Ich gehe zum Militär«, sagte ich. Guter Anfang, dachte ich. Auf den Punkt. Effektvoll.

Das Nein meiner Mutter schlug mir in Kaskaden entgegen.

»Nein … Nein, nein, nein, nein, nein!«

Sie war also nicht besonders angetan von der Idee. Man kann es ihr nicht verdenken. Damals befand sich der Afghanistankrieg auf seinem Höhepunkt, und sie sah es wohl lieber, wenn ihrem Sohn bei der Arbeit ab und zu mal ein Luftballon zerplatzte als eine Bombe im Nahen Osten.

Mein Vater schaute mir auf die für unsere Familie Laidlaw typische Art und Weise einfach in die Augen und sagte: »Wenn du das willst, dann mach es.«

Und das tat ich.

In der Armee hatte ich endlich eine Identität. Ich hatte etwas gefunden, worin ich wirklich gut war. »Das ist mein Job«, konnte ich plötzlich verkünden – ein vollkommen neues Gefühl für mich.

Ich mochte die Ausbildung, und das machte sich bemerkbar. Ich war fokussiert. Ich war auf einmal gut in Form, das schenkte mir Selbstvertrauen. Während meiner Zeit im Army Training Centre in Pirbright, Surrey, und den Gibraltar Barracks in Minley war ich in allen drei Ausbildungsstufen der Beste. Ich liebte es. Ich liebte die Struktur, ich liebte es, tatsächlich einmal *talentiert* zu sein. Bei der Armee konnte niemand sagen, aus mir würde nichts werden, und ich hörte auf, mich für einen Nichtsnutz zu halten.

Im Jahr 2009 hatte ich meine Ausbildung als Pionier erfolgreich abgeschlossen. Danach qualifizierte ich mich als Spezialist für Kommunikations- und Informationssysteme beim 101. Regiment der Royal Engineers. Wir waren auf Bombenentschärfung spezialisiert, auf *Kampfmittelbeseitigung*, um es technisch korrekt auszudrücken.

Es war eine abwechslungsreiche Zeit. Ich verbrachte zwei aufreibende Einsätze in Afghanistan, hatte aber auch das Glück, Regionen und Länder wie Belize, Mittelamerika, Zypern, Deutschland oder Jordanien sehen zu dürfen. Wir waren außerdem an der Operation Olympics beteiligt und suchten während der Olympischen Spiele 2012 in London nach Bomben. Es fühlte sich gut an, dazuzugehören, und vor allem fühlte es sich gut an, wertgeschätzt zu werden für das, was wir taten.

Unser Stützpunkt war Carver Barracks in Saffron Walden, Nordessex. Das war für mich ideal, da es praktisch bei meinen Eltern um die Ecke lag. Das Heimatgefühl verstärkte sich noch, als ich herausfand, dass Carver Barracks, bevor es eine Trainingseinrichtung für die 101 Royal Engineers wurde, ein Luftwaffenstützpunkt gewesen war, an dem mein Vater als Offiziersschüler seine Pilotenausbildung absolviert hatte.

Im Jahr 2011 wurde ich das erste Mal auf Station ins Ausland geschickt.

Afghanistan.

All die Jahre der Ausbildung können einen nicht auf diesen Moment vorbereiten, an dem man diese Nachricht erhält. Um nicht missverstanden zu werden, ich wusste ungefähr, was auf mich zukommen würde, und war mental und körperlich bereit, aber zum ersten Mal davon zu erfahren ist ein seltsames Gefühl.

In jenem Sommer flog ich nach Camp Bastion in der Provinz Helmand im südlichen Afghanistan für die Operation Herrick XIV – *Operation Herrick* war der Codename für alle britischen Einsätze in Afghanistan.

Auf der Reise stellte ich mir die meiste Zeit vor, wie es dort sein würde, in einem echten Kriegsgebiet, rief mir immer wieder das Training der vergangenen drei Jahre in Erinnerung, jedes einzelne Detail, das mir vom ersten Tag an eingebläut worden war. Es ist meine Bestimmung, sagte ich mir wieder und wieder. *Kein Drama.*

Wer zum ersten Mal in Afghanistan landet und die Stiefel auf afghanischen Boden setzt, fühlt ihr Gewicht auf einmal stärker, als würde man durch Treibsand gehen. Am Anfang kommt es dir so vor, als hättest du vergessen, wie man läuft. Unser Team – die C-IED Task Force – bestand aus sieben Mann. Tustain (mit Vornamen Jack) und Deidre (der in Wirklichkeit Rory heißt) waren meine besten Kumpel.

Ich war ein Pionier, ein einfacher Soldat. Wir waren damit beauftragt, auf dem Schlachtfeld Minen zu suchen und zu räumen sowie Straßen und Brücken zu reparieren. Offenbar bestand einer der liebsten Zeitvertreibe der Taliban darin, Brücken zu sprengen, um uns die Fahrt von A nach B zur Hölle zur machen. Diese Typen waren das Böse in Person, aber sie waren clever und gut organisiert. Vor allem waren sie skrupellos.

Unser Stützpunkt, Camp Bastion, war gigantisch. Er glich eher einer großen Stadt als einem Militärstützpunkt – einfach mitten im Nirgendwo. Eine riesige Wüste und mittendrin eine komplett funktionierende Stadt mit dreißigtausend Einwohnern aus aller Welt.

Es gab Straßen und Bewässerungsgräben; wir hatten warmes Wasser und Internet. Und es gab so etwas wie ein kleines Wirtschaftssystem, denn wir mussten für alle Dienste in US-Dollar bezahlen. Internet und Telefonate waren sehr teuer. Wenn ich dich also 2011 angerufen habe, heißt das, dass du mir viel bedeutest.

Jedes Team verfügte über ein eigenes Fahrzeug. Bei meinem zweiten Einsatz fuhren wir einen aufgemotzten Mitsubishi. Er besaß kein eingebautes Radio, also bestellten wir eines im Internet – ja, die lieferten dorthin, allerdings dauerte es einen Monat, bis man seine Bestellung bekam, denn einen Expressversand gab es in der Region leider nicht – und banden es an der Mittelkonsole fest, damit wir auf unseren Fahrten Radio hören konnten. Weil wir so lange unterwegs waren, konnten wir überhaupt erst erfassen, wie groß der Stützpunkt war. Wir benötigten eine Karte und nutzten GPS, um uns zu orientieren, und es dauerte ewig, von Ort zu Ort zu fahren, um die Ausrüstung einzusammeln.

Ich erinnere mich, dass es auf der amerikanischen Seite ein *Pizza Hut* in einem Container gab, ein Luxus, der uns Briten fehlte, dafür konnten wir eine Art Bistro besuchen, das von einer älteren Dame geführt wurde.

Die ersten drei oder vier Wochen verliefen ziemlich ereignislos. Ich glaube, ich hatte erwartet, auf einem chaotischen Schlachtfeld abgesetzt zu werden und in der beängstigenden Welt zu landen, die man aus Kriegsfilmen kennt, aber damit hatte es keinerlei Ähnlichkeit.

Die meiste Zeit verbrachte ich damit, die Leute im Lager kennenzulernen: Gespräche, Warten und Waffenreinigen. Unsere Waffen waren immer sauber.

Die meisten Tage waren mit Laufen gefüllt – einer Menge Laufen – in schwerer Ausrüstung. Entweder war es heiß und nass oder kalt und nass. Ach ja, und man hatte immer irgendwelche Schmerzen. Hitze, Nässe, Kälte, Schmerzen.

Im Lager war es sehr laut, es wurde geschossen, es gab Explosionen, in einem fort starteten und landeten Helikopter und Flugzeuge. Wir schrien uns also häufig an. Dort mit den Jungs zu reden war in etwa so wie in einem Nachtklub in Essex.

Ich verbrachte nicht viel Zeit in Camp Bastion, sondern war auf dreißig oder vierzig verschiedenen kleineren strategischen Stützpunkten stationiert, die in der Provinz Helmand verteilt waren. Ziemlich karge Lager; es waren keine Städte mit allerlei Annehmlichkeiten sondern eher kleine Festungen, die von vier Mauern mit Stacheldraht umgeben waren.

Zuerst war ich einer Gruppe zugeteilt, die schnell eingreifen konnte und mit Hubschraubern unterwegs war. Wir hatten einen Pager, und wenn er piepte, hatten wir zehn Minuten, um in einen Helikopter zu steigen und in unbekannte Weiten zu fliegen.

Als ich nach zwei Wochen Heimaturlaub nach Afghanistan zurückkehrte, wurde ich in die Einsatzzentrale gerufen, wo man mir mitteilte, dass ich der maritimen Spezialeinheit zugeteilt werden würde. Das war eine ziemlich krasse Truppe, vergleichbar mit den Typen, die in Filmen aus ihren Booten oder Helikoptern springen, um die Welt zu retten.

An diesem Punkt nahm mein erster Einsatz eine plötzliche Wendung. Auf einmal wurde es ernst. Du bist da draußen, und da tobt ein echter Krieg.

Unsere Patrouillen in der Provinz Helmand, einer Hochburg der Taliban, lehrten mich das Fürchten. Wir wussten, wie heimtückisch die Taliban waren, dass wir mit jedem Schritt eine Explosion auslösen konnten, die uns auf der Stelle tötete.

Da draußen waren wir praktisch wandelnde Zielscheiben, und sie legten sich ins Zeug, um uns zu kriegen. Selbst gebastelte Bomben, versteckte Auslöser, Maschinengewehre, Heckenschützen, Frauen und Kinder, die zu Selbstmordattentätern erzogen wurden. Es war die Hölle auf Erden. Ich hatte bereits zwei Freunde verloren. Jeder von uns da draußen kämpfte für etwas Größeres, aber wir kämpften auch füreinander weil wir der Feigheit der Taliban mutig entgegentreten mussten.

Wir führten in Afghanistan unzählige Aufgaben und Missionen durch, aber nichts glich dem, was wir für diese Spezialeinheit taten. Würde ich die Situation dort mit dem Ersten Weltkrieg vergleichen, war ich vorher an der Front gewesen, musste dieser Linie nun aber Kilometer weit voraus sein, um unter dem Radar agieren zu können. Von meinem ersten Helikopterflug nach dort draußen habe ich noch das Geräusch der Rotorblätter im Kopf, die wie eine Trommel dröhnten, die uns in die Schlacht begleitete.

Um ehrlich zu sein, realisierten wir gar nicht, wo wir waren und welchen Gefahren wir uns aussetzten, es war einfach ein Auftrag, der erledigt wurde. So gingen wir an die Sache heran. Ich glaube, keiner dachte großartig darüber nach.

Ich erinnere mich kaum an die erste Sprengfalle, die wir fanden. Wahrscheinlich war sie unter Felsen verborgen – ein falscher Schritt und einer von uns wäre nicht mehr da gewesen. Ich glaube, wir – Thorpey, Deidre und ich – unterhielten uns darüber, als wir wieder im Lager waren. »Mann, das haben wir tatsächlich getan.« Einen Augenblick lang war es ein erhebendes Gefühl – und im nächsten schon fast vergessen.

Das ist alles ein wenig absurd. Man ist an diesem wahnsinnigen Ort, läuft aber fröhlich herum wie bei einem Spaziergang durch den Park. Es gibt Zeiten, in denen das Gefühl der Normalität einen regelrecht einlullt, in denen im Grunde nichts passiert, und dann kommen da Zeiten extremer Vorsicht – und an besonders harten Tagen herrscht das reine Chaos.

Die Beseitigung von Kampfmitteln ist wie ein Katz-und-Maus-Spiel zwischen uns und dem Feind. Sie stellen mit der kreativsten Bösartigkeit Fallen auf, und wir müssen versuchen, klüger zu sein als sie. Der Sprengstoff ist nur die Spitze des Eisbergs, und selbst dieser ist verdammt schwer auszumachen. Der Zünder oder Auslöser ist das eigentlich Vertrackte. Oft sucht man nach einem unter Schutt verborgenen Draht, der fadendünn ist. Manchmal handelt es sich auch um einen Infrarotsensor – das ist dann die nächste Stufe der Bösartigkeit. Das Wetter steht nie auf deiner Seite, und das Gelände bietet die beste Tarnung für alles, was sie verstecken wollen.

Meine Kompanie war immer an vorderster Front. Man könnte meinen, das sei keine besonders angenehme Position, aber wir mussten furchtlos sein, und wir wollten vorangehen. Ich glaube, wir waren stolz darauf. Viele von uns hatten die meiste Zeit ihres Lebens gehört, sie seien nicht gut genug, dass aus uns nichts werden würde, aber hier kam es uns so vor, als würden wir die Welt retten. Und wir wollten die Leute beschützen, die uns vertrauten.

Ich verwendete einen Horn-Detektor. Das ist ein schweres Gerät an einem langen Teleskopstab, das vibriert, wenn es Teile einer Sprengladung entdeckt, während man es hin und her schwingt, um im Boden verborgene Minen zu finden. Abgesehen von dem Detektor verließen wir uns auf unsere Instinkte und auf das, was wir gelernt hatten. Entdeckte jemand einen unnatürlich aufgeschichteten Steinhaufen, versetzte es einen sofort in Alarmbereitschaft, da dort möglicherweise ein Sprengsatz versteckt war. Fühlte sich irgendetwas nicht ganz richtig an – manchmal war es nur ein Bauchgefühl –, blieb man stehen. Das Leben birgt so manche Risiken, und hin und wieder ist es vielleicht angebracht, darauf einzugehen. Für versteckte Sprengladungen galt das praktisch nie.

Zu dieser Truppe zu gehören war, als sei man in ein Geheimnis eingeweiht, das nur wenige je erfahren. Sie hatten mich wegen der Qualitäten ausgewählt, die ich in der Ausbildung und im Feld gezeigt hatte, und bei all den Gräueln, die unsere Zeit in Afghanistan begleiteten, konnte ich auch stolz sein auf das, was ich hier tat, und auf die Menschen, mit denen ich zusammenarbeitete.

Sich mit der Umgebung vertraut zu machen, in der man arbeitet, und sich an die Abläufe zu gewöhnen, ist für jeden Soldaten alltäglich. Eine Methode, um da draußen klarzukommen und zu überleben. Aber es gab Tage, an denen es sich nicht bloß wie ein Job anfühlte, Tage, an denen einem schmerzlich bewusst wurde, dass nichts von alldem normal war und viel mehr auf dem Spiel stand, als man sich vielleicht eingestehen wollte.

Es gibt da draußen Dinge, die man sieht, Dinge, die man riecht, und Dinge, die man spürt. Als Soldaten verdrängen wir diese Eindrücke. Täten wir das nicht, würden wir mit dem Bewusstsein leben müssen, dass wir in zwei verschiedenen Welten existierten. In der normalen Welt, in der die anderen waren, in der Menschen aufwachen und zur Arbeit gehen, danach zu ihren Familien zurückkehren und irgendwann zu Bett gehen. Und dann in unserer Welt, in der der Tod ständig präsent war. Jeder einzelne Schritt, den wir taten, war ein Gang über den Friedhof. Ich glaube, das war mir damals nicht bis ins Letzte klar. Ich konnte mir diese Klarheit nicht erlauben, keiner von uns konnte das, aber es gab Nächte, in denen ich zitterte, bis ich einschlief. Es gab Nächte, in denen ich mich fragte, ob es die richtige Entscheidung gewesen war, zum Militär zu gehen, ob all das wirklich einem übergeordneten Zweck diente oder ob es bloß ein Fehler war, den ich als verwirrter, einsamer Teenager gemacht hatte.

Um zu überleben, mussten wir in einer Blase leben. Wir schützten uns vor der Realität um uns herum, denn sonst hätten wir es nicht überstanden.

Eines Morgens waren wir auf dem Weg zu einem Dorf. Wir hatten die Information, dass sich dort ein Anführer der Taliban aufhielt, den wir festnehmen wollten. Als einfache Soldaten bekamen wir viele Informationen nicht, die den Spezialkräften vorbehalten waren. Hierdurch sollten Details geschützt wurden, die für den Erfolg der Mission wesentlich waren.

Auf der Fahrt stoppten unsere Wagen plötzlich. Unsere Teamführer erhielten einen Anruf von unseren Chefs, und ihr spontanes Entsetzen sagte mir alles, was ich wissen musste. Irgendetwas war furchtbar schiefgelaufen.

Dann versammelten unsere Teamführer uns und berichteten: Ein Soldat – mehr wussten wir nicht über ihn – hatte sein Lager verlassen und war in eine kleine afghanische Stadt gegangen, wo er von den Taliban gefangen genommen worden war. Wenn jemand aus der eigenen Truppe von der wohl miesesten, bösartigsten Terrorgruppe gefangen genommen wurde, verspürt man einen besonderen Drang, ihn zu retten.

Die Taliban schlachteten regelmäßig ihre eigenen Leute ab. Sinnloser Mord an afghanischen Männern, Frauen und Kindern. Sie bildeten Kinder zu Selbstmordattentätern aus. Und das waren ihre eigenen Leute, dachte ich. Ich mochte mir nicht einmal ansatzweise vorstellen, was sie feindlichen Soldaten antaten.

Bei der Einsatzbesprechung an jenem Morgen standen wir stumm herum. Uns wurde mitgeteilt, dass alle anderen Aktivitäten pausieren würden und der Fokus darauf lag, ihn zu finden, koste es, was es wolle. Wir bekamen Informationen über seinen Aufenthaltsort, und kurz darauf saßen wir mit unserer Ausrüstung in unseren Wagen.

Bei so einer Sache herrschen alle möglichen Gefühle im Team. Zum einen ein Gefühl der Verpflichtung, begleitet von Selbstvertrauen und Wagemut, als könnte einen nichts aufhalten. Und dann ist da die Furcht, die gottverdammte Furcht. Als würde einem Gift durch das Gehirn schießen, spielt man alle möglichen Ergebnisse durch, eines schlimmer als das andere. Man schüttelt es ab, lacht es weg. Es ist, wie eine wichtige Rede vor dem Spiegel zu üben – man versucht, sich groß zu machen. *Du packst das, Seán, du packst das.*

Nicht lange nachdem wir in der Stadt angekommen waren, fanden wir ihn – oder vielmehr das, was von ihm übrig war. Er kniete an einem Flussufer. Er war nackt und wirkte teilnahmslos. Seine Augen waren leer. Er hatte Splitter in den Fingern und keinen einzigen Nagel mehr. Überall am Körper waren Schnitte. Es sah aus, als hätten sie bloß aufgehört, weil sie keine Stelle mehr gefunden hatten, in die sie hätten schneiden können. Er hatte mehrere Schusswunden im Kopf. Ich fand nie heraus, wie er hieß.

Ich blendete diesen Mist aus. Es war nie passiert. Erst Jahre später kam mir der Gedanke, über ihn zu recherchieren. Bis dahin hatte ich diese Episode völlig verdrängt. Ich beschäftigte mich nicht damit, ich wollte es nicht. Ich erhielt den Befehl, nicht mit den anderen Soldaten darüber zu sprechen, wenn ich ins Lager zurückkehrte. Dadurch verfestigte sich die Überzeugung, dass ich das Erlebnis komplett aus meinem Gedächtnis radieren musste.

Wir flogen zurück. Der Einsatz war ein Erfolg. Aber ein Soldat lernt ziemlich schnell, dass Erfolg im Krieg ein relativer Begriff ist.

Wenige Wochen später war unsere Hauptmission abgeschlossen, und ich wurde mit einem US-Helikopter zu meiner ursprünglichen Einheit zurückgeflogen. Ich saß allein im hinteren Teil des Flugzeugs.

Als ich wieder im Lager ankam, war es, als wäre ich nie weg gewesen. Alles ging weiter wie vorher, nur dass ich mich eine Weile nicht mehr gewaschen und rasiert hatte.

Als Erstes duschte ich. Lange duschen zu können war ein Glück da draußen. Einfach friedlich. Das Geräusch des Wassers, das auf einen einströmte, sperrte alle Gedanken aus. Die Duschen waren der einzige Ort, an dem man wirklich die Augen schließen und sich vorstellen konnte, man wäre woanders. Der heiße Dampf ließ einen wie im Nebel verschwinden, und man hatte das Gefühl, man könnte überall sein oder nirgends.

Ich fing an zu trainieren. Bankdrücken. Beinpresse. Kreuzheben. Machte einfach wieder das, wozu ich da war. Meine Arbeit. Ich war in Afghanistan, um versteckte Sprengladungen zu finden und unschädlich zu machen. Am nächsten Tag waren wir in voller Montur und bereit für die nächste Aufgabe. Wenn man morgens aufwacht, ist das wie ein kompletter Neustart. Als wären die vergangenen Tage nicht geschehen.

Ich habe nie über diesen Tag gesprochen, bis ich einige Wochen später wieder ins Camp Bastion geschickt wurde, zu meinem alten Team. Die Jungs sprachen über etwas, was sie gehört hatten. Über ihn.

»Ja, ich war da«, sagte ich.

Das waren meine einzigen und letzten Worte darüber. Niemand stellte weitere Fragen. Es ist ein ungeschriebenes Gesetz beim Militär, dass wir uns nie zu lange mit diesen Dingen aufhalten. Wir reißen lieber einen Witz, albern ein wenig herum und machen weiter. Da draußen ging es nicht nur um das physische Überleben, sondern auch um das mentale.

Im Lager war die Stimmung locker, wir scherzten immer herum. Wenn einem Kumpel bei einer Explosion das Bein in die Luft gesprengt wurde, munterten wir ihn mit lustigen Sprüchen auf, sobald er versorgt war. Das half auch uns, das alles zu überstehen.

Ich beendete meinen ersten Einsatz in Afghanistan, ohne ein Teammitglied verloren zu haben. Alle kamen zurück nach Hause. Manch andere, mit denen wir dort waren, schafften es nicht. Einer der Amerikaner, Peanut, ein Kampfmittelräumer, starb dort. Eine Sprengfalle erwischte ihn. Wir verloren auch Captain Lisa Head, eine Offizierin beim Kampfmittelräumdienst in einem anderen Team unserer Kompanie, um nur ein paar zu nennen.

Zurück in Großbritannien blieb ich beim Militär, arbeitete hier und da – vor allem im Ausbildungsbereich – und wurde zum Obergefreiten befördert. Mir gefiel die zusätzliche Verantwortung, und besonders mochte ich es, neue Rekruten auszubilden. Ich war gut darin, Leute zu motivieren und ihnen Zutrauen in die eigenen Fähigkeiten zu vermitteln.

Viele von ihnen gingen aus denselben Gründen zur Armee wie ich. Uns war nicht ganz klar, wo unser Platz im Puzzle des Lebens war, und es fiel uns schwer, uns nicht völlig wertlos zu fühlen. Ich wusste, dass ich ihnen da raushelfen, sie darin bestärken konnte, weil ich auf derselben Buckelpiste unterwegs war wie sie.

Bei der Ausbildung von Menschen geht es nicht nur darum, dass sie sich anstrengen und sofort besser werden. Wir alle haben es in uns, Unvorstellbares zu leisten. Das ist es, was wir Ausbilder ansprechen müssen. Einen Großteil meines bisherigen Lebens hatte ich geglaubt, ich würde es nie zu etwas bringen, und diese Überzeugung brennt sich derart tief ins Gehirn ein, dass sie mit der Zeit zur Tatsache wird.

Ich konnte diesen jungen Leuten helfen, weil ich einer von ihnen war. Sie brauchten bloß jemanden, der an sie glaubte.

Im Jahr 2013 reichte ich meine Kündigung bei der British Army ein. So viel die Armee mir auch gegeben hatte, ich wollte nicht mein ganzes Leben dort verbringen. Ich genoss es, endlich etwas gefunden zu haben, worin ich gut war, eine Gemeinschaft, zu der ich gehörte, aber im tiefsten Inneren wusste ich, dass ich nicht für immer so weitermachen konnte. Ich wollte ein normales Leben, das Leben, das meine Eltern führten, als ich ein Kind war. Ich denke, etwas in mir wusste, dass mich der Krieg eines Tages einholen würde, wie es bei so vielen meiner Freunde der Fall gewesen war.

Als Zwanzigjähriger machte ich Pläne, mich bis zu meinem dreißigsten Lebensjahr niederzulassen und eine Familie zu gründen. Fernab von dem turbulenten Militärdienst. Vielleicht würde ich ein nettes Haus mit Garten kaufen. An den Wochenenden grillen. Nie wieder Schüsse hören. Das stellte ich mir schön vor.

Ich wurde gebeten, an einem letzten Einsatz teilzunehmen, Herrick XVIII, angeblich für viereinhalb Monate. Im Endeffekt wurden daraus mehr als elf. Sie wollten, dass ich eine neue Gruppe Soldaten und die nächsten Bombenentschärfungskommandos trainierte, und es brauchte keine großen Überredungskünste, um mich zu überzeugen. Ich hielt einen weiteren Einsatz nicht für das Schlechteste; schließlich war das mein Spezialgebiet, und es würde ein guter Abschied von der einzigen Arbeit sein, mit der ich bisher positive Erfahrungen gemacht hatte. Dahinter steckte auch eine Furcht, die mich nachts quälte. *Was, wenn ich nichts anderes bin als ein Soldat?* Das war eine Möglichkeit, mit der ich mich zu diesem Zeitpunkt noch nicht auseinandersetzen wollte, also verschob ich die Rückkehr ins zivile Leben noch ein letztes Mal.

Camp Bastion war diesmal noch beeindruckender. Einmal konnte ich es auf dem Rückflug nach einem Auftrag von oben betrachten. Die Sonne ging gerade unter, und wir konnten nur das sehen, was direkt unter uns lag. Unser Merlin-Helikopter schwebte über dem Lager, als jemand mich anstieß: »Verdammte Scheiße, guck mal nach unten.« Ein großer kahlköpfiger Mann, von dem man nicht erwartet hätte, dass ihn eine solche Aussicht anrührte. Aber er hatte recht. *Verdammt, was für ein Anblick.*

Wir reckten die Köpfe, um nach unten zu schauen, wo sich das Camp in seiner ganzen Pracht meilenweit in der Wüste erstreckte. Ich weiß nicht, ob man wirklich die Chinesische Mauer vom Weltall aus sehen kann, im Internet steht ja bekanntlich nicht immer die Wahrheit, aber ich glaube, wenn man die Augen fest genug zusammenkneift, kann man wahrscheinlich unser Camp sehen.

Es gab auch noch mehr Annehmlichkeiten als beim ersten Mal. Ein neuer Bereich war für Privatunternehmen gebaut worden. Er nannte sich Bastion Blue. Dort hatten wir ein Steakhaus, eine Sportbar (ohne Alkoholausschank), eine Pizzeria und sogar ein *KFC*. Sie taten, was sie konnten, damit wir uns da draußen wie zu Hause fühlten, so schwer das auch sein mochte. Wenn wir einen langen Tag hinter uns hatten, zogen Kev, Tustain, Adam, Connor, die Schotten und ich los und gönnten uns ein riesiges Rib-Eye- oder T-Bone-Steak. Diese Abende fühlten sich vertraut an, wie ein normales Dinner mit ein paar Kumpel.

Inzwischen war es Sommer 2014, ich hatte elf Monate in Afghanistan verbracht und war bereit, nach Hause zurückzukehren. Zum Glück gab es, obwohl es ein so langer Einsatz war, keine Schwierigkeiten. Es war *okay*.

Ich übernahm eine neue Aufgabe und trainierte UN-Truppen in den Grundlagen der Kampfmittelbeseitigung. Das gefiel mir, denn ich fühlte mich wohl in der Rolle des Ausbilders. Für meine Bemühungen da draußen erhielt ich, nachdem ich nach Hause zurückgeschickt worden war und sich niemand aus unserer Truppe verletzt hatte, sogar eine Auszeichnung.

Auf dem Heimflug wusste ich nicht, was mich erwarten würde. Irgendwie freute ich mich darauf, was ich nun mit meinem Leben würde anfangen können. Ich war lange nicht zu Hause gewesen, und noch länger kein Zivilist mehr.

In den Wäldern von Saffron Walden blühten die ersten Glockenblumen, das erste Anzeichen dafür, dass der Frühling vor der Tür stand. Fast ein Jahr lang hatte ich keine Blumen gesehen und vergessen, wie schön sie waren und wie gut sie rochen.

Dieser letzte Flug dauerte lange, aber er hatte mir eine innere Ruhe geschenkt. Als ich in unseren Stützpunkt

Carver Barracks hineinmarschierte, war ich darauf gefasst, mich ein für alle Mal zu verabschieden.

Ich redete mit meinem Vorgesetzten, Billy Sturgeon. Er war ein super Typ. Während meiner gesamten Militärkarriere war er mein Chef gewesen. Ein harter Bursche, einer, den man auf seiner Seite haben wollte. Billy wollte immer das Beste für einen und redete nie um den heißen Brei herum.

»Du warst lange weg. Länger, als du gemusst hättest«, sagte er und machte dann eine Pause. »Verabschiede dich, am besten sofort, und tu, was du zu tun hast – aber versprich mir eines: Sorge dafür, dass du das Leben als Zivilist auf die Reihe bekommst.«

Ich glaubte, das sei mein letzter Tag als Soldat gewesen.

3

Ihr könnt euch nicht vorstellen, wie herrlich es nach elf Monaten Afghanistan war, ein Pint billiges Lager mit meinem Dad zu trinken. Es hat etwas Befreiendes, sich in einem klassischen englischen Pub an einem nach nichts schmeckenden Bier zu erfreuen. *Oh, wie habe ich das vermisst.* Wir redeten ein wenig über Afghanistan, aber vor allem sprachen wir über meine Pläne für den Rest des Jahres.

Ich freute mich einfach, wieder in einer vertrauten Umgebung zu sein. Ich war so lange fort gewesen, und ich wollte nichts lieber, als zur Ruhe kommen. Mein Vater war auch dafür. Ich sagte, ich wolle ein entspannteres Leben führen.

»Kein Drama«, sagte ich. »Kein Drama.«

Ich hatte große Vorstellungen von einem Leben fern von den Turbulenzen des Krieges. Wahrscheinlich würden mir die meisten Menschen zustimmen, dass die Lebensqualität im Osten Londons um einiges höher ist als in Afghanistan. Ich hatte meine Eltern in der Nähe, die viel zu lange gefürchtet hatten, ich würde möglicherweise nicht zurückkehren, und nun überaus glücklich waren, dass ich das überstanden hatte. Ich war mit einer bildhübschen Frau zusammen. Nicola war blond und hatte große

Katzenaugen, und wir planten, gemeinsam eine Familie zu gründen.

»Wir kaufen uns ein nettes Haus in Brentwood«, sagte ich zu ihr. »Was auch immer wir dann genau tun, dann haben wir erst mal unsere eigenen vier Wände.«

Das wünschte ich mir für uns.

Ich hoffte auf ein rosiges Leben als Zivilist. Ich hatte von Soldaten gelesen, die nach ihrer Rückkehr Schwierigkeiten hatten, und ich wusste von vielen, die an einer posttraumatischen Belastungsstörung litten, aber ich fühlte mich vollkommen normal. Ich rechnete nicht damit, Probleme dieser Art zu bekommen. Ich hatte eine klare Vorstellung von dem, was ich tun wollte, und in diesen ersten Wochen war ich voller Tatendrang.

Als ich mich dann irgendwann im Sommer 2016 als Single und in meinem Transporter schlafend wiederfand, fragte ich mich nicht ohne Grund, wie es dazu hatte kommen können. Der Van selbst war alles in allem gar nicht mal so unkomfortabel. Es war ein schwarzer Opel Vivaro, geräumig und mit viel Beinfreiheit. Auf der Seite klebte in roter und weißer Schrift der Name meines Unternehmens: *BEYOND LIMITS*. Ohne Grenzen.

Von wegen, dachte ich. *Ohne Hoffnung* traf es wohl eher. Ich hatte eine gute halbe Stunde auf den leuchtenden Bildschirm meines Handys gestarrt und war mir nicht sicher, was ich da tat. Nicht in diesem Moment und auch in keinem anderen, der zu diesem Abend geführt hatte.

Zwei Jahre zuvor hatte ich die Armee verlassen, und ich fühlte mich so unwohl wie nie zuvor. Ich rollte mich zusammen, kniff die Augen zu und versuchte, ein wenig Schlaf zu finden. Das Leben als Zivilist war ein Albtraum.

Ich weiß nicht genau, was der konkrete Auslöser dafür gewesen war, warum es mir schließlich so schlecht ging. Vermutlich eine Kombination von verschiedenen Dingen. Ich hatte die Armee als fähiger, zuverlässiger und ehrgeiziger Mann verlassen. Ich dachte, all das würde ich auch weiterhin sein, aber mit der Zeit wurde mir klar, dass ich diese Eigenschaften nur als Soldat besaß. Als Zivilist war ich immer noch ein Teenager, ein ahnungsloser Junge mit Clownsschminke im Gesicht, und ehrlich gesagt kam ich mir auch vor wie ein Clown.

An manchen Abenden fühlte es sich an, als hätte mein Leben in dem Moment gestoppt oder pausiert, als ich zum Militär gegangen war. Als ich zurückkam, war alles, was ich in der Zwischenzeit getan hatte, ausradiert worden, und ich nahm mein vorheriges Leben wieder auf. Meine Freunde hatten gute Jobs, heirateten, gründeten eine Familie. Ich war auf dem gleichen Stand wie vorher.

In den ersten Monaten nach meiner Rückkehr spielte ich mit dem Gedanken zu studieren. Durch den Militärdienst erwirbt man die notwendigen Qualifikationen, ich hatte also die Möglichkeit dazu. Ich ging hier und da zu einem Tag der offenen Tür, um mir verschiedene Universitäten anzusehen, und dachte über eine Zukunft als Rettungssanitäter nach. Aber letztlich war ein Studium nach wie vor nicht mein Ding.

Ich war als Personal Trainer ausgebildet. Eines Tages unterhielt ich mich mit einem meiner besten Kumpel, Mitch Baldock, der Feuerwehrmann ist, und wir beschlossen, *Beyond Limits* zu gründen. Wir wussten nicht wirklich, wie der Hase läuft, wir hatten keine Ahnung, wie man ein Unternehmen führt, aber wir dachten, scheiß drauf, wir gründen eine Fitnessfirma. Wie gerne ich Menschen trainierte, war die eine wirklich positive Erfahrung, die ich aus Afghanistan mitgenommen hatte, und ich dachte, vielleicht wäre das ja etwas, worin ich auch gut sein könnte in einem Umfeld, wo man nicht jederzeit auf mich schießen konnte.

Das erste Jahr war das härteste. Ich fing morgens um sechs Uhr an zu arbeiten und hörte bis zehn Uhr abends nicht auf. Ich musste mich unbedingt beschäftigen, ich musste so viel arbeiten, wie ich konnte, denn alles außer der Arbeit war die Hölle. Ich nahm einen Kunden nach dem anderen an, und wenn keiner da war, mit dem wir trainieren konnten, trainierte ich allein. Ich verbrachte mein Leben im Fitnessstudio.

Sowohl ich als auch Mitch hatten damals Schwierigkeiten. Eigenartig, weil wir das Unternehmen mit dem Gedanken im Hinterkopf gegründet hatten, dass unsere jeweiligen beruflichen Erfahrungen gute Voraussetzungen darstellen würden. Ich war Soldat und Mitch Feuerwehrmann. Doch ich war mir noch nicht klar darüber, was in meinem Kopf los war nach Afghanistan, und Mitch kämpfte noch ziemlich heftig mit den Nachwirkungen des Feuers im Grenfell Tower.

Wir waren beide ähnlich aufgewachsen. Heute klingt es verrückt, dass wir damals fast dasselbe durchmachten und trotzdem nicht ein einziges Mal auf die Idee kamen, miteinander darüber zu reden. Mitch war einer meiner besten Kumpel, mein Geschäftspartner, und doch konnte sich keiner von uns beiden dazu durchringen, offen über seine Probleme zu sprechen. So etwas taten wir einfach nicht.

Wir waren unerfahren, aber ausgesprochen ehrgeizig.

Beim Militär kann man leicht deutliche Fortschritte machen: Wenn man sich Mühe gibt und Zeit investiert, verbessert man sich und arbeitet sich hoch. Im zivilen Leben gab es diese Garantie nicht, und das war für uns beide neu. Ich dachte, wenn ich einfach weiterarbeitete, müsste unweigerlich etwas Gutes passieren.

Anfangs lief unser Unternehmen nicht besonders gut. Wir verloren Geld, ich arbeitete fast ununterbrochen und geriet so in eine Abwärtsspirale. Ich verstand nicht, warum wir keinen Erfolg hatten, wo wir doch so viel Zeit hineinsteckten. Es fiel mir schwer, mich zu konzentrieren, und ich wollte aufgeben.

Ich fühlte mich verloren, verwirrt, so wie damals, als ich noch jünger war. Nach jeder Hürde, wenn ich einmal wieder im Dunkeln tappte, wurde ich mutloser und war nicht mehr wiederzuerkennen als der Mensch, der ich beim Militär gewesen war.

Dieser Mensch war ich nicht mehr. Es schien, als hätte ich über Nacht meine Identität verloren. »Wer bin ich?«, fragte ich mich. Vielleicht hatten sie damals in der Schule recht, vielleicht würde aus mir wirklich nichts werden.

Doch dann bekam ich die beste Nachricht meines Lebens. Sie erschien mir wie das Licht am Ende eines langen dunklen Tunnels.

»Seán, ich bin schwanger.«

Nicolas Stimme zitterte leicht, als sie das sagte. Ich glaube, sie fürchtete sich vor meiner Reaktion. Dabei gibt es wohl keine Worte, die mich je glücklicher gemacht haben als diese. Sie hatte Angst, ich würde ausrasten, wenn ich das hörte, aber ich strahlte sie nur an.

Wir küssten und umarmten uns, und ich wollte sie nie wieder loslassen. Ich war nervös, aber auf eine gute Art; es war eine Nervosität, die einen dazu antreibt, das Beste aus sich herauszuholen. Es war die gleiche Nervosität, die mich im Krieg zu einem guten Soldaten gemacht hatte.

Ich wollte ein toller Vater sein, und ich wusste, sie würde eine wunderbare Mutter sein. Das war das Einzige, was zählte.

Nic war schwanger mit meinem Kind. Wir würden eine Familie sein. Alle meine Probleme kamen mir plötzlich so klein vor, als könnte ich sie einfach beiseiteschieben. Ich würde Vater werden.

Das Haus, der Garten, die Grillpartys am Wochenende. Nun würde all das Wirklichkeit werden, alles entwickelte sich genauso, wie ich es mir vorgestellt hatte.

Ich hatte schon von vielen gehört, wie toll ich mich mit Kindern verstehe, und mir immer eine Familie gewünscht. Als Nic mir sagte, sie sei schwanger, war das der beste Tag meines Lebens. Ich rief meine Eltern an, ich erzählte es jedem, der ans Telefon ging.

Doch dann stürzte mein Luftschloss genauso schnell in sich zusammen, wie es aufgebaut worden war. Ich hatte jahrelang Sprengfallen geräumt, aber für das Minenfeld des Lebens fehlte mir das Handbuch.

Wir hatten erst wenige Wochen zuvor von der guten Nachricht erfahren, aber wir spürten beide, dass etwas ganz und gar nicht in Ordnung war. Nic hatte ziemlich oft über starke Schmerzen geklagt, sodass unsere Alarmglocken bereits schrillten.

Und dann passierte es. Nic erlitt eine Fehlgeburt. Ich hörte einen lang gezogenen Piepton. Ich hatte einen

Schock. An dem Tag verloren wir etwas, was zu uns gehörte. Etwas wurde uns genommen. Ich wollte Nic fest im Arm halten und sie spüren lassen, dass wir das zusammen durchstehen würden.

»Wir schaffen das«, sagte ich.

»Ich liebe dich.«

»Ich dich auch.«

Wir weinten und weinten, bis wir keine Tränen mehr hatten.

In den folgenden Monaten fühlte ich mich jeden Morgen, als wäre ich von einem Güterzug überfahren worden. Zuerst hatte ich Schmerzen, dann wurde alles taub. Aufzuwachen kam mir unnatürlich vor. Ich glaube, keiner von uns beiden hatte eine Ahnung, wie wir mit der Sache umgehen, wie wir über sie hinwegkommen sollten.

Bei der Armee steckten wir diese Gefühle in eine Kiste. An erster Stelle stand die Erfüllung unserer Aufgaben. Wir hatten einen Job zu erledigen.

Und das tat ich auch jetzt. Ich ging zur Arbeit. Nic und ich mussten schließlich nach wie vor unsere Rechnungen bezahlen. Sie arbeitete nicht, und unsere finanziellen Schwierigkeiten hatten sich in der Zwischenzeit auch nicht gelöst. Ich tat mein Möglichstes, um sie emotional zu unterstützen, aber auch mir ging es schlecht; mir war bloß nicht klar, wie schlecht. Alles, was ich hätte empfinden sollen, schob ich in die Kiste.

Wir gingen unter und kämpften nicht einmal um unser Leben. Ich wollte einfach alles loslassen und mich auf den

Meeresboden sinken lassen. Es fühlte sich an, als könnte ich meine Arme kaum über Wasser halten und als fehlte mir die Kraft zum Atmen. Ich dachte immer wieder: Ich sollte Vater werden. *Nic und ich sollten eine Familie gründen*. Jeder Gedanke schien nun die Vergangenheitsform anzunehmen, eine Zukunft für uns konnte ich mir nicht mehr vorstellen.

Ich gab mir Mühe, für sie da zu sein, aber damals war mir nicht bewusst, wie sehr ich selbst am Ende war. Ich konnte ihr nicht helfen, weil ich mir selbst kaum helfen konnte. Ich fühlte mich wie eine Handgranate kurz vor der Explosion. Und diese Kiste, ja diese Kiste würde entweder aufgehen und das, was herauskam, würde alles vernichten, was ihm in den Weg kam, oder ich konnte sie weiter verstecken, die Augen verschließen und weitermachen.

Nic wirkte sehr niedergeschlagen, und ich versuchte sie zu unterstützen, aber nichts half. Keiner von uns konnte etwas dafür, aber wir waren am Ende.

Zuerst langsam, schleichend, dann mit einem Mal, war mir alles egal.

Ich trank an sechs oder sieben Abenden in der Woche. Es gab Tage, an denen ich in den Klamotten vom Vorabend zum Trainieren ins Fitnessstudio kam, ungewaschen und nach billigem Whisky stinkend. Ich tat noch mehr Dinge, die ich nicht hätte tun sollen. Aus den Tagen wurden rasch Wochen und dann Monate. Ich ließ mich gehen. Ich war egoistisch. Ich hatte keine Kontrolle über meine Gedanken, keine Kontrolle über mein Umfeld. Im Grunde hatte ich zu dieser Zeit über nichts die Kontrolle außer über meinen Körper. Also trainierte ich zwei, drei

Mal am Tag. In der Bodybuilding-Szene ist es gang und gäbe, leistungssteigernde Drogen zu nehmen, und es bleibt nicht aus, dass man Steroide angeboten bekommt. Normalerweise lehnte ich diese Angebote ab. Ich hatte nie Drogen genommen oder auch nur geraucht. Ich war einfach nicht der Typ dafür. Aber der Typ, der ich war, kam nicht wirklich voran, also sagte ich irgendwann doch Ja. Damals hätte ich optisch vielleicht gut Werbung fürs Fitnesstraining machen können, aber man konnte leicht erkennen, dass ich ein gebrochener Mann war, der versuchte, wenigstens über eine einzige Sache in seinem Leben die Kontrolle zu behalten.

Ich war nicht wirklich auf die Nebenwirkungen der Steroide vorbereitet. Ich hatte sie recherchiert, aber man findet eigentlich nur Informationen über die physischen Nebenwirkungen, wie wunde Brustwarzen und Akne. Die mentalen Nebenwirkungen werden unterschlagen. Es ist nicht bei jedem dasselbe, aber ich war sowieso schon ziemlich kaputt und deprimiert, und es war, als würde man jemandem mit einer Angststörung eine Pille geben, die alle Ängste noch verschlimmert. An diesem Punkt war ich nicht mehr ganz ich selbst. Ich war reizbar, depressiv wie noch nie, und ich schaute ständig in den Spiegel. Äußerlich musste ich damals wie ein Kandidat einer Dating-Show gewirkt haben, mit Sixpack, gewaltiger Brust und breiten Schultern, aber ich erkannte in mir nur das pummelige Schulkind von damals. Und permanent lauerte in mir die Wut. Es brauchte nicht viel, bis ich ausrastete, selbst vor den Menschen, die mir nahestanden, meiner Familie und meinen Freunden, bei denen ich sonst nicht so schnell die Beherrschung verlor. Natürlich verstärkte das den Druck auf meine ohnehin nur noch am seidenen Faden hängende geistige Gesundheit. Das ist keine Entschuldigung für die falschen Entscheidungen, die ich getroffen habe, aber es erklärt im Nachhinein, warum ich Dinge tat, die gar nicht zu mir passten.

Nic hatte etwas Besseres verdient. Ich selbst wohl auch. Aber nach der Fehlgeburt war mir alles egal. *Was spielt es für eine Rolle?* Plötzlich lief alles nur noch in Zeitlupe. Ich hatte zu viel freie Zeit, zu viel Zeit zu grübeln.

Nic und ich trennten uns. Es war irgendwann unausweichlich geworden, aber ich fühlte mich so einsam. Wir beide waren einsam.

Wir lebten trotzdem noch eine Weile zusammen, und auch meine Eltern wohnten bei uns, weil sie gerade ihr Haus verkauft hatten und darauf warteten, in ein neues ziehen zu können.

Nic gab sich wirklich Mühe; sie war nie gemein, auch wenn sie jedes Recht dazu gehabt hätte. Sie redete immer noch mit mir und tröstete mich, während wir versuchten, mit dieser seltsamen Wohnsituation zurechtzukommen. In dieser ganzen Zeit liebte sie mich nach wie vor und kümmerte sich darum, dass es mir einigermaßen gut ging. Aber ich fühlte mich, als würde die Welt über mir einstürzen. Ich gab Nic nicht die Schuld an dem, was geschehen war, auch wenn mein Verhalten das nicht immer zeigte. Ich war bloß so bereit gewesen, Vater zu werden, und als mir das genommen wurde, war es, als würde meine gesamte Welt vor meinen Augen untergehen.

Im Nachhinein bin ich nicht stolz darauf, wie ich mit der Sache umgegangen bin. Nic hatte etwas Besseres verdient als die Person, die ich damals war. Sie brauchte mich mehr denn je, und ich war dieser Aufgabe nicht gewachsen. Ich werde immer bereuen, wie ich mich damals aufführte. Ich sagte immer das Falsche, tat immer das Falsche. Mittlerweile habe ich gelernt, dass ich selbst heilen musste, um für die Menschen da zu sein, die mir wichtig sind. Solange ich nicht bereit war, diese Kiste zu öffnen und Zugang zu den Gefühlen zu finden, die ich so hastig weggeschoben hatte, würde ich für niemanden emotional erreichbar sein. Und das machte mir mehr Angst als jedes Kriegsgebiet.

Jedes Mal, wenn ich Nic ansah, erinnerte es mich an das, was wir verloren hatten. Das war ihr gegenüber nicht fair, aber es schien, als wäre Fairness in unserer Welt nicht mehr als eine Art Wunschtraum.

Ich arbeitete, so viel ich konnte, denn wenn ich arbeitete, musste ich über nichts nachdenken. Aber die Nächte waren lang und still, und ich hatte Angst. Ich konnte nichts tun, außer weiterzumachen.

Eines Morgens nach einem Training nahm mich James Stalley beiseite. Er war einer unserer Kunden, ein kräftiger Kerl, gebaut wie ein Türsteher.

»Du siehst beschissen aus«, sagte er. »Was ist los?«

Ich erzählte ihm, dass Nic und ich uns getrennt hatten und dass ich in meinem Van schlief, um unserem Wohnarrangement zu entkommen und damit sie und meine Eltern nicht mehr sahen, in welchem Zustand ich war.

Er schaute mich an und sagte bloß, ich solle eine Stunde warten. Ich kannte den Typen kaum, ich traf ihn nur morgens im Studio. Eine Stunde später kam er zurück, ein Handtuch über die Schultern gelegt und einen Schlüsselbund in der rechten Hand.

»Hier, nimm die.«

»Was?« Ich musste zweimal hingucken.

»Ich bin gerade mit meiner Perle zusammengezogen«, sagte er. »Du kannst meine Wohnung für ein paar Wochen haben, bis du wieder klarkommst.«

James sah weiterhin nach mir, auch nachdem ich meine Habseligkeiten in seine alte Wohnung gebracht hatte. Er war nicht der Einzige, der sich Sorgen machte.

An jenem Abend kam auch Mitch zu mir, um mit mir zu reden.

»Dir geht es nicht gut, Mann«, sagte er.

»Alles in Ordnung, wirklich. Ich muss nur ein paar Dinge auf die Reihe bekommen, aber dann geht es schon. Kein Drama.«

Mitch kannte eine Therapeutin, Kim, die bei uns Kundin war, und er schlug mir vor, zu ihr zu gehen.

»Sie ist super. Probier's einfach mal.«

Mein Vater hatte mir nahegelegt, eine Veteranen-Hotline anzurufen, aber ich wollte nicht. Ich dachte, das hätte ich nicht nötig.

Doch das hier öffnete mir die Augen. Es war untypisch für Mitch. Er und ich waren durch die Hölle gegangen, aber wir redeten nie darüber. Mit keiner Silbe. Als ausgerechnet Mitch sich veranlasst sah, mich beiseitezunehmen und mir zu raten, mir Hilfe zu suchen, wusste ich, dass ich endlich etwas unternehmen musste, um meine Angelegenheiten in den Griff zu bekommen.

Vielen Männern fällt es schwer, über solche Dinge zu sprechen. Psychische Probleme sind mit einem Stigma behaftet, weshalb wir sie anscheinend um jeden Preis ignorieren. Wir lebten weiter unser Leben, erwähnten nie unsere Schwierigkeiten – und wozu?

Ich dachte daran, wie ich mich anfangs nach meiner Rückkehr aus Afghanistan gefühlt hatte, wie albern ich die Idee damals fand, ich könne irgendeine Form von posttraumatischer Belastungsstörung oder sonstige psychische Probleme haben – trotz allem, was ich über andere Soldaten gelesen hatte und von ihnen wusste. Männer wie ich verdrängten lieber die Wahrheit, dass etwas in unserem Kopf nicht stimmt, als uns auch nur eine Sekunde lang emotional verletzlich zu zeigen. Denn sobald wir das tun, heißt das, wir geben uns geschlagen.

Als ich am dringendsten einen Freund brauchte, überwand Mitch diese Mauer. Und ich konnte die Tatsache nicht länger leugnen, dass etwas in meinem Kopf in Ordnung gebracht werden musste.

»Sie wird nur mit dir reden, das ist alles. Du musst nicht auf einer Couch liegen, und in ihrer Praxis gibt es auch keine merkwürdigen Kunstgegenstände.«

Mitch hatte gelogen. Es gab eine Couch. Aber zumindest keine seltsame Kunst.

Ich ging zweimal wöchentlich zu Kim. Sie kam mir mehr vor wie eine gute Freundin als eine Therapeutin. Wahrscheinlich sind alle Therapeuten so, deshalb verstehe ich im Nachhinein nicht, weshalb die Vorstellung, einen aufzusuchen, mir so lange so furchterregend erschienen war. Vielleicht hatte ich Angst, bestätigt zu bekommen, dass mit mir tatsächlich etwas ganz und gar nicht stimmte. Das war der Teil, vor dem ich mich am meisten fürchtete, aber Mitch half mir, trotzdem die richtigen Schritte zu unternehmen. Als Feuerwehrmann war er es schließlich gewohnt, Leben zu retten.

Ich hatte damit gerechnet, dass Kim irgendwie in mein

Gehirn eindringen und es untersuchen würde, aber das tat sie nicht. Wir redeten eine halbe Stunde, und sie machte sich Notizen. Sie war nicht darauf aus, meine Probleme durchzusprechen, sie half mir einfach, besser zu verstehen, wie mein Gehirn funktioniert, sodass ich meine Schwierigkeiten letztlich selbst lösen konnte.

Eine Zeit lang wurde durch die Therapie alles noch schlimmer, aber ich begriff, dass ich da durchmusste. Ich hatte mir nie erlaubt, meine traumatischen Erlebnisse als solche zu akzeptieren, sondern sie einfach in die Kiste geschoben und weitergearbeitet.

»Die Kiste wird nie verschwinden, also entweder stellst du dich dem Schmerz oder du lässt es bleiben«, sagte sie, und sie hatte recht. Kim sagte fast immer das Richtige.

Ich war damit aufgewachsen, dass Männer sich *gefälligst zusammenreißen* sollen, immer *schön die Ohren steif halten – Kopf hoch, Brust raus*. Nun überwinden wir das allmählich, sodass wir über den ganzen Mist, der uns zu schaffen macht, reden können. In der Armee wird uns beigebracht, jegliche Gefühle zu unterdrücken, wir dürfen uns nicht von ihnen überwältigen lassen. Wenn wir jemals emotional werden, dann hinter geschlossenen Türen. Im Gespräch mit anderen Veteranen wurde mir klar, dass wir alle das Gleiche durchmachten.

Der elfte November war der einzige Tag, an dem wir zwei Minuten lang unsere Gefühle zeigen durften. *Armistice Day*, der Tag des Waffenstillstands am Ende des Ersten Weltkriegs.

»Das ist Bullshit. Hundertprozentiger, kompletter Bullshit«, sagte Kim. Sie brachte mir bei, dass es okay war, sich manchmal die Augen aus dem Kopf zu heulen.

Ich weinte, als ich an Peanut dachte. Ich weinte wegen Nic. Ich weinte, wenn ich an Afghanistan dachte. Kim ließ mich immer weinen, tröstete mich jedoch nie. Dafür war ich ihr dankbar. Sie erlaubte mir zu weinen, und trotzdem fühlte ich mich männlicher als je zuvor.

Einmal redeten wir über Peanut. Über Dissoziation. Großes Wort mit noch größeren Auswirkungen. Meine Stimme drohte jedes Mal zu brechen, wenn ich über ihn sprach.

Nach seinem Tod mussten wir noch unsere Mission zu Ende bringen. In einem Moment war er lebendig, sprach mit seinem fürchterlichen amerikanischen Akzent, den wir so gerne nachäfften, und im nächsten war er tot. Ein falscher Schritt. Mehr war nicht nötig, um ein Leben für immer zu beenden. Er war einer von uns gewesen, aber unsere Mission war noch nicht beendet. Wir mussten weitermachen, weitergehen, es vergessen. Getrauert wird erst, wenn es erlaubt wird.

Ich hatte mir vorher nie gestattet, an Peanut zu denken.

Die Gespräche, die ich am meisten fürchtete, waren die über andere Soldaten. Im Krieg sind sie das Offensichtliche, das stets ignoriert wird. Ich hatte keine Selbstmordabsichten, ich glaube, ich habe noch nie welche gehabt, aber es war trotzdem ein Gedanke, der ständig da war. *Was, wenn es mir passiert? Was, wenn ich so am Arsch bin und es nicht merke? Wollen Selbstmörder sich plötzlich umbringen, oder wird ihnen das nach und nach klar?*

In diesem Jahr ging ich regelmäßig zu Kim, und sie half mir, Zugang zu diesen Gefühlen zu finden. Als ich die Kiste öffnete, kam alles heraus, jede einzelne verdammte Geschichte. Es war beängstigend. Mir ging es nach wie vor schlecht, aber ich tat die ersten Schritte in Richtung Heilung. Es war, wie ein Pflaster abzureißen, bloß dass die Wunde noch gar nicht begonnen hatte, sich zu schließen, und das Blut in alle Richtungen spritzte. Aber es war ein notwendiger Schmerz, denn er war menschlich.

Wenn ich auf die Entscheidungen zurückblicke, die ich in jenen Jahren traf, kann ich sagen, dass ich neunzig Prozent bereute. Ich bereute es, mich von Nic getrennt zu haben, ich bereute die dummen unternehmerischen Entscheidungen, die ich gefällt hatte, ich bereute die betrunkenen Abende und verkaterten Morgen. Ich bereute es, so selbstsüchtig gewesen zu sein.

Irgendwann in dieser Zeit kündigte ich meinen Eltern an, dass ich mein Leben radikal ändern würde. Ich dachte an die langen Nächte in meinem Van, die frühen Morgen in der drückenden Hitze. Daran, wie ich mich vor allen anderen ins Studio schlich, um dort zu duschen. Es würde ein langer Prozess werden, es würde sich hinziehen, aber ich würde ihn immerhin nicht allein durchmachen.

Ein Schritt nach dem anderen, dachte ich. Die Kiste war geöffnet worden, und irgendwann würde es mir wieder okay gehen.

Im Oktober 2017 starb mein Freund Chris Harris, Spitzname H, in Syrien.

Kein Drama.

4

»Sofortiger Erfolg oder absoluter Fehlschlag.«

Amerikanische Kampfmittelbeseitiger liebten diesen Satz. Und nun spulte ich den Gedanken immer und immer wieder ab. *Sofortiger Erfolg oder absoluter Fehlschlag. Sofortiger Erfolg oder absoluter Fehlschlag. Sofortiger Erfolg oder absoluter Fehlschlag.*

H war ein Tier, ein Gott auf seinem Gebiet: Er fand alles, egal wo. Vor unserem gemeinsamen Einsatz in Afghanistan war er im Irak gewesen. Er starb in Syrien, wo er in Rakka mit einer privaten Militärfirma Sprengfallen räumte, damit die Einheimischen dort leben konnten. Er verbrachte die letzten Augenblicke auf Erden damit, sein Leben zu riskieren, damit andere ihres in größerer Sicherheit führen konnten. Ein echter Held.

Die Gemeinde der Kampfmittelräumer in Großbritannien ist sehr klein. Wir sind vielleicht hundert Leute, und wir stehen in engem Kontakt. Jeder kennt jeden, oder zumindest weiß man voneinander. Als H starb, kamen wir alle wieder zusammen.

Es war ein kalter Morgen Ende Oktober, der Winter kündigte sich bereits durch eisigen Wind an. Das Herbstlaub färbte den Boden rot, gelb und orange. Es knackte, wenn man darauf trat.

An diesem Tag waren vierzig oder fünfzig von uns bei der Trauerfeier in Exeter, Südwestengland. Matt Littlewood, Matty genannt, war auch da. Er und einige andere Jungs, die ich kannte, hatten in Syrien mit H zusammengearbeitet. Es war schön, sie wiederzusehen, als würde man alte Schulfreunde treffen.

Es gibt eine Verbindung, die nur unter Soldaten existiert. Nicht, weil wir besser wären als andere Menschen, überhaupt nicht. Sondern weil nur wir wissen, was wir durchgemacht haben. Wir Bombenentschärfer lebten praktisch den Film *Tödliches Kommando*. Eins zu eins. Wir kannten es nicht anders. Ich hatte fast ein Jahrzehnt mit denselben Leuten verbracht. Bei Beerdigungen hatten wir das Gefühl, Davongekommene zu sein. Wenn wir unseren gefallenen Kameraden die Ehre erwiesen, wurde uns bewusst, dass wir mit dem Tod gespielt und gewonnen hatten.

Wir freuten uns alle, einander zu sehen. Draußen auf dem Parkplatz begrüßten wir uns gut eine halbe Stunde lang, umarmten uns und lachten sogar hin und wieder. Wir hielten ein wenig den üblichen Small Talk (»Was macht die Familie?«, »Wie geht's deiner Frau?«, »Und, was arbeitest du zurzeit?«), aber wir konnten auch einfach ganz offen sprechen. Die meisten waren noch aktiv, aber manche wollten bald heiraten und sich aus dem Militärdienst zurückziehen.

Es gefiel mir nicht, aber bei der Beerdigung fühlte ich mich so normal wie schon lange nicht mehr. Es tat gut, meine Jungs alle wiederzusehen. Matty und ich waren in der British Army in derselben Kompanie gewesen. Wir hatten die Ausbildung in Carver Barracks zusammen durchlaufen, waren zusammen nach Afghanistan gegangen, und fast zehn Jahre lang hatten unsere Spinde nebeneinandergestanden. Es war angenehm, für einen Augenblick in diese Welt zurückzukehren; ich hatte nicht das Gefühl, mich verstecken oder anders sein zu müssen.

In gewisser Weise führte ich ein Doppelleben. Zu Hause betrachteten mich die Leute als einen Versager. Ich war ja auch einer. Ich verachtete denjenigen, der ich in den vergangenen drei Jahren gewesen war, aber die meisten Menschen hielten das für meinen Normalzustand. *So ist Seán eben.* Aber diese Typen hier kannten mich ausschließlich aus meiner Zeit in der Armee. Sie kannten Seán, den Soldaten, und dieser Kerl zu sein war mir wesentlich lieber als der andere.

Ich war nicht der Einzige, der Probleme mit dem Leben als Zivilist hatte, und allmählich schien es alle zu jucken, zurückzukehren. Zurück an einen Ort, wo es eine Struktur gab und so etwas wie einen Sinn. Ja klar, es war lebensgefährlich, aber die Vorteile schienen deutlich zu überwiegen gegenüber dem, was das Leben uns hier zu bieten hatte.

Es war eine würdevolle, schlichte Beerdigung, angemessen für einen Mann wie H. Er war einer von uns, dachte ich immer wieder. *Er war einer von uns.*

Zuerst weinte niemand von uns – dann alle.

Ich war auf vielen Soldatenbeerdigungen. Einfach ist es nie. Kein Vater sollte seinen Sohn zu Grabe tragen müssen, und sooft es auch geschieht, man gewöhnt sich nie an diesen Anblick.

Hs Vater sagte ein paar Worte. Auch er war ein ehemaliger Soldat. Er sprach über die Tapferkeit seines Sohnes, darüber, wie stolz er auf ihn war.

Einer nach dem anderen verabschiedeten wir uns von ihm. »Ein letztes Mal Gute Nacht«, sagte ich zu ihm.

Es war immer noch seltsam, so viele harte Männer weinen zu sehen, aber eine Beerdigung war eine der wenigen Gelegenheiten, bei denen wir diese Gefühle zeigen durften. Als das anschließende Traueressen anstand, hatten wir uns alle wieder berappelt und schwelgten einen Nachmittag lang in Erinnerungen über unsere gemeinsame Ausbildungszeit, die Scherze und Streiche, die dazugehört hatten. Die meisten von uns, wenn nicht alle, waren der Armee als unsichere Teenager beigetreten, wir hatten also jede Menge peinliche Geschichten zu erzählen.

Matty war ein hochgewachsener, skandinavisch aussehender Kerl. Meistens trug er einen dichten blonden Bart. Er hatte eine große schiefe Nase. Ich saß an der Bar, als er mir auf die Schulter tippte. Er wollte mich etwas fragen.

»Uns fehlt ein Mann«, sagte er, womit er mir nicht besonders subtil sagen wollte, dass ich dieser Mann war.

Wir sind wie Brüder, wir Bombenentschärfer, und ich fühlte mich verpflichtet, der Aufforderung zu folgen. Ein Freund bat mich um Hilfe. Und vielleicht wollte ich auch einfach fortgehen.

»Jetzt ist nicht der richtige Moment, um darüber zu sprechen, aber das Angebot steht, wenn du willst.« Rasch stellte er mich einem Mann vor, ich glaube, er war in einer leitenden Funktion bei einem der privaten Militärunternehmen, die für die Räumung von Sprengfallen in Rakka zuständig waren und dem U.S. State Department unterstanden.

Zwei Typen, die unser Gespräch mit angehört hatten, wandten mir die Köpfe zu, beide hatten ein wenig gerötete Wangen, Pints in den Händen. Sie mischten sich ein und sprachen über Syrien.

»Es ist nicht so schlimm, wie man denkt.«

»Eigentlich sogar ganz in Ordnung.«

Es brauchte nicht viel, um mich zu überreden. Ich focht meine eigenen Kämpfe hier in Großbritannien aus und verlor die meisten. Ich sehnte mich nach einem Ausweg.

Es war, als würde die Welt mir eine Rettungsweste zuwerfen, und der Zeitpunkt war perfekt. Ich hatte nicht viel Geld, Nic und ich hatten uns getrennt, es gab nichts, was mich in Essex hielt. Ich wusste, ich würde mich da draußen bei meinen Jungs viel mehr zu Hause fühlen. Ein Teil von mir wollte wegen Mitch und *Beyond Limits* bleiben, aber ich rechtfertigte meinen Entschluss damit, dass ich das in Syrien verdiente Geld ja später in die Firma investieren könnte. Ich vertraute Mitch vollkommen, ich wusste, dass er mich nicht für die alltäglichen Aufgaben im Unternehmen brauchte, und ich konnte den Kontakt selbst von Syrien aus halten.

Es war wie eine Gelegenheit, mich an den letzten Ort zurückzuversetzen, an dem es mir gut gegangen war. Vielleicht war das ein Weg, um wieder besser zurechtzukommen. Ich konnte meine Minderwertigkeitskomplexe verdrängen und losziehen und das Einzige tun, wovon ich wusste, wie es ging. Ich wusste, dass ich dort draußen wieder ein Gefühl von Sinnhaftigkeit gewinnen konnte.

Kurz nach der Beerdigung sprach ich noch einmal mit Matty.

»Ich bin dabei. Wann geht es los?«

Mitte Januar war ich in Syrien.

5

Flughäfen sind merkwürdige Orte. An einem winterlichen Morgen Mitte Januar schoben sich Hunderttausende Menschen über die grauen Böden von Londons geschäftigem Flughafen Heathrow. Die frostbedeckten Glasscheiben erinnerten an das kürzlich gefeierte Weihnachtsfest. Irgendwo herrschte immer Hektik, waren Leute in Eile. Verrückt, dass die Menschen an Flughäfen unausweichlich eine derartige Hast an den Tag legen. Ich war relativ ruhig. Ich flog ja nur nach Syrien.

Jeder hier wird innerhalb der nächsten Stunden an völlig anderen Orten sein, dachte ich. Manche an unbekannten, andere an vertrauten.

Ich für meinen Teil würde in ungefähr vier Stunden und fünfzig Minuten zunächst im türkischen Istanbul landen. Die erste von fünf Stationen, bevor ich mein endgültiges Ziel erreichte: Tabka, eine Stadt im Osten Syriens.

Mit einem Linienflug in ein Kriegsgebiet zu fliegen (zugegeben mit ein paar Zwischenstopps) ist völlig absurd. Man sitzt zum Beispiel neben einer Mutter, die *Pitch Perfect 3* anguckt und höflich versucht, nicht zu laut zu lachen. Ihr Sohn schaut sich währenddessen den neuen *Star Wars* an. Wahrscheinlich fliegen sie nach Istanbul in den Urlaub, wie die meisten Passagiere auf diesem Flug, während man selbst auf dem Weg in ein Kriegsgebiet ist. Ich brauche auch Urlaub, dachte ich. *Vielleicht sollte ich mir mal den neuen* Star Wars-*Film anschauen …*

Mein zweiter Flug ging von Istanbul nach Mardin, eine Stadt im Südosten der Türkei, wo mich unser Kontaktmann vor Ort empfing. Das war derjenige – aus irgendeinem Grund immer ein etwas zwielichtig wirkender Typ –, der uns über die Grenze bringen sollte. Dieser hier verlor nur wenige Worte, obwohl er sicher viel zu erzählen gehabt hätte. Ich weiß noch, dass ich an diesem Punkt dachte: Scheiße, wohin bin ich da eigentlich unterwegs?

Am Gepäckband begegnete ich einem Mann, der ebenfalls Soldat sein musste, genauer, jemand, der ebenfalls für ein privates Militärunternehmen arbeitete. Man erkennt es einfach an dem Aussehen. Wir sind alle groß, breitschultrig, bärtig.

Er hieß Chris und kam aus Australien, wo er als Bombenentschärfer in der Armee diente. Außer uns waren da noch vier estnische Hundeführer.

Wir warfen unser Gepäck in den Kofferraum eines schicken weißen Land Cruisers und schnallten uns dann an für die Tagesfahrt über Mardin im Südosten der Türkei bis nach Erbil, der Hauptstadt des irakischen Kurdistans.

Auf dem Weg in den Irak wurde unser Fahrzeug von zwei weiteren eskortiert, eines fuhr vorweg, das andere hinter uns her, mit vollautomatischen Schusswaffen, *nur für den Fall.* Unsere Wagen waren alles andere als unauffällig.

Durch den Irak zu fahren war verstörend unspektakulär. Ich hatte erwartet, dass er völlig verwüstet und zerstört sein würde, aber es war ein ganz normales Land. Hindurchzufahren war nicht anders, als über die M6 zu fahren, wenn man von dem vielen Sand und den Schlaglöchern einmal absieht.

Wir machten halt in Duhok und dann noch einmal in Mossul, bevor wir endlich unsere Unterkunft in Erbil erreichten, einen Komplex mit Namen *Atconz*. Die Firma, für die ich arbeitete, hatte mit anderen privaten Sicherheits- und Militärunternehmen Häuser und Büros für ihre Angestellten in einem Wohnblock gekauft. Es war ganz nett, ziemlich amerikanisch. Die Doppelhaushälften waren optimistisch in verschiedenen bunten Farben gestrichen und wirkten daher wie eine Kinderzeichnung von einer typischen Häuserreihe. Dort blieben wir eine Woche lang, bevor wir endgültig nach Syrien aufbrachen.

Die Fahrt nach Tabka war lang. Die scheinbar endlos geradeaus führende gepflasterte Straße teilte die Wüste über vierhundert Kilometer in zwei Hälften. Es ging auf und ab im Rhythmus der Zagros-Berge, die uns in den Norden begleiteten. Hin und wieder sah es aus, als würde die Straße geradewegs in den Himmel hinaufführen. Ich glaube, der Fahrer bewegte stundenlang nicht ein einziges Mal das Lenkrad nach rechts oder links.

Um die Grenze zu Syrien nördlich von Mossul zu passieren, mussten wir den Tigris überqueren. Es war eine wahnwitzige Aktion, einfach nur irre. Da war dieser breite Fluss, dessen Stromschnellen ein wildes Tauziehen mit allem spielten, was wagte, ihnen in die Quere zu kommen – und ein Stützpunkt, neben dem ein Mann so lässig stand, als trüge er bloß die Verantwortung für eine Wildwasserbahn in einem Freizeitpark. Ungeduldig warteten die Leute an den Flussufern, unbeeindruckt von den wütenden Strömungen des Tigris.

Über den Fluss führte eine Brücke, die allein mit gewaltigen Wassertanks an der Oberfläche gehalten wurde. Weiße Wassertanks. Die Brücke war ungefähr vierhundert Meter lang, und diese Kerle fuhren einfach darüber, als wäre es nichts. Mehrere Sattelzüge, die in der Regel über vierzig Tonnen wiegen und ungefähr zwanzig Meter lang sind, bretterten – ohne zu zögern – darüber.

Um das Ganze noch interessanter zu machen, war die Strömung wirklich heftig. Nun hieß es, wir sollten gegen jede Logik und Vernunft Boote besteigen, die uns hinüber auf die andere Seite bringen sollten.

Einige Familien warteten mit uns am Ufer. Manche von ihnen hatten nur das Allernötigste dabei, andere Fernseher und Designertaschen. Es war eine ungewöhnliche Szene. Nicht viel anders als das, was ich am Flughafen Heathrow beobachtet hatte: die gleiche Dringlichkeit lag in der Luft.

Als wir endlich an der Reihe waren, dachte ich bei mir: Das ist vielleicht das Gefährlichste, was ich hier erleben werde. Bomben auszugraben war das eine, aber diesen Fluss zu überqueren war der pure Wahnsinn. Das Boot musste gegen die Strömung gedreht werden, damit es gerade hinüberfahren konnte. Es fühlte sich ein bisschen an wie Wildwasserkanu. Oder die schlimmste Wasserparkfahrt meines Lebens.

»Wir sind in Syrien!«, rief ich. Es kommt nicht oft vor, dass man erleichtert ist, ein Kriegsgebiet erreicht zu haben, aber nach einer Woche des Unterwegsseins wollte ich endlich ankommen. Außerdem hatte ich die Flussüberquerung überlebt. Das war meiner Meinung nach eine phänomenale Sache.

Ein letzter Halt lag noch vor uns, in einer Stadt namens Manbij, wo wir zwei Tage in einer ehemaligen Schule verbrachten, die in ein Ausbildungszentrum umgebaut worden war.

Ich schickte meinem Vater Videos von dem Ausbildungszentrum. Es interessierte ihn immer, was ich tat und wo ich war. Selbst bei meiner Stationierung in Afghanistan hatte ich ihn die ganze Zeit auf dem Laufenden gehalten.

Nach Syrien hineinzufahren war ganz anders als die Fahrt durch den Irak. Letzteres hatte sich angefühlt wie ein lässiger Roadtrip in die Wüste, aber in Syrien erkannte man auf den ersten Blick, dass etwas Schreckliches dieses Land verwüstet hatte.

Als Erstes sahen wir einige eingestürzte Häuser, die uns nur einen Vorgeschmack auf das boten, was uns noch erwarten würde. Denn als wir tiefer in syrisches Gebiet hineinfuhren, schien das Grauen stetig zuzunehmen. Je mehr wir uns Rakka näherten, desto offensichtlicher war die Zerstörung. Alle Städte waren in die gleiche graue Farbe getaucht, manche Gebäude hatten schwarze Flecken von den Explosionen.

In den Bäumen und Büschen, die hier und da aus dem Schutt ragten, waren Anzeichen von Leben auszumachen, doch die Bäume selbst waren schwarz und kahl, als könnte hier eigentlich nichts existieren, nicht einmal Kakerlaken.

An jedem kurdischen Checkpoint wurde die Trostlosigkeit schlimmer und schlimmer. Ich stellte mir unwillkürlich vor, wie diese Städte Jahre zuvor ausgesehen haben mochten, vor der Besetzung durch den Islamischen

Staat, vor dem Krieg. Ich fragte mich, ob Eltern ihre Kinder in die Schule gebracht hatten und dann zur Arbeit gefahren waren. Ob sie, wenn sie nach einem langen Tag nach Hause kamen, sich darüber beschwert hatten, dass ihr Chef ein Vollidiot war.

So etwas wie das hier hatte ich noch nie zuvor gesehen. In manchen Gegenden umspülten Schutt und Trümmer wie ein Fluss alles, was noch stand.

In unserem Lager in Tabka, eine zivile Basis, kein Militärstützpunkt, wurde ich einigen der Jungs vorgestellt. Matty war da, und mein neuer Chef Mark Buswell, ein ehemaliger Royal Engineer, der aussah wie eine Mischung aus Daniel Craig und Gary Lineker, begrüßte mich mit einem festen Händedruck.

Ich war in einem Schiffscontainer untergebracht, der in der Mitte geteilt und in zwei Wohnräume umgewandelt worden war. Es war gemütlich. Ich stellte meine Sachen ab und fühlte mich sofort wieder wohl. Ich freute mich darauf, wieder zu arbeiten, etwas, was ich zu Hause nie so empfunden habe. Ich konnte wieder eine feste Routine entwickeln, auf das zurückgreifen, was ich kannte. An jenem Nachmittag lag ich auf meinem Bett und atmete tief durch. Und noch einmal. Es war so friedlich, einfach dort zu liegen. *Das ist der Ort, an dem ich sein soll, ich gehöre hierher.*

Ich fühlte mich unbeschwert wie seit Jahren nicht mehr.

Mein Tagesablauf dort veränderte sich nie. Jeden Morgen tat ich genau das Gleiche.

04:30 Uhr, vor Sonnenaufgang aufwachen.

05:00 Uhr, Zähneputzen, Duschen.

05:30 Uhr, Frühstück.

06:00 Uhr, Abfahrt nach Rakka.

Bei den morgendlichen Einsatzbesprechungen gingen wir Schritt für Schritt durch, was wir im Laufe des Tages zu tun hatten. Normalerweise legten wir ein Gebiet fest, das wir vollständig nach versteckten Sprengsätzen absuchten. Das konnte ein bestimmter Abschnitt sein, ein Gebäude oder eine Straße. Sobald es erfolgreich geräumt war, wurde es als Green Zone gekennzeichnet, was bedeutet, dass es absolut sicher für Zivilisten war.

Unsere Fahrten nach Rakka dauerten zwei Stunden. Zum einen, weil der IS während seiner Besatzung alle Brücken in die Luft gesprengt hatte, die in die Stadt führten. Zum anderen, weil entgegen dem, was man erwarten würde, erstaunlich viele Zivilisten in und außerhalb der Stadt mit dem Auto unterwegs waren.

Wir nahmen jeden Morgen eine andere Route, eine Vorsichtsmaßnahme. Die Orte, an denen wir vorbeifuhren, boten einen kleinen Einblick in das Syrien, wie es vorher vielleicht ausgesehen hatte. Immer spielten irgendwelche Kinder am Straßenrand. Wenn sie uns sahen, grüßten sie uns jedes Mal mit zwei stolz erhobenen Fingern. Ein Friedenssymbol, erklärte man mir. Ein erhobener Zeigefinger jedoch bedeutete, dass sie IS-Kämpfer waren. Ein Kind, höchstens einen Meter zwanzig groß, das das Zeichen einer Terrormiliz machte. Dies war ein Ort, wo jenen die Unschuld geraubt worden war, die nie darum gebeten hatten, an diesem Krieg beteiligt zu sein. Und meist waren sie diejenigen, die den höchsten Preis dafür zahlten.

Sowohl in Rakka als auch ringsherum gab es mehrere belebte Märkte. Einer meiner Lieblingsmärkte lag an einer Straße, die in besseren Zeiten wohl eine Art Einkaufsstraße gewesen war. Dort befand sich ein kleiner bunter Imbiss. Seine Tische und Stühle, in warmem, lebendigem Rot, Blau und Gelb gestrichen, waren eine willkommene Abwechslung zu der trübseligen Umgebung. Der Besitzer verkaufte die besten Falafel, die ich je gegessen habe. Ich habe auch noch nie einen zufriedeneren Mann gesehen, und das war er zu Recht – schließlich stellte er frittiertes Gold her. Wenn ich heute Falafel esse, versetzt mich das zurück an diesen Stand, auch wenn ich seitdem keine vergleichbaren mehr gefunden habe.

Rakka und seine Einwohner warteten darauf, zu ihrem Alltag zurückzukehren, und ich war da, um ihnen dabei zu helfen. Es war anders als in Afghanistan, denn hier waren wir auf einer humanitären Mission, um Rakka sicher für Zivilisten zu machen.

Die Stadt war einer viermonatigen Schlacht zum Opfer gefallen, die im Oktober des Vorjahres geendet hatte, als die Demokratischen Kräfte Syriens (DKS) mithilfe der britischen, amerikanischen, deutschen und französischen Streitkräfte den IS bezwingen konnten.

Der IS mochte geschlagen sein, aber die Spuren seiner Bösartigkeit konnten unter jedem Felsen, in jeder Spalte und in jedem Gebäude erhalten sein.

An meinem ersten Tag in Rakka spürten wir mehr Sprengsätze auf, als ich bis dahin in den acht Jahren meines Militärdienstes gefunden hatte. Die Stadt war übersät damit. In einem einzigen Gebäude entdeckten wir ungefähr fünfzehn Sprengfallen. Wir brauchten eine ganze Woche, um es zu räumen.

Ich fühlte mich fast sofort zu Hause. Die Uniform passte mir wie eine zweite Haut, und im Anschluss an die abendliche Nachbesprechung ging ich mit Andy, Tricky und Matty ins Fitnessstudio, die mit der Zeit meine Trainingspartner wurden. Ich führte ja nach wie vor mein eigenes Fitnessunternehmen, also filmte ich meine Workouts, aber die Jungs ruinierten mir regelmäßig meine Aufnahmen. Es ist schwer zu erklären, aber es hat etwas Wohltuendes, wenn man aufgezogen wird, ohne dass es einem wehtut. Zu Hause war ich so am Ende, dass jeder Witz über den Zustand meines Lebens oder über meine Arbeit mich im tiefsten Inneren traf. Hier konnte ich mitlachen.

Am nächsten Morgen das Gleiche. Ich sprang um 04:30 Uhr auf, noch bevor die Sonne sich zeigte. Ich putzte mir die Zähne, duschte. Im Duschtrakt hatten wir fließend Warmwasser.

Es gab eine großartige Küche, fünfsternemäßig. An diesem Morgen entschied ich mich für Porridge, aber ich gönnte mir auch schon mal ein üppiges englisches Frühstück. Speck, Würstchen, Eier, Toast und so weiter. Sie konnten dort alle Gerichte zaubern, die wir essen wollten. Wobei mit dem Speck irgendetwas nicht stimmte, das war kein guter Speck. Er schmeckte ordentlich, aber einen Möchtegernspeck erkenne ich eine Meile gegen den Wind.

Pünktlich trafen sich mein Team und ich an unseren Fahrzeugen für die morgendliche Einsatzbesprechung, und um sechs Uhr waren wir so weit, um nach Rakka zu fahren.

Unsere Autos, weiße Land Cruiser, waren immer bereit und standen genau in der vorgeschriebenen Ordnung. Bevor wir einstiegen, checkte ich immer die vorder- und rückwärtigen Körperschutzpanzer meines Teams, ruckelte ein bisschen an ihnen, um zu sehen, ob sie gut saßen und ihren Zweck erfüllen konnten. Außerdem kontrollierten wir die Erste-Hilfe-Sets, von denen jeder eines mit sich trug. Wir hatten ein Motto: *Mein Erste-Hilfe-Set ist für dich, deins für mich.* Da draußen mussten wir aufeinander achtgeben.

Trödeln war bei der Morgenroutine nicht angesagt. Wir hatten eine feste Struktur, und alles war im Vorhinein geplant und durchdacht worden. Wir wussten genau, wohin wir fuhren, wir machten mit einer Drohne Bilder und Videos von allem, was wir taten, und am Ende des Tages schrieb ich einen detaillierten Bericht.

Der Erste, der ins Auto stieg, war mein Dolmetscher Farid. Ein kluger Mann, der sicher einige Universitätsabschlüsse vorzuweisen hatte, dessen Tonfall immer angenehm sanft und ruhig war. Keiner der Syrer, die ich ausbildete, sprach Englisch, er war also unersetzlich für unsere Mission. Er war ein anständiger Kerl, und auch wenn kein Mensch es verdient, in einem Kriegsgebiet zu leben, ließ Farid mich besonders intensiv darüber nachdenken, wie verheerend sich der eigene Geburtsort auswirken kann. Farid war intelligenter als ich, arbeitete hart und besaß auch sonst alle Eigenschaften eines guten Menschen. Doch sein Zuhause war zerstört worden, und das war die Wirklichkeit, in der er lebte.

Wenn wir das Gebiet erreicht hatten, das wir räumen sollten, war die Stimmung meistens ziemlich entspannt. Im Jargon der Bombenentschärfer nannten wir die Phase, in der wir uns einem Sprengsatz nähern, »the long walk«. Ich ahnte ziemlich schnell, bereits am zweiten Tag in

Syrien, wie viele lange Wege hier vor mir lagen. Schreibt ein Bombenentschärfer in sein Tinder-Profil, er möge »long walks«, dann wissen Sie jetzt, dass er damit keine ausgedehnten Spaziergänge meint.

An diesem Nachmittag hatten wir die Aufgabe, ein Gebäude abzusuchen, das zu einem Getreidesilo gehörte. Es hatte zwei Eingänge. Einer unserer Kundschafter ging von rechts hinein und entdeckte eine Kiste, wo eigentlich keine sein sollte. Er hatte recht – in der Kiste befanden sich Sprengstoff und Säure. Der Sprengstoff sollte durch einen PIR aktiviert werden, einen kleinen schwarzen Infrarotsensor.

Wir entdeckten ihn am Boden der Kiste, auf die Tür gerichtet. Das ist ein spaßiges Spielzeug. Es arbeitet mit einem dreistufigen System und reagiert auf Wärme statt auf Bewegung. Unser Mann stand still davor. Stufe eins.

Ich sah ihm direkt in die Augen. Schweiß lief seine Stirn hinunter.

»Farid, sag ihm, er soll zu mir laufen. Er kann jetzt nichts tun.« Ich gab ihm mit einer Handbewegung zu verstehen, dass er zu mir kommen sollte.

Es folgte ein Moment, der sich wie eine Ewigkeit anfühlte. Er sah mich an. Ich sah ihn an. Der Schweiß rann ihm über die Wangen und über den Hals.

In einem mutigen, adrenalingetriebenen und ein wenig wahnsinnigen Augenblick schoss er aus dem Gebäude und warf sich zu Boden. Er rollte sich auf den Rücken, und ich wusste, dass sein Herz so schnell und laut trommelte wie eine Herde galoppierender Pferde. Der Staub um ihn herum legte sich, keine Explosion war ausgelöst worden, und er brach in Gelächter aus.

Sein Gesichtsausdruck schien zu sagen: »Oh Mann, das war knapp«, und wir alle lächelten ihn an. Schwein gehabt, Mann, dachte ich. Damit war unser Job aber noch nicht getan. Wir mussten die Sprengladung identifizieren und herausfinden, ob wir irgendetwas tun konnten, um sie unschädlich zu machen oder zu zerstören.

Auch diese Sprengfalle bewies die ganze Hinterlist ihrer Schöpfer. Der Sprengstoff war in der Kiste versteckt, der Sensor funktionierte als Auslöser. Das Ziel war, durch die Explosion die erste Menschengruppe, die hereinkam, zu töten, während gleichzeitig die Säure verspritzt wurde und alles traf, was sich in ihrer Reichweite befand. Fleisch verätzende, Knochen schmelzende, brennende Säure. Wer sich glücklich schätzen konnte, die Explosion überlebt zu haben, dem blühte darauf etwas hundertmal Schlimmeres.

Es war Barbarei, und ich kann noch heute kaum erfassen, was diesen Menschen über die Leber gelaufen war.

Ich beschloss, auf der anderen Seite des Hauses nachzusehen, und ging durch den linken Eingang, um zu prüfen, ob dort weitere Sprengsätze herumlagen. Ich wollte nicht durch die zweite Tür reingehen, denn dieses Gebäude war eindeutig eine Todesfalle, und wenn sie auf der einen Seite einen Sensor platziert hatten, befand sich auf der anderen garantiert auch einer. Ich dachte, ich bin schlau und steige durch ein Fenster ein. Ich schob mich hindurch, und hing schon halb auf der anderen Seite, als ich es sah. Noch eine gottverdammte Sprengfalle. Vorsichtig ließ ich mich hinab in den Raum. Ich fühlte mich wie MacGyver in Aktion.

Ich scannte den Boden, die Wände, ja, so gut wie jede Fläche nach dem Zünder ab. Ich musste herausfinden, was ihn auslöste, andernfalls würde dieser Tag ein nicht so perfektes Ende nehmen. Außerdem war da noch der besorgniserregende Bewegungsmelder in dem anderen Raum, und mein Instinkt sagte mir, ich müsse nach einem weiteren kleinen schwarzen Sensor in diesem Raum Ausschau halten.

Ich blickte mich um und rückte zentimeterweise weiter vor.

Dann funkte ich Matty an.

»Hey, Kumpel, bring alle raus.«

»Wie schlimm ist es?«

»Schlimm.«

»Schlimmer als beim letzten Mal?«

»Jepp. Schlimmer.«

Ich hatte den Stolperdraht entdeckt. Er war dünn und kaum zu erkennen. Wir nennen sie »crush wire«. Sie funktionieren wie die Leitungen in einer Tastatur. Es ist fast unmöglich, sie zu sehen. In Trainingseinheiten habe ich sie wieder im Boden vergraben, um zu schauen, ob die Jungs sie fanden. Meistens behaupteten sie, ich hätte gar keine verteilt. Und diese Dinger lagen in Syrien praktisch überall herum.

Es gab einen weiteren Sensor, nur für den Fall, dass der Stolperdraht nicht ausreichte. Ihr Ziel war es, so viele von uns zu töten und zu verletzen wie möglich, und sie wussten, dass nach der ersten Explosion und dem darauf folgenden Säureregen alle panisch versuchen würden, sich in Sicherheit zu bringen. Wenn du das überlebt hast, suchst du wahrscheinlich Schutz im nächsten Raum, und dann bist du so richtig am Arsch. Wenn die Explosion uns nicht umgebracht hätte, dann wäre wahrscheinlich das Gebäude um uns herum eingestürzt und hätte uns zerschmettert oder zumindest den Ausweg versperrt, während sich die ganze Zeit die Säure weiter in unsere Haut gefressen hätte.

Und so einfach hätte es mit uns vorbei sein können.

Bombenentschärfung ist eine Wundertüte – manchmal reicht es, einen roten Draht durchzutrennen, manchmal kann man die Sprengvorrichtung sogar in der Hand halten, weil sie ohne Zünder völlig ungefährlich ist. Und in manchen Momenten – wie an diesem Nachmittag – hängt das eigene Leben tatsächlich an einem einzigen Faden.

Und das war der Job, für den ich angeheuert hatte.

Später an dem Abend gingen mein Chef Mark, der syrische Teamleiter und ich den Tag durch. Wir nahmen jeden Abend alles bis ins Detail auseinander. Jede Kleinigkeit.

Ich duschte lange an diesem Abend. Nicht übel für die erste Woche, dachte ich. Ich musste lachen. Es war verrückt, wie ruhig und gelassen ich mich fühlte. Da draußen hatte ich weniger Angst als daheim in Essex.

Ich hatte Hoffnung. Ich dachte, mit einem Team aus Leuten zusammenzuarbeiten, die alle so tickten wie ich, würde mir helfen, ein paar von meinen Problemen zu lösen, mit denen ich zu kämpfen hatte. Hier in Syrien war ich ein besserer Mensch. Ich bildete aus, ich hatte etwas Sinnvolles zu tun, und die Leute brauchten meine Hilfe.

Ich war wichtig für die Zivilisten, die ohne Angst in ihren Häusern leben wollten.

Einen Monat später begegnete ich Barry zum ersten Mal. Die vier darauffolgenden Tage sollten unser beider Leben für immer verändern.

6

Am Morgen nach der ersten Begegnung mit Barry wachte ich auf und wusste, ich hatte später eine Verabredung mit meinem flauschigen Freund. Mir war klar, dass ich ihn vielleicht nicht wiederfinden würde, und das beunruhigte mich, aber ich wollte die Hoffnung nicht aufgeben, er würde da sein und keine Angst vor mir haben. Ich war beinahe zu nervös, um zu frühstücken. Schnell aß ich mein Porridge und packte ein paar Kekse für Barry ein.

In dem Monat, den ich bis dahin in Syrien verbracht hatte, war meine Morgenroutine immer gleich gewesen. Ich wich kein einziges Mal davon ab. Jeden Tag das Gleiche, bis auf die Minute, in der ich aufwachte, und die Anzahl der Eier, die ich zum Frühstück nahm (zwei). Nun hatte sich der Ablauf ein wenig geändert, denn ich packte ein paar zusätzliche Würstchen und Kekse ein: Mittagessen für zwei.

Auf der Fahrt nach Rakka war ich bester Laune. Wir hatten kein Radio, weshalb ich immer die *BBC Radio 1 Breakfast Show* mit Greg James vom Vortag aufnahm, die wir dann auf der Hinfahrt hören konnten. Das war nett, es gab mir das Gefühl, etwas von zu Hause dabeizuhaben.

Wir suchten nach wie vor dasselbe Gebiet ab, das wir am Vortag durchgegangen waren, aber wir konzentrierten uns nun auf eine Wohneinheit auf der Hauptstraße neben der Schule, in der wir Barry gefunden hatten. Es gibt bestimmt eine Gelegenheit, bei ihm vorbeizugehen, dachte ich. *Ganz sicher.* Für die Gebiete, die wir absuchten, brauchten wir in der Regel ein bis zwei Wochen, bis wir sie zur Green Zone erklären konnten. Wir würden also noch Zeit haben, um Barry zu finden und da rauszuholen.

Einer unserer syrischen Kollegen blieb immer in der Nähe unserer Fahrzeuge, die wir nördlich der Schule abgestellt hatten. Er war derjenige, der mit einem Sanitäter zu uns gerannt kommen würde, wenn etwas schiefginge. Und er kochte uns jeden Tag köstlichen Chai. Heute hatte er dazu noch eine weitere Aufgabe.

»Du funkst mich an, wenn du Barry siehst, okay?« Ich sah Farid an, damit er das für mich übersetzte.

»Okay!«, sagte der Mann – eines der wenigen englischen Wörter, die er kannte –, lächelte und hob die Daumen. *Super.*

Als wir unsere Arbeit für diesen Tag beendet hatten, machte ich mich daran, Barry zu suchen. Ich verfolgte meine Schritte zurück zu der Schule, ging genau dieselbe Strecke wie beim ersten Mal. Wir hatten dieses Gebiet noch nicht geräumt, deshalb musste ich aufpassen. Ich schaute und schaute, aber ich fand ihn nicht. Vielleicht hatten wir ihm seinen Unterschlupf genommen, als wir den Betonblock umgeworfen hatten. Vielleicht hatten wir ihn vertrieben.

Er konnte überall sein. Leider hatte mich unser Tee-Koch an diesem Tag kein einziges Mal angefunkt. Ich war vorsichtig optimistisch gewesen, von ihm zu hören, aber er erzählte mir später, er habe Barry nicht gesehen.

Enttäuscht von der schlechten Nachricht sank meine gute Stimmung. Der Mann reichte mir einen Becher seines einmaligen Chais. »Wie immer wunderbar, Bruder«, sagte ich und lächelte verhalten.

Barry ging mir nicht aus dem Kopf. Es wäre wohl zu hollywoodmäßig gewesen, wenn ich ihn wiedergefunden hätte, so läuft es nun mal nicht im echten Leben.

Zuerst hielt ich meine Gefühle im Griff. *Ist schon in Ordnung, keine große Sache. Ich habe ihn ja nur einmal gesehen. Wahrscheinlich hatte er lauter Krankheiten, Tollwut und andere schreckliche Sachen.* Ich musste vernünftig sein.

Unsere Arbeit da draußen war wichtig, und ich hatte eine Verantwortung gegenüber den syrischen Jungs, die ich ausbildete, damit sie selbst Sprengfallen finden und unschädlich machen konnten. Alle acht zählten auf mich. Sprengsätze zu räumen war unsere oberste Priorität, und sosehr ich auch am liebsten all meine Energie in die Suche nach dem Hund gesteckt hätte, ich durfte unser wichtigstes …

»Barry! Barry! Barry!«, riss mich einer der syrischen Jungs aus meinen Gedanken. Sofort war ich voll da und sah ihn an, wie er mit den Armen wedelnd zur Außenmauer des Schulgeländes zeigte. Ich musste gestrahlt haben wie ein Honigkuchenpferd. All der Quatsch, den ich mir über emotionale Distanz, Tollwut und Verantwortung erzählt hatte, löste sich in Luft auf. Barry war clever – er hatte sich in einen geschützteren Bereich zurückgezogen, wo der nächtliche Wind ihn nicht so hart traf.

Er hatte sich in eine kleine Höhle aus Schutt hineingezwängt, ein Stück Zaun und ein paar Äste bildeten das Dach, und sie war genau in seiner Größe.

Ich ging zu ihm, um Hallo zu sagen. Er hat sich bestimmt gefragt, wer dieser komische Typ war, der ihn nicht in Ruhe ließ. Ich war ein richtiger Stalker.

In der Aufregung fiel mir ein Keks hin, aber das war nicht schlimm, ich war ja vorbereitet. Ich hatte mehrere Kekse mitgebracht – nun war die Ausbildung bei der Armee einmal wirklich nützlich.

Ich legte einen Keks in die Nähe seines Kopfes und sah ihm zwanzig Minuten dabei zu, wie er ihn ignorierte. Keinen Millimeter rührte er sich vom Fleck, sondern stützte den Kopf träge auf ein rostiges Geländer, das quer über seinem Loch lag. Er zitterte immer noch. Ich legte ihm eine Decke über. Sie würde ihn warm halten und vielleicht ein wenig vor möglichen Gefahren schützen.

»Du brauchst keine Angst zu haben«, sagte ich, während ich mich die ganze Zeit bemühte, ihm einen Keks schmackhaft zu machen. »Du musst etwas essen, Barry, das ist gut für dich.«

Ich fühlte mich wie meine Oma, wenn sie mich dazu bewegen wollte, Gemüse zu essen. Ich spielte sogar Flugzeug, damit er einen Bissen nahm, aber er ignorierte mich standhaft. Ich war als Kind nicht viel anders gewesen und verstand, wie er sich fühlte.

Er war noch nicht bereit, mir zu vertrauen, warum sollte er auch? Die Welt hatte ihm bisher wenig Anlass geboten, irgendjemandem zu trauen. Ich musste mutig sein, wenn ich wollte, dass er es auch war. Gegen jede Vernunft streckte ich daher die Hand aus – unbehandschuht, wie sie war –, tätschelte ihm zuerst sacht den Kopf und strich ihm dann über den Rücken. Das fühlte sich gut an. Irgendwie … *richtig*.

»Wir werden dicke Freunde«, flüsterte ich, während ich seinen Kopf streichelte. Am liebsten wäre ich den ganzen Tag bei ihm geblieben und hätte so weitergemacht.

Aber ich begriff, dass er Raum brauchte. Vermutlich versuchte er immer noch, diese wahnsinnige Welt um ihn herum zu verstehen, also ließ ich ihm den Keks und etwas Wasser da. Selbst wenn er niemandem traute, am Ende würde sein Durst wahrscheinlich über die Vorsicht siegen.

Auf der Rückfahrt erkannte ich, dass dies nicht einfach ein Tag wie jeder andere gewesen war, so wenig wie dies ein Hund wie jeder andere war. Dennoch führte ich die Nachbesprechung mit meinem Team durch, schrieb meinen Bericht, trainierte und duschte. Alles war wie immer, aber ich fühlte mich anders. Voller Hoffnung.

Am nächsten Tag war Barry auf das Dach der Höhle geklettert und nahm ein Bad in der Sonne, die an diesem Morgen strahlte. Es war Februar in Syrien, und es war normal, dass die Temperatur nachts unter null Grad fiel, aber an manchen Tagen vertrieb die Sonne die Kälte, und der kleine Barry genoss nun sichtlich ihre Wärme.

Er ist jetzt schon ein richtiger Brite, dachte ich. Er sah wirklich aus, als würde er sich am Strand in der Sonne aalen, um braun zu werden. Das erinnerte mich vor allem deswegen an mein Heimatland, weil dort die Leute bei jedem Sonnenstrahl und sofern das Thermometer über achtzehn Grad anzeigt, in ihren Lieblingssommerklamotten nach draußen strömen – egal zu welcher Jahreszeit.

Barry hielt die Augen fest geschlossen, als wollte er *Bitte nicht stören* sagen. Ich weiß nicht, ob er in seinem jungen Leben viel Ruhe und Frieden erlebt hat, aber in diesem Moment wirkte er glücklich und zufrieden.

Wir hatten immer noch viel zu tun – die Green Zone entstand nicht von selbst –, aber wann immer es mir möglich war, rannte ich zurück zu Barry, um ihm einen Keks zu geben oder ihn einfach nur zu besuchen. Mein gesamtes Team war im Barry-Fieber. Er strahlte eine Freundlichkeit aus, die allen ein Lächeln aufs Gesicht zauberte.

Ich hatte mich mit Barry nach der Arbeit verabredet. *Niemand kann einem Drink nach einem Arbeitstag widerstehen, nicht einmal Barry.* Ich brachte ihm einen Becher Wasser (ja, ich weiß), aber er schlief fest. Sein Atem ging ruhig. Ich beobachtete, wie sich seine winzigen Lungen mit Luft füllten, während sein kleiner Körper sich mit jedem langen Atemzug aufblähte. Er war nun ruhiger und zitterte nicht mehr. Vielleicht lag es an der Wärme, vielleicht fühlte er sich aber auch sicherer.

Ich streichelte ihn noch einmal, bevor ich mich auf den Weg machte, und er wachte auf, als meine raue, schwielige Hand ihn liebkoste. Langsam öffnete er die Augen und sah mich diesmal nicht verächtlich, sondern neugierig an. Er war noch ganz verschlafen von seiner kleinen Siesta, aber die kleine Streicheleinheit schien ihm zu gefallen.

Irgendwie war Barry zu der Einstellung gekommen, dass ich sein Freund war. Zum ersten Mal lockerte er die Vorsichtsmaßnahmen und sah mir direkt in die Augen. Wir hatten auch vorher schon Blickkontakt gehabt, aber dies war das erste Mal, dass er mich richtig ansah.

Wir hatten uns noch nie so gut gegenseitig mustern können wie diesmal. Er hatte schwarze Knopfaugen, so rund wie bei einem Teddybären. Auch sonst hatte er Ähnlichkeiten mit einem Teddy. Er war weich und flauschig und wirkte auf eine nahezu perfekte Art kugelig, sodass man ihn am liebsten fest im Arm gehalten hätte. Er gab mir ein Gefühl tiefen Glücks, das mich daran erinnerte, wie es war, ein kleiner Junge zu sein, unschuldig und voller Liebe.

Wir arbeiteten fünf Tage die Woche, von Samstag bis Donnerstag. Donnerstagmorgen wachte ich auf mit der Absicht, Barry in unser Lager zu holen.

Am Vorabend hatte ich das Behältnis vorbereitet, in dem ich ihn transportieren wollte. Es war eine blaue Obstkiste in einem Pappkarton, eine freundliche Spende vom Leiter der Gastronomie. Fünf-Sterne-Service für *meinen* Barry. Genau, zu dem Zeitpunkt war er bereits *mein* Barry.

Am Ende unserer morgendlichen Einsatzbesprechung rief ich mein Team zusammen und sagte, dass ich noch eine Sache hinzuzufügen hatte.

»Wir wissen alle von Barry. Heute werden wir ihn evakuieren und mit uns ins Lager nehmen.«

Das entsprach nicht dem offiziellen Protokoll, aber wenn wir das tun wollten, mussten wir es mit aller Sorgfalt angehen. Wir befanden uns schließlich immer noch in einem Kriegsgebiet, und sosehr Barry auch dafür sorgte, dass wir diese Tatsache vergaßen, gab es Gefahren, auf die wir vorbereitet sein mussten. Jeder einzelne Schritt, den wir da draußen unternahmen, war strukturiert und geplant, und die Barry-Aktion war keine Ausnahme.

Alle wurden darüber informiert, in welchem Fahrzeug sie sitzen und wo wir Barry platzieren würden, wenn wir ihn in die Kiste gelockt hatten.

»Was auch geschieht«, sagte ich, »wir bringen Barry nach Hause.«

Normalerweise filmte und fotografierte ich nur Barry für meine Instagram-Follower, wenn ich ihn in Rakka sah, aber heute war ein besonderer Tag, das Ende von *Barry Watch*, deshalb dokumentierte ich auch schon die Hinfahrt.

Auf der Strecke, die wir an diesem Morgen nahmen, kamen wir an einem Massengrab vorbei. Eine Grube mit Hunderten von Leichen. Es gab ziemlich viele Massengräber in Rakka, aber sooft ich sie auch sah, sie schockierten mich jedes Mal aufs Neue. Am Rand der Straße war ein Auto geparkt, und als ich verlangsamte, um einen Blick hineinzuwerfen, sah ich einen Mann darin sitzen. Er trug eine Weste und hatte eine Schusswunde mitten auf der Stirn. Es war mehr als beunruhigend, aber unser Alltag.

Nachdem wir auch heute weitere Teile des Gebietes von Sprengfallen geräumt hatten, waren wir endlich so weit, Barry zu holen. Er befand sich immer noch an seinem Platz, wo er sich vor der Welt versteckte, aber nicht vor mir. Als ich mich ihm näherte, sah er mich an – vielleicht wusste er, dass ich ihn heute mit nach Hause nehmen würde. Ich bot ihm wieder etwas zu fressen an – ein Würstchen –, und er nahm es, ohne zu zögern. Jeder mag leckere Würstchen. Als Kind habe ich Würstchen mit Kartoffelbrei praktisch inhaliert.

Am 1. März 2018 gegen Mittag hielt ich Barry zum ersten Mal im Arm. Ich wusste nicht genau, wie ich ihn anfassen sollte, aber ich dachte, das Beste wäre, die Hände unter seine Vorderbeine zu schieben und ihn hochzuheben wie Simba aus *König der Löwen*. Er sah verwirrt aus. *Was macht dieser Mann da?*

Es klingt komisch, aber ich glaube, vor Barry hatte ich noch nie einen Hund hochgehoben, und er passte perfekt in meine Armbeuge. Da lag er in meinen Armen, und ich sah ihm in das süße Gesicht und wusste, dass er mein kleiner Junge war und ich sein Dad. Er fühlte sich warm an, ein bisschen wie weicher aufgegangener Teig.

Meine Teammitglieder waren genauso aufgeregt wie ich, und wir feierten den Erfolg von Operation Barry. Es ist verrückt, dass sie sich so für Barry und mich freuten. Ich war schließlich nur irgendein Typ, der ein paar Monate zuvor angekommen war, einer der vielen bleichgesichtigen Ausländer, die sie in ihrem Leben kommen und gehen sahen. Doch obwohl ihre Heimat verwüstet war und sie versuchten, sich das Leben wieder aufzubauen, das sie einmal gehabt hatten, nahmen sie aufrichtig Anteil an meinem Glück. Sie freuten sich für einen Fremden wie mich, der einem Hund begegnet war.

Es ist dumm, Situationen, Leben oder Schwierigkeiten miteinander zu vergleichen, aber irgendetwas an Barry rührte uns alle so tief, dass es uns einander näherbrachte. Ich sah es meinen Jungs an, als wir ihn ins Auto brachten. Selbst die Männer, die wussten, dass Barry wohl einem Leben voller Unruhen und Gefahr entkommen würde, während das für sie vielleicht niemals möglich sein würde, zeigten uns ihre Zuneigung. Wenn ich daran denke, wie häufig die Menschen, die in solchen Kriegsgebieten leben, von oben herab behandelt und als unkultiviert oder unzivilisiert beschrieben werden, kann ich nur sagen: Nichts davon entspricht auch nur annähernd der Wahrheit.

»Ein neues Leben für dich, Barry!«, platzte einer meiner Teammitglieder hervor und strahlte über das ganze Gesicht.

Ich hielt Barry in die Höhe und machte mit ihm die Runde, sodass alle ihn begrüßen konnten. An diesem Abend würde gefeiert werden, es war ja Donnerstag, unser Saufabend. Wir würden auf Barry anstoßen, unser neuestes Teammitglied.

Nachdem alle einmal Hallo sagen konnten, setzte ich ihn in die Obstkiste, die als provisorisches Hundekörbchen herhalten musste, und stellte sie hinten in unseren Land Cruiser. Keine Minute, nachdem ich den Motor gestartet hatte, schnarchte Barry laut. Er war völlig platt, schlief während der gesamten zweistündigen Fahrt und wachte auch nicht auf, als wir im Lager angekommen waren. Vermutlich hatte er seit dem Tag seiner Geburt keine einzige wirklich ruhige Nacht, und nun wusste er, dass er in Sicherheit war und sich eine Mütze voll Schlaf gönnen konnte. Schließlich beschützte ich ihn.

Ich trug ihn in mein Zimmer, legte ihn sanft auf meine weiche Bettdecke und ließ ihn da noch eine Weile weiterschnarchen.

»Gute Nacht, Barry«, sagte ich.

7

Ich ertappte mich dabei, wie ich diesen selig schnarchenden Hund beobachtete. Ich fragte mich, was ihm durch den Kopf ging, welche Gedanken Barrys kleines Gehirn bewegten. Ob er wusste, was los war? Freute er sich genauso wie ich?

Ich hätte ihm den ganzen Tag beim Schnarchen zuhören können.

Als er aufwachte, sah er sich im Zimmer um, und als er lostapste, tastete er zuerst mit den Pfoten herum. Wahrscheinlich wunderte er sich, was das für ein merkwürdig weicher Boden war.

»Das ist ein Teppich, Barry. Gemütlich, oder?« Der Boden in meinem Zimmer war ganz sicher viel weicher als alles, was Barry von der großen, weiten Welt da draußen gewohnt war.

Ich sah zu, wie er einen weiteren Schritt tat, und dann noch einen und noch einen, wie ein Baby, das seine ersten krabbelnden Schritte tat. Ich hatte Barry vorher noch nie laufen sehen – er hatte sich immer in seinem improvisierten Zuhause in Rakka verkrochen –, und er hüpfte mehr, als dass er ging; sein Rhythmus war irgendwie verschoben. Es gefiel ihm, auf dem Teppich herumzulaufen, vielleicht fast so sehr, wie auf ihn zu pinkeln.

Barry roch ungefähr so gut, wie man es sich vorstellt. *Ich habe dich wirklich lieb, Barry, aber als ich dir an dem Tag einen Kuss geben wollte, musste ich beinahe brechen.* Er stank nach etwas Altem, das verrottete und eiterte. Zu Barrys Verteidigung muss ich sagen, dass er nie zuvor geduscht worden war, zumindest kann man davon ausgehen. Man könnte vielleicht einwenden, dass ihn die Regengüsse, die in jenem Monat auf Rakka niederbrachen, sauber gewaschen haben müssten, aber wahrscheinlich haben sie eher dazu beigetragen, dass er derart dreckverkrustet war.

Barry duschte nicht gern. Das zeigte er überdeutlich.

Mensch, ich will das nicht! Ich weiß nicht, was das soll, und ich bin dagegen, verdammt noch mal! Hätte er sprechen können, wären das in etwa seine Worte gewesen. Jedenfalls war er sehr unzufrieden.

Ich legte ihn mir über die Schultern und trug ihn so in unsere Duschanlage, wo wir ein Waschbecken mit einem beweglichen Hahn hatten, den man als kleinen Duschkopf benutzen konnte. Ich setzte ihn in das Waschbecken – Passt perfekt, dachte ich. Barry war anderer Meinung. *Passt überhaupt nicht, Mensch.* Er streckte seine vier Beine in alle Richtungen aus, damit er nicht in das hineinstürzte, was aus seiner Sicht offenbar eine Todesfalle gewesen sein musste. In diesem Moment kam Smudge herein und lachte sich kaputt, half mir dann aber.

»Komm schon, Barry. Du musst duschen, du stinkst fürchterlich.« Er ließ nicht mit sich diskutieren. Als ich ihm die harten Fakten mitteilte, wurde er nur noch bockiger. Körperpflegestandards waren ihm offenbar völlig egal.

Er brachte alle Kraft auf, die er in seinen kleinen Beinchen hatte, womit er nebenbei eine wertvolle Lektion über seine körperlichen Grenzen erhielt. Er kam nämlich nicht weit, immerhin war ich derjenige von uns beiden, der groß und stark war. Meine Gewissheit diesbezüglich sollte später allerdings noch infrage gestellt werden, als mir klar wurde, dass auch Hunde irgendwann erwachsen werden.

»Beruhige dich, Barry. Ich mache dich sauber, und dann können wir zu den anderen gehen.« Ich wollte streng sein und ihm zugleich Sicherheit vermitteln. Ich war noch dabei herauszufinden, was für eine Art von Vater ich letztlich abgeben wollte. Das ist echt schwer, dachte ich. Ich hatte auf einmal enormen Respekt vor meinen Eltern – und hier ging es nur ums Duschen.

Zu diesem Zeitpunkt hatte ich noch nicht einmal das Wasser angestellt. *Das wird ihm nicht gefallen. So gar nicht.* Ich drehte das Heißwasser auf, und aus dem Hahn kam ein stetiger Fluss dampfenden Wassers.

Mit einer Hand hob ich Barry hoch, mit der anderen hielt ich den beweglichen Hahn wie eine Waffe. *Du hast leider keine Chance, Barry.*

Nun, völlig durchnässt, war er auf die Hälfte seiner üblichen Größe geschrumpft. Er war so ein winziges Ding. Genervt blickte er mich an, akzeptierte aber allmählich die Tatsache, dass er sich aus dieser Lage nicht befreien konnte.

Ich nahm das Shampoo, und er wusste schon beim Anblick der Flasche, dass er nicht mögen würde, was nun kam – was auch immer es sein mochte. Strampelnd verspritzte er das Wasser aus dem Waschbecken und verteilte es überall. Er machte mich gründlicher sauber als ich ihn.

Ich schrubbte ihn, so gut ich konnte, bis er mit dem weißen Schaum aussah wie ein Hund im Schafspelz.

Schließlich spülte ich die Seife herunter und trocknete ihn mit einem Handtuch ab.

Das Ganze dauerte zwei Minuten. Die. Längsten. Zwei. Minuten. Meines. Lebens.

Den Spaß haben wir ja nun regelmäßig miteinander, dachte ich. Ich überlegte ernsthaft, ihn einfach stinken zu lassen. Ich meine, wie schlimm konnte das schon werden?

Nach der Dusche war er ganz wuschelig, und viel wichtiger: Er roch herrlich. Ich untersuchte ihn ein letztes Mal auf Bisswunden und Kratzer, aber er hatte nichts dergleichen. Ich entdeckte jedoch etwas anderes: Barry war kein Junge.

Inzwischen war es zu spät, den Namen zu ändern, aber es gab einen Trick.

»Sie heißt nicht Barry mit Y«, sagte ich zu niemand Bestimmtem. »Sondern Barrie mit IE.«

Problem gelöst.

Ich brachte Barrie zu unserer »Bar«. Es war Donnerstagabend, und an Donnerstagabenden tranken wir kaltes frisches Efes aus der Dose in unserem Gemeinschaftsraum. Er war mit einer kurdischen und einer syrischen Flagge auf der einen Seite geschmückt und einer halb verbrannten IS-Flagge auf der anderen. Auf einem Regal lag eine Thompson-Maschinenpistole. Alles, was wir draußen in Rakka fanden, bewahrten wir in diesem Raum auf. Es war wie ein kleines Museum all der merkwürdigen Dinge, die wir auf unseren Exkursionen in Syrien gefunden hatten, und an Donnerstagabenden war es die Kulisse für unseren Umtrunk.

Ich stellte Barrie allen vor. Sie war zu diesem Zeitpunkt ganz schön fertig, hatte einen langen Tag gehabt und nicht wenig Energie bei unserem Kampf am Wasserhahn verpulvert.

Alle wollten sie begrüßen und mit ihr spielen, und es dauerte nicht lange, bis sie auftaute. Im Laufe des Abends döste sie auf mindestens vier verschiedenen Schößen.

Barrie liebte die Donnerstagabende in der Bar genau wie wir. Wir konnten uns die ganze Woche darauf freuen, denn es gibt kaum bessere Methoden, um runterzukommen, als mit einigen Kumpels ein paar Getränke zu kippen.

An einem Abend feierte Harry Cripps, mein Teamleiter, seinen Geburtstag. Es muss sein hundertzwanzigster gewesen sein, der Mann war schon uralt. Er hatte einiges gesehen; war seit den 1970ern bei der Royal Navy. Er tat sich keinen Gefallen mit seinem weißen Stoppelbart und dem generell eher heruntergekommenen Look. Er sah aus wie ein echter Seebär der alten Schule. Es störte ihn aber nicht, dass wir ihn damit aufzogen.

Es war einer der ersten Abende, an denen ich mich wirklich wie Barries Dad fühlte. Sie folgte mir in die Bar – sie weigerte sich, allein im Container zu bleiben, das hasste sie. Außerdem gefiel ihr die Aufmerksamkeit, die ihr von so vielen Menschen auf einmal entgegengebracht wurde. Sie rannte herum, jagte Füße, spielte mit Schnüren, die die Leute hin und her zogen, um sie zu unterhalten. Nach ein paar Stunden wurde sie müde – und wir auch. Wir hatten einiges getrunken. War schließlich eine Feier gewesen.

Barrie schleppte sich zu mir und sah zu mir auf, um mir klarzumachen, dass sie hochgehoben werden wollte. Breit lächelnd nahm ich sie und setzte sie mir auf den Schoß. Tiefenentspannt rollte sie sich zu einer kleinen Kugel zusammen und machte es sich bequem. Sie erinnerte mich an mich selbst als Kind, damals in Dagenham.

Wir lebten zu der Zeit in einer eng verbundenen Gemeinde. Sonntags nahm uns Dad mit in den Pub, und dort trafen wir alle Nachbarn. Die Erwachsenen tranken ein, zwei Bier, und wir Kinder rannten herum, brüllten und spielten, bis wir zum Umfallen müde waren.

Dann verkroch ich mich immer auf Dads Schoß, so wie Barrie es nun bei mir tat.

Digger war Barries anderer Dad. Er war ein riesiger Kerl mit einem kantigen Kiefer. Er sah aus wie ein echter knallharter Schotte. Er hatte ein Händchen fürs Basteln, man konnte seinen Pranken ansehen, dass er sie gerne benutzte, doch er hatte auch eine weiche Seite, und sobald Barrie reinkam, verwandelte Digger sich in ein siebenjähriges Mädchen.

Er war derjenige in der Familie, der Barrie verwöhnte. Bei ihrer Willkommensparty gab er ihr selbst gemachte Geschenke. Irgendwie hatte er die Zeit gefunden, aus etwas Seil und einer alten Jeans einen Teddy für sie zu basteln. Außerdem hatte er ihr ein Halsband angefertigt und auf ein Militärgeschirr ihren Namen gestickt.

Digger war hin und weg. Er liebte Hunde. Er hatte einige Hunde mit einer Hilfsorganisation namens *War Paws* aus Afghanistan geholt. Später unterhielten wir uns über sie, um herauszufinden, ob wir Barrie aus Syrien rausbringen konnten.

»Oldman« Andy Jones war *noch* ein Vater von Barrie. Er war ein walisischer Veteran. Er entstammte einer anderen Generation als die meisten von uns, und das merkte man daran, dass er sein eigenes Tempo hatte. Wir nannten ihn *Rockstar Andy*. Er kannte sich besser mit improvisierten Sprengsätzen aus als wir alle zusammen. Auch wenn seine Haare schon grau waren, brachte er genug Energie auf, um an dem Abend mit Barrie herumzutoben: Er zerrte sie herum, wenn sie sich in Seilstücke verbissen hatte, und ließ sie von einer Seite zur anderen fliegen wie einen Affen. Er konnte sie richtig gut leiden.

An diesem Abend versuchte ich, Barrie einen Trick beizubringen. Wir ließen den Krawall der Angetrunkenen hinter uns und zogen uns in mein ruhiges Zimmer zurück. Barrie saß am Fußende meines Bettes und wollte Aufmerksamkeit. Sie war kaum zu sehen, so klein war sie.

»Gib Pfötchen, Barrie. Pfötchen … Pfötchen … Pfötchen …« Ich tippte meine Handfläche an, um ihr zu zeigen, wohin sie die Pfote legen sollte, und zu meiner Überraschung (und Freude) hob sie ihre kleine Pfote und legte sie, weich, wie sie war, in meine Hand. Ich fühlte mich wie ein stolzer Vater und grinste so sehr, dass meine Wangen wehtaten. Sie ist echt schlau, dachte ich. *Und sie kapiert so schnell.*

Nun lag sie sicher in meinen Armen. Ich trug die Verantwortung für sie, und sie war mein bester Kumpel.

Als ich an diesem Abend einschlief, war ich so glücklich wie nie zuvor. Es war wirklich das reine Glück – und nicht nur für mich, alle konnten daran teilhaben.

An ihrem zweiten Abend bei mir versuchte sie immer noch herauszufinden, was ein Bett war – und wo sie schlafen wollte. Minutenlang untersuchte sie jeden Quadratzentimeter meines Zimmers, ähnlich aufmerksam, wie wir Profis beim Sprengsatzsuchen vorgingen. Sie fand eine Stelle zwischen meinen Schuhen, wo sie sich verstecken konnte – einige da draußen überlebenswichtige Gewohnheiten ließen sich nicht so einfach ablegen. Und es hatte ihr ja tatsächlich geholfen zu überleben.

Während die Frage, wo sie schlafen sollte, offenbar viel Unsicherheit barg, stellte sich ihr die Frage, wohin sie pinkeln sollte, nicht. Ihre Antwort hätte gelautet: überall. In der ganzen ersten Woche war ich hauptsächlich damit beschäftigt, Barries Urin wegzuwischen. Ich fing an, mir Gedanken zu machen, ob sie tatsächlich süß genug war, dass ich mir das antat.

»Natürlich bist du es mir wert«, sagte ich zu ihr, dabei hatte sie solche Versicherungen gar nicht nötig. Sie wusste, wie viel sie mir bedeutete. Jeden Tag gewöhnten Barrie und ich uns mehr aneinander und waren bald unzertrennlich.

Man lernt viel über Liebe, wenn man jeden Tag zwanzig Minuten lang Hundepisse aufwischt und dabei ein Lächeln auf den Lippen trägt.

Meine Abläufe richteten sich immer mehr nach Barries Bedürfnissen. Ich trug die Verantwortung für sie, und ich merkte, wie ich in diese Rolle hineinwuchs. Ich dachte die ganze Zeit an sie, fragte mich, was sie brauchte, überlegte, was ich mit ihr machen könnte, welche Tricks ich ihr beibringen würde.

Sie kam mit mir ins Büro. Ich weiß noch, wie sie die Computermaus unter die Lupe nahm. So etwas hatte sie noch nie gesehen. War das ein Tier? Was tat es? Sie sprang um die Maus herum, plusterte sich auf und machte sich sprungbereit. Das tat sie häufig und bei vielen Gegenständen. Sie war eine gefährliche kleine Hündin, und ich fühlte mich nie sicherer vor der Computermaus, als wenn ich Barrie bei mir hatte.

»Hör auf, die Maus anzugreifen, Barrie, ich muss meine Arbeit erledigen«, sagte ich. Ich wollte sie aber auch nicht zu sehr anschnauzen. Sie beherrschte es ausgezeichnet, die Balance zwischen nervig und niedlich zu halten.

Als Nächstes attackierte sie den Tacker und danach die tückische Wasserflasche. Vielleicht glaubte sie tatsächlich, sie würde mich beschützen.

Es war großartig, diesen Hund zu beobachten, dieses Bündel an positiver Energie und Liebe, das da durch mein Büro tollte. Kaum zu glauben, dass dies derselbe Hund war, den ich wimmernd in Rakka gefunden hatte.

Ich versuchte, sie ein wenig zu erziehen, aber sie machte mich zu einem großen Softie. Nach wenigen Stunden Üben beherrschte sie »Sitz«, sie war also lernfähig, aber sie wusste, wie sie es anstellen musste, uns alle nach ihrer Pfeife tanzen zu lassen.

Es war Barries Welt, wir durften bloß darin leben.

Andy und Digger spielten unglaublich gerne mit ihr. Sie waren immer für sie da, wenn ich es mal nicht konnte. Wenn sie auf den Boden pinkelte, waren sie sofort mit Eimer und Wischmopp zur Stelle. Und sie pinkelte, so viel und so oft sie wollte. Für nur einen kurzen Moment überlegte ich, ob ich ihr Wasser rationieren sollte, doch dann musste ich daran denken, wie sie anfangs nicht einmal einen Schluck von dem Wasser trinken wollte, das ich ihr anbot, und nun bestand sie im Grunde zu neunzig Prozent aus Wasser … Jedenfalls wirkte es so.

Die Stimmung im Lager verbesserte sich spürbar durch Barries Ankunft. Sie versprühte einfach so viel Freude. Es sprach sich herum, dass ein neuer cooler Hund da war, und alle wollten vorbeikommen und mit ihr spielen. In Barries Gegenwart war es leicht zu vergessen, dass man sich in Syrien befand.

Hunde besitzen diese bemerkenswerte Fähigkeit, alles einfach erscheinen zu lassen. Wenn ein Hund in der Nähe ist, ist es das Natürlichste von der Welt, ihn irgendwann zu kraulen, wenn er es zulässt. Es ist wie ein ungeschriebenes Gesetz von positiver Nähe zwischen dir und dem Hund. Und das gilt für jeden. Von den Köchen bis zu den Sicherheitsleuten, von den Syrern bis zu meinen Vorgesetzten.

Am nächsten Samstagnachmittag versammelte ich fünf oder sechs meiner syrischen Jungs und erklärte ihnen die Abseitsregel im Rugby. Barrie lief ihnen schnüffelnd um die Füße herum.

Das war schon eine ziemlich lustige Konstellation, aber ich gab mir wirklich große Mühe. Wenn man etwas so Komplexes wie das Abseits erklären will, fängt man am besten ganz von vorn an. Für ein Grundverständnis.

»Habt ihr schon mal Rugby gespielt?« Ich sah hinüber zu Farid, meinem Dolmetscher, und mit einem Nicken gab ich ihm zu verstehen, dass er den Jungs meine wichtige Frage übersetzen sollte.

Wie man sich vorstellen kann, haben nicht viele Syrer jemals Rugby gespielt. Aber ich war entschlossen, mein Wissen zu vermitteln.

Es war ein kalter Tag, deshalb trug ich über meiner üblichen Dienstkleidung meinen schwarzen Bademantel und sah aus wie ein mächtiger Rugby-Zauberer. Immerhin war mir schön warm.

»Die Abseitsregel ist ziemlich schwierig«, fuhr ich fort, »aber im Grunde besagt sie, dass sich kein Spieler näher am Tor des Gegners aufhalten darf als derjenige, der den Ball hat.« Zu diesem Zeitpunkt rannte Barrie bellend herum und ließ ihren Schwanz aufgeregt hin und her wedeln wie einen Scheibenwischer.

Die Jungs kamen näher heran, umringten mich rechts und links in einem Halbkreis. Ein paar nickten sichtlich verwirrt. Rugby ist kompliziert genug, und Farid hatte selbst auch Mühe, alles zu übersetzen.

»Der Sinn der Abseitsregel ist es, dass keine Mannschaft einen zu großen Vorteil davon hat, zu weit vorn zu sein.«

Sie kamen noch näher heran, lauschten konzentriert meinen Worten und warteten auf die Übersetzung.

»Habt ihr einen Vorteil dadurch, dass ihr aus dem Abseits gespielt habt, gibt es einen Straftritt.«

Sie nickten und kicherten verlegen. Ich glaube, sie verstanden von der Abseitsregel ungefähr genauso viel wie Barrie, die nun am Boden herumrollte. »Was sie da macht, ist Fußball ...«, erklärte ich grinsend. Ich weiß nicht, ob irgendjemand meinen Witz verstand, aber wenigstens hatte Barrie ihren Spaß.

Es war ein verdaddelter Tag, einer, den ich vor allem deshalb genoss, weil ich heute meinen bequemen Mantel tragen durfte. Immerhin schwören Soldaten wie wir auf den Spruch: »Allyness saves lives«, Anpassung rettet

Leben – damit wir immer daran denken, dass die Funktionalität der eigenen Kluft wichtiger ist als ihr Aussehen.

Doch der Tag heute rief mir auch in Erinnerung, was für großartige Menschen da draußen in Syrien kämpfen. Sie sind immer bereit zuzuhören und zu lernen, selbst wenn es so etwas Geistloses und im Grunde vollkommen Überflüssiges ist wie die Abseitsregel im Rugby.

Als ich schließlich aufbrach, folgte Barrie mir. Sie war meine kleine Stalkerin – immer mit einem verdächtigen Gesichtsausdruck – und hing mir stets an den Fersen, wohin ich auch ging.

Es war verrückt, wie schnell wir uns aneinander gewöhnten. Ich nahm sie im Lager und selbst bei Einsätzen draußen nie an die Leine. Ich fand es toll, sie rennen zu sehen. Sie wetzte auf ihren kleinen Beinen herum, und ihre flatternden Ohren ließen sie ein wenig wie Dumbo aussehen. Alles an ihr brachte mich zum Lächeln.

Barrie stürmte so schnell in unser Leben. Keine sechs Tage, nachdem ich sie zum ersten Mal gesehen hatte, wusste ich bereits, dass ich mich darum kümmern musste, sie irgendwie nach Großbritannien auszufliegen. Digger gab mir die Nummer von *War Paws*.

Ich wusste noch nicht so recht, wie ich es angehen sollte oder was genau das überhaupt war, aber Barrie würde mit mir nach England kommen.

»Du kommst mit mir nach Hause«, sagte ich und drückte sie fest.

8

Die nächsten Tage waren überwältigend. Alles entwickelte sich so schnell, die Zeit raste nur so vor sich hin. Es gab ungeheuer viel zu tun, und plötzlich war ich mit all diesen neuen Gefühlen und Verantwortlichkeiten konfrontiert. Barrie brachte mein Leben komplett durcheinander.

Ich war immer noch in Syrien und bildete nach wie vor meine Männer aus (was zugegebenermaßen einfacher war, als Barrie zu trainieren), und zusätzlich kümmerte ich mich um Barrie und ihre Bedürfnisse. Außerdem musste ich eine Möglichkeit finden, sie nach Großbritannien zu bringen. Ich hatte keine Ahnung, wie ich das anfangen sollte. Ich hätte vermutlich schon Schwierigkeiten gehabt, den Transport eines Hundes aus einem Tierheim in England zu organisieren, also galt das erst recht für die Strecke Syrien – Großbritannien.

Als ich in der darauffolgenden Woche aus Rakka zurückkam, setzte ich mich hin und fing an, den Plan zu entwickeln, wie ich Barrie nach Hause bringen konnte. Auf der Facebook-Seite von *War Paws* las ich mir die ganzen Geschichten von Hunden durch, die aus dem Irak gerettet worden waren. Meine Barrie würde eine von ihnen sein.

Ich schickte Louise Hastie eine Nachricht. Sie ist der Kopf hinter *War Paws* und eine ehemalige Soldatin, die bis heute zu meinen absoluten Lieblingsmenschen zählt. Sie antwortete ganz sachlich und kam direkt zum Punkt: Welche Unterlagen brauchte ich und bis wann? Was würde danach geschehen? Dabei klang sie so zuversichtlich, dass mir im Laufe des Gesprächs immer stärker bewusst wurde, wie selbstbewusst und zielstrebig sie war. Wenn ein Hindernis im Weg stand, rannte sie wie der Terminator einfach hindurch, bis sie bekam, was sie wollte. Sie war unglaublich beeindruckend und zugleich ein wenig beängstigend. Louise war eine Frau, die beschlossen hatte, Hunde aus Afghanistan zu retten, als Zivilistin, zu einer Zeit, in der dort noch Krieg herrschte.

Wir schrieben ein paar E-Mails hin und her, und ich erzählte ihr alles über Barrie. Ich war ziemlich sentimental, aber das war sie sicherlich gewohnt. Ich fand heraus, dass sie Hunderte von Hunden aus Kriegsgebieten geholt hatte. Es war ihr ein Herzensanliegen. Die Welt ist ein besserer Ort, weil es Menschen wie Louise gibt.

Sie beantwortete mir alle Fragen, und falls sie die Antwort einmal nicht spontan wusste, was selten vorkam, hatte sie in ein oder zwei Tagen alles Wesentliche herausgefunden.

»Du wirst ungefähr viertausendfünfhundert Pfund brauchen, um sie nach Großbritannien zu bringen«, sagte sie. »Damit sind die Kosten für die Kontaktmänner, den Transport, Futter und Unterbringung und die notwendigen Untersuchungen abgedeckt.«

Das erschien mir machbar. Sie erklärte mir Schritt für Schritt, wie man eine Seite auf einer Spendenplattform erstellt, und versprach, mir zu helfen, indem sie mich auf der Website ihrer Organisation präsentierte, aber ich müsse so viel wie möglich selbst tun, um Spenden zusammenzubekommen. Zum Glück hatte Barrie schon einige Follower auf Instagram, da es *Barry Watch* ja schon vom ersten Tag an gab.

Bevor ich das nötige Geld zusammenhatte, konnte es nicht losgehen, also hatte das zunächst Priorität. Louise sagte, um alles andere solle ich mir erst einmal noch keine Gedanken machen.

Wie bei allem, was ich da draußen anpackte, setzte ich mich erst einmal hin und machte einen Plan. Wenn ich es mir leicht machen würde, könnte ich einfach den Link zur Spendenplattform auf meine Facebook-Seite setzen und es würde daraufhin Liebe (und Geld) regnen, damit ich meinen Hund nach Hause bringen konnte. Die Realität würde aber wahrscheinlich ein wenig anders aussehen.

Barrie lag zusammengerollt neben mir, während ich am Laptop beschäftigt war. Ich überlegte und überlegte. Sie war so süß, wie sie da lag, und ich wollte der Welt irgendwie zeigen, *wie* süß sie war.

Und dann kam mir die Erleuchtung. Es war eigentlich vollkommen naheliegend.

Mit einem Wort: Fotoshooting.

Was für eine bessere Methode gab es, um den Leuten zu zeigen, wie süß Barrie war, als es ihnen zu zeigen?

Ich stellte mir vor, wie wir beide zusammen aussehen würden. Ich würde in voller Montur posieren, sodass man mich ernst nahm, vielleicht mit einer Waffe in der Hand, und Barrie würde in ihrem Geschirr neben mir sitzen. Die Leute würden das Bild sehen und gar nicht anders können, als etwas für den guten Zweck zu spenden, da war ich mir ganz sicher.

»Die Leute werden dich lieben, Barrie«, sagte ich zu ihr. Sie sah mich verständnislos an; wahrscheinlich dachte sie bloß an die nächste Stelle auf meinem Teppich, auf die sie an diesem Tag pinkeln würde.

Am nächsten Morgen folgte ich meiner üblichen Routine. Barrie und ich standen vor dem Morgengrauen auf, duschten – na ja, ich duschte – und gingen frühstücken. Wie immer wurde sie von allen begrüßt, und die Köche boten ihr eine Auswahl an Futter an. Für Barrie nur das Beste.

»Ich dachte, wir sollten heute ein Fotoshooting machen«, sagte ich zu Digger.

»Ein was?«, antwortete er. Er war doch nicht so alt, dass er nicht wusste, was ein Fotoshooting war, oder?

»Ein Fotoshooting. Für Barrie. Damit wir ein paar gute Bilder für ihre Unterstützer haben!« Meine Begeisterung war etwas größer als die der anderen. Ich glaube, sie begriffen nicht, welch künstlerisch wertvolle Bilder ich im Kopf hatte.

»Die Kleine hat jedenfalls das Zeug zum Fotomodel«, sagte er.

Er hatte recht. Nachdem wir unsere Arbeit für diesen Tag erledigt hatten, setzten wir uns bei den Fahrzeugen hin, mit warmem Chai im Bauch. Ich fühlte mich wie ein Profifotograf am Set, als ich da draußen meine Anweisungen gab.

Die Sonne strahlte. Man hätte sich kein besseres Licht für ein Fotoshooting wünschen können. Die Bedingungen waren perfekt.

»Wir machen eins von Barrie, wie sie neben mir steht,

ich halte das Gewehr in der Hand. Das sieht garantiert gut aus«, sagte ich zu den Jungs. Sie fingen an zu fotografieren, und Barrie wurde auf den Boden gesetzt. Es war, als wäre ihr klar, was sie zu tun hatte. Als wüsste sie, dass die Kameras auf sie gerichtet waren. Sie posierte.

Alle lachten. Es war wie die Fashion Week in Paris, nur sandiger.

»Hol alles raus, Barrie, du kannst es!«, sagte ich zu ihr.

Wir machten ein paar tolle Bilder von uns beiden nebeneinander. Ich stand dabei aufrecht, in voller Montur, das Sturmgewehr in der Hand. Wie geplant. Wir hatten ein weiteres Bild, auf dem ich mit dem Finger nach unten zeige und ihr befehle, sich zu setzen, was sie – ungewöhnlich für sie – auch tatsächlich tut. Es war, als wüsste sie, dass diese Bilder so perfekt wie möglich werden mussten, damit wir sie nach Hause bringen konnten.

Eine gute halbe Stunde hatten wir so unseren Spaß und machten verschiedene Aufnahmen von Barrie und mir. Am Ende zog ich meine Weste aus und legte sie auf den Boden. Ich legte mein Gewehr daneben, setzte die Sonnenbrille ab und hakte sie in eine der Taschen ein. Das war mein Kunstprojekt. Mein Opus magnum.

Ich hob Barrie in die Weste hinein.

»Das ist es.«

Sie sah so süß aus. Ihre Pfoten hingen oben aus der Weste heraus, und sie hatte diesen unglaublich niedlichen Gesichtsausdruck. Niemand würde sich dieses Foto ansehen können, ohne dahinzuschmelzen. Niemand.

Einige meiner syrischen Schüler wollten auch mitmachen. Ich hatte den Eindruck, dies war der größte Spaß, den sie seit einer Ewigkeit gehabt hatten. Einer von ihnen ließ sich sogar neben Barrie fotografieren und versuchte, ebenfalls süß auszusehen.

Ehe wir es uns versahen, war es Zeit zurückzufahren. Barrie hatte diese verbindende Wirkung. Sie brachte uns alle zum Lächeln, und ihre Energie war ansteckend.

Später an dem Abend fuhr ich den Laptop hoch und erstellte die Seite auf der Spendenplattform *GoFundMe*. Die Überschrift war »Operation: Barrie NACH HAUSE bringen!« mit dem eben beschriebenen Foto, auf dem Barrie aus meiner Weste lugt. Am nächsten Tag ging die Seite online. Ich teilte sie auf meiner Facebook-Seite, und in weniger als vierundzwanzig Stunden bekamen wir über tausend Pfund zusammen. Unglaublich, aber wahr.

Ich drehte ein bisschen am Rad, weil es eine hohe Summe war, und zum ersten Mal hatte ich tatsächlich das Gefühl, ich könnte diese Hündin, der ich hier in Syrien begegnet war, nach Großbritannien bringen. Ich bin kein Typ, der schnell Panik bekommt, das ist keine gute Eigenschaft, wenn man den ganzen Tag mit Bomben zu tun hat, aber nun wurde ich doch ein wenig nervös …

Vor ein paar Wochen gab es Barrie noch nicht einmal in meinem Leben. Verdammt.

Das Leben verändert sich so schnell.

Und dann normalisierte es sich wieder. Ich hatte meine Arbeit, meine Routine. Ich konnte wieder einfach leben. In den folgenden Wochen hatte ich nicht mehr dieses unterschwellige Gefühl von Stress wegen der Frage, was ich tun sollte, musste keine Rätsel oder Probleme lösen. Ich konnte einfach jeden Morgen mit Barrie an meiner Seite aufwachen, mich fertig machen für die Arbeit, sie versorgen, jeden Abend trainieren und dann schlafen gehen.

Über die Spendenplattform trudelten nach wie vor Spenden ein. Louise sagte, sie würde alles regeln, wenn es an der Zeit war, also wartete ich einfach ab und genoss das Leben mit Barrie.

Die Ausbildung hatte neuen Schwung bekommen, seit Barrie bei uns war. Sie hob die Stimmung. Wenn ich arbeitete, musste sie mich ständig berühren – sie legte ihre Schnauze auf meinen Arm oder kletterte auf mich. Wenn ich ihr nicht genügend Aufmerksamkeit schenkte, setzte sie sich auf unsere Ausrüstung. Sie wusste genau, dass wir mit ihr spielen mussten, damit sie von dort herunterkam.

Auf unseren morgendlichen Fahrten schob sie den Kopf zwischen die beiden Vordersitze. Sie mochte es, die Welt vorbeifliegen zu sehen. Ich wette, sie fragte sich, was sie jenseits der kargen syrischen Landschaft erwartete, welches Leben vor ihr lag.

Jedes Mal, wenn ich sie ansah, dachte ich, wie kostbar das Leben ist. Wie unglaublich das alles ist, wie sich das Leben innerhalb einer Woche vollkommen verändern kann. Wenn ich sie ansah, konnte ich mir meines nicht mehr ohne sie vorstellen.

9

Ich hatte immer den Hang dazu, schlechte Lebensentscheidungen zu treffen. Es war einfach so. Ich war immer derjenige, der alles verbockte. Selbst so einfache Sachen wie Essen beim Chinesen bestellen. Niemand hat Probleme damit, alle bestellen Frühlingsrollen, Chow Mein, gebratenen Reis mit Ei und so weiter. Ich bin der Idiot, der eine Lebensmittelvergiftung bekommt, weil er wegen einer Wette ein Gericht bestellt, dessen Name niemand aussprechen kann.

Das änderte sich, als ich Barrie begegnete. Jeden Morgen, wenn ich aufwachte und sie an meiner Seite lag, wusste ich, dass es meine bislang beste Entscheidung war, sie von der Straße zu holen. Ich wusste nicht, in welchem Maße sie mich und alle um mich herum glücklich machen würde, aber ich war mir sicher, dass sie es tun würde. Sie war ein kleiner Straßenköter, der überall hinpinkelte, aber sie war eben mein kleiner Straßenköter, der überall hinpinkelte.

Niemand war glücklicher darüber, dass ich Barrie gefunden hatte, als meine Freundin Netty. Sie war völlig vernarrt in alle Tiere, aber Hunde mochte sie am liebsten. Als Kuppler, der ich bin, schickte ich ihr regelmäßig Bilder von Barrie, wie sie herumrollt, herumrennt und einfach die süße kleine Diva heraushängen ließ, die sie war.

Ich kannte Netty damals drei Jahre. Sie trainierte mit uns bei *Beyond Limits*, und wir hielten den Kontakt aufrecht, nachdem ich ihr einen neuen Trainer vermittelt hatte, weil ich beschlossen hatte, nach Syrien zu gehen. Sie schrieb mir Nachrichten, um zu fragen, ob es mir gut geht, und wir chatteten oft, während ich fort war. Ich glaube, ich brauchte diese Gespräche, weil sie mich daran erinnerten, dass es zu Hause ein Leben mit Menschen gab, denen ich etwas bedeutete.

Jedes Mal, wenn ich ihr textete, baute ich einen Vertipper ein oder schrieb ein Wort falsch, und sie sprang zuverlässig darauf an.

»Wie kann es sein, dass ich Polin bin und trotzdem besser Englisch spreche als du?«

»Stimt«, schrieb ich, nur um sie zu ärgern.

Netty war eine tolle Freundin. Ihr lag nicht nur etwas an mir, sondern, vielleicht noch wichtiger, führte sie mich in die Welt der Krakauer Würstchen ein. Barrie konnte das noch nicht wissen, aber auch sie sollte Netty wegen dieser beiden Sachen schätzen lernen.

Schon kurz nachdem Netty das erste Mal ein Bild von Barrie gesehen hatte, beschloss sie, dass sie ihr Frauchen werden würde. Ich wusste nicht, was sie sich darunter vorstellte, und glaube nicht, dass ich gefragt wurde oder dass ich etwas in der Angelegenheit zu sagen gehabt hätte, aber ich hatte auch nichts dagegen einzuwenden. Im Gegenteil.

»Es ist einfach unglaublich«, sagte sie. Um ehrlich zu sein, hatte ich selbst noch nicht ganz begriffen, was ich da tat.

»Wir ziehen sie zusammen auf, du und ich«, antwortete ich. »Dann stell dich schon mal darauf ein, sie stubenrein zu bekommen, denn ich bin mir verdammt sicher, dass ich es nie hinkriege.«

Netty war der große Ausgleich, den ich in meinem Leben brauchte. Sie wusste, wann sie mir die Meinung geigen, aber auch, wann sie mir aus meinem Gedankenkarussell heraushelfen, mich aus meiner düsteren Innenwelt holen musste. Aber ich ahnte nicht, dass wir ein Paar werden würden.

Ich glaube, sie war stolz auf mich, weil Netty Hunde mehr liebt als Menschen. Dass sie stolz auf mich war, machte mich selbst auch stolz auf mich, und es war das erste Mal, dass ich das im Hinblick auf eine nicht im engeren Sinne militärische Leistung empfand.

Während ich auf Einsätzen war, häufig mit Barrie, die neben mir hertrottete, plante Netty zu Hause in Essex unser Leben als Hundeeltern. Sie ist sehr gut organisiert, und das ist wahrscheinlich die Untertreibung des Jahres.

Sie ist ein Mensch, der immer fünf Stunden vor dem Abflug am Flughafen ist – »Falls man auf dem Weg zum Flughafen einen Unfall hat oder so! Man weiß ja nie!«, pflegt sie zu sagen. Ich bin mir sicher, wenn sie auf dem Flughafen übernachten könnte, würde sie es tun.

Netty hatte eine merkwürdig direkte Art, mit mir zu sprechen. Es muss mit ihrer Kultur zusammenhängen, denn ich habe außer ihr noch nie einen Zivilisten getroffen, der so redet wie sie. Sie sagt einfach, was sie denkt. Und das ist etwas, was ich an ihr schätze.

Nicht nur Netty freute sich, ich glaube, auch meine Eltern taten es. In den Jahren nach Afghanistan haben sie mehr gelitten, als sie sollten. Und das immer, ohne zu klagen.

Zu Hause hatte ich nicht viel mit ihnen geredet. Ich schloss meine eigenen Eltern aus. Ich war wie ein Eremit, und ich denke, das hat sie sehr verletzt.

Zu allem Übel war ich Hals über Kopf nach Syrien aufgebrochen und war damals insgesamt etwas überfordert. Ich wusste nicht, ob ich jemals wieder ins zivile Leben zurückkehren wollte – oder konnte. Ich nehme an, dass sie dieser Gedanke ebenfalls beunruhigte.

Als Barrie auf der Bildfläche erschien, war es auf einmal ganz natürlich, mit ihnen zu sprechen. Ich berichtete ihnen von meinem Alltag, von dem, was Barrie und ich so machten. Ich konnte sie wieder in mein Leben lassen.

Eines Abends erzählte ich ihnen von dem Tag, an dem einige U.S. Navy Seals in unser Büro kamen.

Es waren sechs riesige Kerle. Sie wirkten überaus kampfbereit, als hätten sie Lust, irgendwen oder irgendwas ein bisschen aufzumischen. Sie stampften ins Büro und überragten uns alle.

Ich weiß noch, wie ich dachte: Mannomann, mit diesen Typen ist nicht zu spaßen.

Ich stand auf, um sie zu begrüßen, innerlich gewappnet für einen Händedruck, der genauso stählern war wie diese Jungs, aber noch bevor ich sie erreichte, hatte einer von ihnen Barrie entdeckt.

»OH. MEIN. GOTT!«

»Ist das dein Hund?«

»Wahnsinn, ist der süß! Darf ich ihn mal auf den Arm nehmen?«

»Es ist ein Mädchen«, sagte ich von oben herab, als würden nur Idioten sie für einen Jungen halten. »Klar darfst du.«

Einer von ihnen hob sie hoch. Barrie war immer gerne dabei, wenn es ums Kuscheln ging, und der Typ wiegte sie in seinen Armen.

Jeder Tag mit ihr war so, erzählte ich meinen Eltern. Sie ließ einfach jeden weich werden. Meine Mum liebte alle Barrie-Geschichten.

»Bring sie sobald wie möglich heim«, sagte sie, womit sie wohl sagen wollte, dass auch ich sobald wie möglich zurückkehren sollte. »Ich hoffe, Toby kommt mit ihr zurecht.«

Toby, unser Yorkshireterrier, war alt und griesgrämig und würde bestimmt nicht einverstanden sein mit einem neuen Geschwisterhund, aber man kann es eben nicht jedem recht machen, dachte ich.

Wenn ich von einem Tag in Rakka zurückkam, freute ich mich auf Nachrichten von Netty. Sie fragte immer ungeduldig nach Barrie und wie mein Tag gewesen war.

Wir unterhielten uns stundenlang darüber, wo wir mit Barrie spazieren gehen würden. Im Belhus Park, im Grays Beach Riverside Park, im Thorndon Country Park. Alle Hunde würden sich mit ihr anfreunden wollen, und vielleicht würde sie sogar einen festen Freund finden.

»Okay, Seán, jetzt übertreib mal nicht.«

Wie gesagt, Netty brachte mich auf den Teppich. Zum Glück.

Manchmal skypten wir. Ich fand es immer lustig, wie sehr Netty strahlte und ich jedes Mal dachte, sie würde sich freuen, mit mir zu reden, dabei wollte sie in Wahrheit nur sehen, was Barrie so trieb.

»Wo ist sie? Zeig sie mir!« Es ist verrückt, dass durch unsere Handys ein Hund in Syrien eine Frau in einem

Fitnessstudio in Essex anbellen kann, und genau das tat Barrie. Ich musste dem Hund, der keine Ahnung hatte, dass es Netty gab und was ein Handy war, das Telefon vor das Gesicht halten, damit sie diese sinnfreie Unterhaltung führen konnten.

»Wie geht's dir, Barrie?«, fragte Netty dann.

Egal, was Barrie tat, Netty betrachtete es immer als direkte Reaktion auf ihre Fragen. Ich darf mich allerdings nicht zu sehr darüber lustig machen, wie Netty mit Barrie umging, denn ich war genauso.

Es war sonderbar herzerwärmend, Netty mit diesem Hund kommunizieren zu sehen, dem sie noch nie in echt begegnet war. Sie war Feuer und Flamme für Barrie und brachte so viel Motivation für das kleine Leben mit, das wir für uns zusammen planten. Netty und ich waren bereits gute Freunde gewesen, aber Barrie brachte eine neue Ernsthaftigkeit in unsere Beziehung.

So war sie, sie führte Menschen zusammen. Einsamkeit war ein Gefühl, das ich schon lange nicht mehr gehabt hatte – nicht nur wegen ihrer Gesellschaft, sondern weil sie andere Menschen anzog. Eines Abends skypte ich mit Netty. Wir besprachen ein paar Dinge bezüglich *Beyond Limits*, was wir ziemlich häufig taten. Sie entwickelte sich rasch zu einer Art Beraterin, einem kleinen Engel auf meiner Schulter, der mir zuflüsterte, was ich tun sollte. An diesem Abend hörte ich Schritte auf dem Flur vor meiner Tür.

Mein Container befand sich in der Nähe der Unterkunft der Syrer, und meine Tür war immer offen, sodass jeder einfach vorbeikommen und Hallo sagen konnte. Aber um ehrlich zu sein, hatte das vorher nie jemand getan. Jetzt war vor meinem Zimmer mehr los denn je. Vielleicht waren sie begierig, sich die vielen Lektionen fürs Leben anzuhören, die ich in petto hatte. Na ja, *vielleicht*.

Als die Schritte näher kamen, sah ich auf, und merkte, dass sie genau vor meiner Tür endeten. Es klopfte. Wie sich herausstellte, war es einer meiner syrischen Schüler.

Sie wollten immer mit Barrie spielen. Das passierte nun jeden Abend: Leute kamen vorbei, um zu schauen, wie es ihr ging. Netty achtete darauf, dass kein Zweifel bestand, wer Barries Mum sein würde, und verlangte, dass ich potenzielle Anwärter darüber aufklärte.

Netty und ich sprachen über unsere gemeinsamen Pläne, und es fühlte sich an, als hätten wir den Teil unserer Beziehung einfach übersprungen, der normalerweise davor kommt, aber so war es nun einmal. Ohne dass es eine echte Entwicklung gegeben hätte, waren wir auf einmal wie Pech und Schwefel. Das geschah alles, bevor wir eine Gelegenheit hatten, uns zu überlegen, was »es« eigentlich war.

Das Verrückte ist, wir näherten uns an und gewöhnten uns daran, dass wir Barries Eltern waren, noch ehe es irgendwelche konkreten Pläne gab, wie sie nach Großbritannien gebracht werden sollte. Wahrscheinlich war es einfach ein gutes Gefühl, Pläne mit jemandem zu Hause zu schmieden. So war da etwas Konkretes, worauf ich mich freuen konnte.

Ich freute mich auf ein Leben als Zivilist, eine Vorfreude, von der ich befürchtet hatte, dass ich sie nie wieder verspüren würde. Es war lange her, dass ich mich auf etwas in der Zukunft gefreut hatte. Eine Zeit lang sah es so aus, als würde mir nie etwas Gutes passieren.

Ich lag auf dem Bett und dachte an das, was ich als Zwanzigjähriger vorgehabt hatte: eine eigene Familie zu gründen. Ich dachte an Nic und daran, wie ich das alles in den Sand gesetzt hatte. Ich dachte übers Vatersein nach, wie nah ich diesem großen Glück gewesen war und wie pechschwarz meine Zukunft dann auf einmal ausgesehen hatte.

»Und das ist alles noch gar nicht so lange her«, murmelte ich. Es ließ mich immer noch erschauern. Eine Mischung aus Enttäuschung, Traurigkeit und Wut sammelte sich jedes Mal in mir, wenn ich an diese Zeit dachte. Über mich selbst, über die Welt, einfach über alles.

Barrie lag auf dem Rücken, die Pfoten in die Höhe gestreckt, den Kopf zur Seite gedreht. Sie lächelte.

»Du bist meine Familie«, sagte ich zu ihr. Und es stimmte. Dabei ahnte ich noch nicht, dass dieses kleine Ding Netty und mich zusammenbringen und mir das Leben bescheren würde, das ich mir wünschte. Es war nicht genau so, wie ich es mir vorgestellt hatte, aber dieser Plan war ja so schnell in die Hose gegangen, wie er gefasst worden war. Barrie, Netty und ich haben über ungewöhnliche Wege zusammengefunden, und wen wunderte es, dass wir eine ungewöhnliche Familie gründen würden!

10

Ein Tag, eine Gefühlslage, kann von einem Augenblick auf den anderen kippen in Syrien.

Wir waren noch völlig im Taumel wegen Barries plötzlicher Ankunft, und versuchten, die positive Energie auf unsere Arbeit in Rakka zu übertragen. Am Morgen des 14. März hatten wir alle unseren Spaß. Barrie bellte buchstäblich Befehle, sie hatte die Rolle der Vorgesetzten in ihre Pfoten genommen.

Den Großteil des Morgens verbrachten wir damit, durch ein Massengrab zu gehen. Mich fröstelte vor den toten Körpern, die übereinanderlagen. Wir sahen Finger aus der Erde ragen, die so klein waren, dass sie Kindern gehört haben konnten. Es war erschütternd.

Wir waren dort, um unsere Arbeit zu tun, aber es war unmöglich, sich an diesem Ort nicht unbehaglich zu fühlen. Diese Menschen waren alle gefoltert worden, bevor man sie in dieses Loch hineingeworfen hatte. Sie alle hatten Familien und Freunde gehabt, denen nie erlaubt worden war, um sie zu trauern. Wir standen einen Moment still da, um ihnen unseren Respekt zu erweisen.

Es stank bestialisch nach Tod. Man konnte den Geruch förmlich mit den Händen greifen, so dicht hing er in der Luft.

»Das ist nicht richtig«, murmelte ich für mich. Es war einfach falsch. Wer weiß, welche Leben diese Menschen hätten führen können, welche Erfahrungen sie hätten machen können? Dies waren Menschen, menschliche Wesen. Doch nun waren von ihnen nur noch verrottendes Fleisch und Knochen übrig, von Maden und wer weiß was durchsetzt. Ich fragte mich, ob irgendjemand diese Menschen vermisste und an sie dachte. Oder ob die Erinnerung an sie mit ihnen in diesen Gräbern begraben war, zusammen mit Hunderten anderer namenloser Opfer.

Wenn man einige Stunden in einer solchen Umgebung verbringt, muss man sich danach davon befreien. Wir bemühten uns, die Stimmung irgendwie aufzulockern. An diesem Tag war ich nicht dazu gekommen, mein morgendliches Training zu absolvieren, also beschloss ich, ein paar Kniebeugen mit einem der syrischen Auszubildenden auf dem Rücken zu machen. Er wog vermutlich um die sechzig Kilogramm und meine Ausrüstung fünfzehn Kilo – ein ordentliches Work-out.

Ich ging hoch und runter, hoch und runter. Er schrie vor Lachen. Ab und zu mussten wir einfach albern sein, wenn wir nicht verrückt werden wollten.

Dann sah ich in der Ferne Staubwolken. Ein kleiner Konvoi kam in unsere Richtung gefahren. Die Demokratischen Kräfte Syriens (DKS). Das waren die Guten.

Sie sagten Farid, dass sie den Olivenhain weniger als einen Kilometer südöstlich von unserer Position absuchen würden.

Damit war nicht zu spaßen. Meine erste Erfahrung mit einem Olivenhain werde ich nie vergessen. Es war meine erste Woche in Syrien, und ich fand ungefähr siebzehn

Sprengfallen in diesem einen Hain. Das war jedoch nicht der Teil, den ich nie vergessen werde, auch wenn siebzehn Sprengkörper ganz schön viele sind, nein, es war dieser todesmutige Bauer, der dort gerade sein Land bestellte, als wir ankamen, und der damit fortfuhr, lange nachdem wir nicht mehr da waren.

Wir hatten nun schon einige Wochen in dieser Gegend gearbeitet, und ich bat Farid, den Männern von den DKS zu sagen, dass ich am Montag einen Mann in seinem Haus befragt hatte, der mir gesagt hatte, dass der Olivenhain voller Sprengfallen war. Er meinte, vier oder fünf Kinder seien dort im vergangenen Monat gestorben.

Farid versuchte, sie davon abzuhalten, dorthin zu gehen, aber sie ließen sich nicht von ihrem Vorhaben abbringen. Ich zeigte ihnen sogar ein Video von dem Interview, das ich aufgenommen hatte, aber sie beharrten darauf, dass sie hineingehen müssten. Sie hatten den Befehl, den Olivenhain zu durchsuchen, und wir hatten keine Befugnis, sie davon abzuhalten.

Sie betraten also den Olivenhain, und etwa eine Stunde später gab es eine gewaltige Explosion. Zuerst sahen wir nur die Rauchwolke, die in den Himmel schoss, und eine Sekunde darauf hörten wir es.

Wir waren auf Situationen wie diese vorbereitet, wir hatten festgelegte Abläufe, die wir immer wieder einübten. Mein Team wusste, was es zu tun hatte. Zuerst setzten wir Barrie in den Kofferraum meines Wagens.

»Rein mit dir, Barrie«, sagte ich zu ihr und befahl ihr, ruhig zu bleiben. »Sei brav, ich bin bald wieder da.«

Alle anderen packten ihre Ausrüstung und stiegen in die jeweiligen Autos. Sie wussten, dass die Fahrzeuge nun jederzeit abfahrbereit sein mussten. Wir hatten noch nicht entschieden, wie wir vorgehen würden, aber dafür sind wir ausgebildet. Wahrscheinlich würden wir die Gegend evakuieren und dann so schnell wie möglich abhauen müssen.

Ich rannte zu dem letzten als sicher markierten Punkt, eine Straße, die zu dem Ort der Explosion führte. Harry Cripps, mein Teamleiter, und einer unserer Sanitäter sowie zwei Sicherheitsleute rannten mit mir dorthin.

Einer der Soldaten brüllte nach einem Sanitäter. Auf keinen Fall würden wir den Olivenhain betreten und so weitere Leben aufs Spiel setzen, deshalb baten wir die Soldaten, das Opfer zu uns zu bringen.

Es geschah alles so schnell.

Wir gaben ihnen eine unserer Tragen, damit sie den Verletzten darauflegen konnten. Zwei Mann schleppten ihn herbei und bemühten sich, ihn auf die Trage zu bekommen. Der Sanitäter und ich sprachen den Verwundeten sofort an, und der Sani versuchte, die Blutung zu stoppen. *Eine arterielle Blutung, das sieht nicht gut aus.* Hier draußen hatten wir keine Chance, den Mann zu retten. Er musste in ein Krankenhaus gebracht werden.

Ich funkte Farid an, der allen sagte, dass sie die Fahrzeuge bereithalten sollten, damit wir, egal, was wir letztlich entscheiden würden, sofort losfahren konnten.

An diesem Punkt konzentrierten wir uns darauf, alle aus dem Gebiet herauszuholen, es war dort nicht sicher. Überall konnte eine Zelle des IS lauern oder eine Falle, wir hatten also keine Zeit zu verlieren.

Wir fanden heraus, dass unser verwundeter Freund Mohammed hieß. Unser Sanitäter versuchte, ihn zu stabilisieren, aber sein Gesicht war völlig zerstört, seine Gliedmaßen zerfetzt. Überall sprudelte Blut hervor. Eilig legte unser Sanitäter vier Druckverbände an jedem abgetrennten Glied an.

»Wir müssen ihn hier rausholen.« Ich sah zu Harry, der das Lager anfunkte, um Mark Buswell über unser Vorgehen zu informieren. Alle waren in Position, alle taten das, wozu sie ausgebildet waren.

Die DKS hatten einen Krankenwagen in ihrem Konvoi, in den mussten wir Mohammed befördern.

»Wir müssen ihn in den Krankenwagen bringen. Sofort.« Ich brüllte dem DKS-Soldaten über Farid Anweisungen zu. Als wir ihren Krankenwagen erreichten, war der jedoch völlig leer. Keinerlei medizinisches Equipment. Es war nur ein ganz normales Fahrzeug, das wie ein Krankenwagen aussah.

»Was soll der Scheiß?« Ich sah Farid fragend an. *Das ist doch wohl ein Scherz.* Ich konnte nicht glauben, was ich da sah – beziehungsweise eben nicht sah.

Farid sagte, sie seien verpflichtet, ein medizinisches Fahrzeug dabeizuhaben, also hätten sie den leeren Krankenwagen mitgenommen, weil sie nichts hatten, womit sie ihn hätten ausstatten können. Es war absurd, aber so war die Realität da draußen. Diese Jungs kämpften einen unendlichen Krieg, ohne die elementarsten Mittel, um zu überleben. Und so ist es heute noch.

Wir hatten einen Krankenwagen und übernahmen Mohammed, aber inzwischen hatte er schon zu viel Blut verloren und war kaum noch bei Bewusstsein. Unser Sanitäter redete weiter mit ihm, damit er wach blieb.

Das waren die drei Schritte, die wir befolgen mussten, um irgendeine Chance zu haben, Mohammed zu retten:

den Verwundeten stabilisieren, ihn in den Krankenwagen bringen und dann ins nächste Krankenhaus.

Es gelang uns kaum, Mohammed in unseren Krankenwagen zu bringen. Ich sagte den DKS-Soldaten, sie sollten sich unserer Kolonne anschließen.

Ich fuhr voraus, dahinter kam der Krankenwagen, das Teamfahrzeug und dahinter der Wagen mit der Ausrüstung.

Ungefähr zwölf Kilometer nordwestlich von uns befand sich ein Stützpunkt der U.S. Special Forces. Das war die nächste Stelle, an die ich Mohammed guten Gewissens bringen konnte. Es gab ein etwa gleich weit entferntes Krankenhaus, aber die Chirurgen der amerikanischen Special Forces waren besser ausgebildet als die syrischen Ärzte, und wahrscheinlich waren sie auch besser ausgestattet. Ich traf also diese Entscheidung, informierte Mark über Funk, und los ging es.

Sechseinhalb Minuten. Das ist die Zeit, die es vom Hören der Explosion bis zu unserer Abfahrt gedauert hatte. Es geschah alles blitzartig.

Rakka war eine geschäftige Stadt. Wir mussten uns so schnell wie möglich durch den Verkehr, durch Schlaglöcher, über Straßen, die keine mehr waren, hindurchschlängeln, ohne Sirene oder Blaulicht.

Unsere Land Cruiser wurden auf den gefurchten Straßen von Rakka durchgerüttelt, fuhren im Slalom zwischen den zivilen Autos hindurch, die durch wildes Wedeln mit den Armen aus unseren Fahrzeugen heraus angewiesen wurden, uns Platz zu machen.

Als wir an der Basis ankamen, bremsten wir alle ziemlich abrupt. Ich sprang aus dem Auto auf die Motorhaube des Krankenwagens und bedeutete dem Fahrer, zum Tor zu fahren.

Wir hatten es fast geschafft.

Der Wachhabende warf das Tor auf, und ich sprintete vor dem Krankenwagen her, um zuerst bei den Ärzten anzukommen, damit diese zumindest den Hauch einer Chance hatten, sich auf Mohammed vorzubereiten. Mein Sicherheitsmann rannte mit mir. Er war wie mein Schatten – wo immer ich auch hinging, er folgte mir. Ich hatte einen sogenannten *9 Line report* geschrieben, den Standardbericht für Verwundete, damit sich die Ärzte bereit machen konnten für das, was auf sie zukam.

Sie übernahmen Mohammed, und plötzlich wurde alles ruhig. Der Adrenalinspiegel sank. Nun waren nur noch wir und die DKS-Soldaten da. Wir kannten unsere Namen nicht und konnten nicht so recht miteinander kommunizieren, aber wir waren gerade miteinander durch die Hölle gegangen.

Einer der syrischen Soldaten fiel in Ohnmacht. Die Ereignisse hatten ihn fertiggemacht.

Wir standen zusammen vor dem OP und warteten. Das Krankenhaus war kein richtiges Krankenhaus, es war ein heruntergekommenes Gebäude, in dem nicht einmal die Wände gestrichen waren. Aber hier draußen war es das Beste, was es gab.

Nun, da wir alles Menschenmögliche getan hatten, konnte ich nach meinen Jungs sehen. Die Phase nach so einem Vorfall ist die schlimmste, weil man alles immer und immer wieder durchgeht. Ich kümmerte mich zuerst um den Sanitäter. Seine Kleidung war mit dem Blut eines anderen Mannes getränkt, und mir war wichtig, ihm zu sagen, dass er ganze Arbeit geleistet hatte. Er antwortete, ihm gehe es okay. Meinen anderen Jungs auch. Und auch mit Barrie war alles in Ordnung.

Nach etwa zehn Minuten fuhren wir zurück zum Lager.

Die Rückfahrt war heftig. Man kann nicht anders, als an das zu denken, was gerade passiert ist, und was man vielleicht hätte besser machen können. Während der ganzen Fahrt kommunizierte ich mit Mark und Harry und berichtete alles so, wie ich es wahrgenommen hatte. Jede Entscheidung, jede Reaktion, jedes Resultat.

Das war normal. Da draußen mussten wir jeden Schritt dokumentieren. Die Details jeglicher Vorkommnisse waren wichtig. Es durfte keine Unklarheiten geben.

Als wir unsere Basis in Tabka erreichten, parkten wir die Autos und brachten den Krankenwagen zur Waschanlage, wo wir ihn von dem ganzen Blut reinigten. Schweigend standen wir herum, sprühten das Wageninnere mit einem Schlauch ab und wischten das Blut mit Besen weg.

So viel Blut, dachte ich. All dies Blut war vor wenigen Stunden noch durch den Körper eines Mannes geflossen. Nun wurde es in den Abfluss gespült.

Harry und ich berichteten Mark, was geschehen war, dann schrieben wir die Tagesberichte, so gut wir konnten. Selbst an Abenden wie diesen musste man sich klar und deutlich ausdrücken. Wir waren die Teamleiter, wir durften also nicht sentimental werden wegen dem, was geschehen war.

Beim Militär haben wir eine festgelegte Reihenfolge, wie man vorzugehen hat. *Mein Job, meine Ausrüstung, unsere Ausrüstung, mein Team und dann ich.* So war die Gewichtung. Ich musste also zuerst dafür sorgen, dass die

Aufgabe erledigt wurde, dann darauf achten, dass unsere Ausrüstung vollständig und sauber war, dann nachsehen, ob es meinem Team gut ging, und danach erst konnte ich mich um mich selbst kümmern.

Im Anschluss gingen wir alle duschen. Niemand sagte etwas. Bis auf das gleichmäßige Plätschern des Wassers, das unsere Körper herunterlief, war kein Laut zu hören. Der Boden in der Dusche war dunkelrot. Es ist immer schlimmer, das Blut eines anderen Menschen abzuwaschen als das eigene.

Um sechs Uhr an jenem Abend wurde ich in Marks Büro beordert und erfuhr, dass Mohammed es nicht geschafft hatte.

Er war ein starker Typ gewesen, ein Bombenentschärfer, einer von uns, und er hatte bereits eine Explosion überlebt, bei der er ein Auge verloren hatte.

Ich rief mein Team im Gemeinschaftsraum zusammen. Wir setzten uns um einen Tisch herum.

»Es war ein langer, schwieriger Tag«, sagte ich. »Und das Ergebnis ist nicht das, was wir uns gewünscht hätten. Aber ich bin stolz auf jeden Einzelnen von euch.«

Das stimmte, aber es machte die Sache nicht einfacher.

»Wir haben getan, was wir konnten, wir waren gut vorbereitet auf so eine Situation, wir waren schnell vor Ort. Wir haben wirklich alles Menschenmögliche getan.« Ich teilte ihnen mit, dass Mohammed es nicht geschafft hatte.

Nun mussten wir das alles wieder loswerden, die dunklen Gefühle in eine Kiste sperren. Die meisten von uns gingen ins Studio für eine späte Trainingssession. Ich brachte Barrie mit. Sie war immer gut gelaunt, und das hob auch meine Laune.

An Abenden wie diesem trainiert man unglaublich hart. Man pusht sich bis zum Gehtnichtmehr. Das Fitnessstudio war mein Zufluchtsort, da konnte ich die Welt aussperren und mich so müde machen, dass ich nicht mehr denken konnte. An diesem Abend empfand ich eine unglaubliche Wut.

Eins. Zwei. Drei. Vier. Fünf. Sechs. Sieben. Acht.

Ich machte Wiederholung um Wiederholung, legte immer schwerere Gewichte auf.

Eins. Zwei. Drei. Vier. Fünf. Sechs. Sieben. Acht.

Jedes Mal, wenn ich die Hantel hochstemmte, fühlte ich mich stark, als gäbe es kein Gewicht der Welt, das ich nicht bewältigen könnte.

Eins. Zwei. Drei. Vier. Fünf. Sechs. Sieben. Acht.

Ich atmete alles aus. Barrie lag ruhig neben der Bank, auf der ich saß. Sie sah so friedlich aus. Ich atmete noch einmal tief aus. Inzwischen war mein Tanktop schwer und nass vor Schweiß.

Eins. Zwei. Drei. Vier. Fünf. Sechs. Sieben. Acht.

Scheppernd ließ ich die Hantel nach der letzten Wiederholung auf den Ständer sinken. Ich setzte mich für einen Moment erschöpft auf die Bank. Erschöpft vom Work-out, erschöpft von allem.

Zurück in meinem Zimmer war ich dankbar, dass ich Barrie bei mir hatte. In Syrien war es nicht wie damals bei der Armee, als wir alle gemeinsam in Zelten oder Baracken schliefen. Hier war man ganz allein. Und an solchen Tagen fühlte es sich besonders einsam an.

Aber mit Barrie war es anders. Ich konnte mit ihr reden und spielen. Ich kümmerte mich um sie, aber sie kümmerte sich auch um mich.

Sie gab mir das Gefühl, dass alles wieder in Ordnung kommen würde.

»Heute war ein harter Tag, Barrie.«

Mohammed und ich waren völlig verschiedene Menschen, mit unterschiedlicher Herkunft und jeder mit einem ganz anderen Leben. Und doch waren wir zugleich ein und derselbe.

Ruhe in Frieden, du wahnsinniger Bastard. An dem Abend, wie an den meisten anderen auch, versuchte ich, alles einfach wegzuschieben.

Barrie hatte nur eines im Sinn: kuscheln. Sie sah mich an, während sie auf dem Rücken lag, die Pfoten in die Luft gestreckt, als wollte sie in den Arm genommen werden. Ich nahm sie hoch und spürte, wie das Gewicht der Welt von meinen Schultern fiel.

11

Barrie weckte mich jeden Morgen, indem sie sich auf mein Gesicht setzte. Sie kroch auf meine Brust und trampelte dann auf mir herum, bis sie mich so weit hatte, meinen Wunsch nach ein paar weiteren Minuten Schlaf aufzugeben.

Die Tage nach Mohammeds Tod kamen mir kälter vor als sonst. Der syrische Winter hatte den Weg noch nicht frei gemacht für den bereits in den Startlöchern wartenden Frühling.

Mohammed hinter uns zu lassen, war schwierig und unangenehm, aber wir mussten nach vorn sehen. Hätten wir das nicht getan, hätten wir die Tore geöffnet für Gedanken, mit denen keiner von uns umgehen konnte. Hinzu kam, dass wir eine Verantwortung hatten, eine Aufgabe, und die war nicht mit seinem letzten Herzschlag erledigt. Das klingt hartherzig, aber da draußen war das die Realität. Die meisten Tage verliefen ereignislos, aber das Risiko war jederzeit da. Rakka hörte nicht über Nacht auf, Rakka zu sein.

Unsere Fahrt in die Stadt war wie sonst auch. Barrie saß an ihrem Lieblingsplatz, zwischen die beiden Vordersitze gezwängt, sodass sie die Welt vorbeisausen sehen konnte.

Alles war wie immer an jenem Morgen. Ich putzte mir die Zähne wie immer, duschte, wies mein Team ein. Wir fuhren im selben Auto wie immer, bauten unseren Chai-Stand auf, wie wir es immer taten, und suchten nach Sprengfallen um Rakka herum. Alles war wie immer, und gleichzeitig war alles anders. Keiner von uns hatte Mohammed gekannt, aber wir alle spürten eine tiefe Verbindung mit ihm.

Die Arbeit half beim Vergessen. Wer potenziell lebensbedrohliche Bomben entschärft, konzentriert sich automatisch so sehr, dass man alles andere ausblendet. Es geht in dem Moment nur um dich und die Sprengsätze. Die Struktur, die erprobten Abläufe ermöglichten es uns, auch unter diesen Bedingungen einfach unseren Job zu erledigen. Und natürlich half es, dass es letztlich unsere Überlebenschancen vergrößerte, wenn wir die Arbeit gut machten.

Wir waren dafür ausgebildet, so zu funktionieren. Ich erinnere mich an meine erste Dienstzeit, als ich noch ein halber Teenager war. Damals wurde alles minutiös auseinandergenommen, was ich tat – wie ich meine Stiefel putzte, wie ich stand, wie ich sprach. Alles hatte perfekt zu sein, und ich musste diszipliniert sein. Nur das zählte.

Erst wenn wir uns selbst überlassen waren, ohne die Ablenkung durch die Arbeit, wurde das Leben zu einer Hölle, aus der man nicht entkommt. In diesen Momenten war Barries Übermut eine Quelle der Freude.

An diesem Morgen rollte Digger ein stabiles Hanfseil ab, das er mitgebracht hatte, und befestigte es an der Anhängerkupplung. Es war bestimmt dreißig Meter lang.

»Wir binden dich hier an«, sagte er zu Barrie. »So bist du sicher und kannst herumrennen, ohne dass wir uns Sorgen um dich machen müssen.«

Wir spielten den ganzen Morgen abwechselnd mit ihr. Sie war unsere kleine Flucht, wie ein Tor zu einem anderen Ort.

Es wirkt vielleicht komisch, aber niemand von uns sprach je darüber, was Mohammeds Tod für uns bedeutete. Wir waren Soldaten, wir taten so etwas nicht. Wir waren darauf trainiert, diese Gefühle abzublocken, und die meisten von uns beschäftigten sich nicht mit den Gräueln, die wir sahen.

Barrie war unsere Zuflucht, sie half uns, zurechtzukommen, ohne dass wir über irgendetwas sprechen mussten.

Als die Sonne langsam am Horizont verschwand, hatten wir eine Schule so weit geprüft, dass wir sie freigeben konnten. Bei allem, was geschah, war es ein gutes Gefühl, erfolgreich eine Schule zu räumen. Zu wissen, dass wir einen winzigen Teil Rakkas sicherer für seine Zivilisten gemacht hatten, erinnerte uns daran, warum wir dort waren und warum es sich lohnte. Wir hatten trotzdem gemischte Gefühle, denn bei all der Mühe, die wir uns dort gaben, wussten wir, dass diese Schule wahrscheinlich nie wieder voller Schüler sein würde. Aber wir mussten uns an allem Positiven festhalten, das wir finden konnten.

Nach einem langen Tag band ich Barrie los, und sie sprang mir in die Arme. Ich trug sie in die eben zu Ende geräumte Schule und spazierte mit ihr durch die Flure, wo zu einer anderen Zeit Schüler herumgelaufen waren, um in ihre Klassenräume zu gehen. In einem Klassenzimmer im vierten Stock stand die vordere Hälfte der

Tische und Stühle noch in ordentlichen Reihen. Der hintere Teil existierte schlichtweg nicht. Die Hälfte dieses Raumes war von Bomben in die Luft gesprengt worden, und man konnte nun durch das Loch über Rakka blicken. Die Skyline der Stadt war nicht wie die von New York, aber es war eigenartig schön, mit Barrie auf dem Arm zuzusehen, wie die Sonne dort unterging.

»Das war einmal eine Stadt, Barrie, wie London, wo du bald leben wirst. Es war hier nicht immer so wie jetzt.«

Wir wanderten weiter durch die Schule. Jede Mauer war von Hunderten Löchern durchsiebt.

»Das sind Einschusslöcher«, sagte ich zu Barrie. »Bevor hier die Hölle losgebrochen ist, kamen Kinder hierher, um zu lernen.«

In dieser Schule zu stehen machte mich zutiefst traurig. Hier war etwas Schreckliches geschehen. Ich stellte mir die entsetzten Schreie der Kinder vor, die sich hinter den wenigen noch stehenden Mauern verkrochen, während unzählige Schüsse fielen. Und doch mussten wir auch dies hinter uns lassen. Es war eines von Tausenden Gebäuden auf der Checkliste, die wir Punkt für Punkt abhaken mussten. Wir mussten so tun, als wäre all dies normal.

Ich hielt Barrie fest in meinen Armen. Ich wollte sie vor alledem beschützen. Es war meine Pflicht, sie von dieser Zerstörung, von diesem lebensverachtenden Ort wegzuholen.

»Ein neues Leben für Barrie«, hatte einer meiner syrischen Auszubildenden an dem Tag gesagt, als wir sie ins Lager brachten, und das war etwas, was ich ihr unbedingt schenken wollte. Uns beiden.

Ich schüttelte diese Gedanken ab. Ich durfte solche Dinge nicht in meinen Kopf lassen, das konnte ich mir nicht leisten.

Wir kehrten um und gingen zu den Fahrzeugen zurück, wo mein Team seinen Feierabend auf Plastikstühlen sitzend mit Bechern von warmem Chai genoss. Barrie sprang von meinen Armen herunter und sprintete auf ihre menschlichen Freunde zu.

»Du wirst noch mal richtig Schwierigkeiten machen, wenn du groß bist, stimmt's?«, sagte Digger, als die gnadenlose Barrie versuchte, ihm auf den Schoß zu hüpfen. Ihre Beine waren zu kurz, und sie schaffte es nicht ganz, aber Digger fing sie mitten in der Luft auf und half ihr.

Wo immer Barrie war, wurde gelacht. Egal wo wir uns befanden oder was wir taten, wer auch immer einen Blick auf sie warf, musste einfach grinsen.

Auf unseren Fahrten zurück nach Tabka schlummerte Barrie meist auf der Stelle ein. Etwas an der ruckeligen Fahrt zurück zum Lager half ihr, tief und fest zu schlafen. Harry und ich lachten immer, weil sie jedes Mal so lautstark schnarchte, dass wir uns fragten, ob sie wohl eine Karriere als Opernsängerin vor sich hatte.

Ich nutzte die ganze Fläche unseres Lagers aus und unternahm lange Spaziergänge mit Barrie am Außenzaun entlang. An manchen Abenden drehten wir drei oder vier Runden. Es ist kein Geheimnis, dass Hunde spazieren gehen müssen, aber ich brauchte diese Runden genauso sehr wie Barrie, wenn nicht sogar mehr. Wir redeten viel. Meistens redete ich.

»Es ist nicht überall so«, sagte ich zu ihr. »Du wirst in einem anderen Land leben, mit riesigen Parks und ganz wenig Schutt.«

Mit Barrie konnte ich über alles sprechen. Es war, als hätte ich meine Therapeutin Kim bei mir, nur in supersüß. *Kim, falls du das jemals liest: Du bist auch süß.*

Barrie hätte mit ihrer Energie eine kleine Stadt versorgen können. Nie gab es eine Ecke in einem Raum, die sie nicht untersuchen musste, kein Spielzeug, mit dem sie nicht spielen wollte. War ein Mensch in der Nähe, schoss sie mit ihrem kleinen Körper auf ihn zu und verlangte Aufmerksamkeit.

Sich um sie zu kümmern war ein Vollzeitjob. Sie war wie ein nicht müde zu kriegendes kleines Äffchen, mit dem man spielen, das man duschen (und wir wissen, was für eine undankbare Aufgabe das ist), füttern und trainieren musste.

Ich hatte bekanntlich jeden Tag einen Bericht zu schreiben, was normalerweise eine lästige Tätigkeit war, aber mit Barrie war es anders. Es machte ihr Spaß, mich zu ärgern. Oft spazierte sie über meine Tastatur, wenn ich tippen wollte. Sie zur Seite zu schieben war nicht möglich.

»Barrie!«, murmelte ich, ein schwacher Versuch, streng zu sein. »Ich muss diesen Bericht schreiben. Wenn ich fertig bin, können wir spielen, okay?«

Barrie war ein knallharter Verhandlungsgegner. Ich weiß nicht, warum ich mir die Mühe überhaupt machte.

Sie ignorierte stets meine Bitten, und in dem Moment, in dem sie begriff, dass ich sie nicht auf mir (oder meiner Tastatur) herumspazieren lassen würde, setzte sie sich herausfordernd auf die Tastatur und fixierte mich.

Hinter ihr auf dem Monitor sah ich, wie in meinem Bericht neue Zeilen hinzukamen.

ASAFDDSAGGHDGDGHSGGHJAHDHG-JDHSAGDHSAGJDGSJHSAHHSDHSJAGDHJH-JHHSHHSHJHDSAGHJDHASGHDHJSAGDHJG-SAHJDGSHJAGDJHSAGDJSAHJGDHJGSAGHDJG-SAHJDGSADHJSAGSDAGHDGASHJDHJ

»Verdammt noch mal, Barrie.«

Alle lachten über meine Schwierigkeiten. Und Barrie liebte das alles. Sie wusste genau, was sie tat. Wenn sie genug Schaden angerichtet hatte, stolzierte sie von der Tastatur, als hätte sie dort sowieso nie sitzen wollen. Ein echter *Power Move*.

Setzte ich sie auf den Boden, spazierte sie durch den Raum und sagte allen Hallo. Wenn sie nicht gerade überall hinpinkelte, war sie sehr höflich und gesittet.

Niemanden überraschte es, dass Barries Lieblingszeit das Frühstück war. Ich habe gehört, das Frühstück soll die wichtigste Mahlzeit des Tages sein, und das nahm Barrie sehr ernst. Um genau zu sein: Sie fraß die ganze verdammte Zeit. Ich fing an, mir Sorgen zu machen, ich würde in Wirklichkeit ein als Hund getarntes Schwein nach England bringen.

Alle im Lager schienen an Barries Leben teilhaben zu wollen, alle wollten dafür sorgen, dass sie sich wohlfühlte. Sie war eine verhätschelte kleine Töle. Besonders das Küchenpersonal verwöhnte sie – sie freuten sich morgens schon auf sie. Wenn Barrie in die Küche marschierte, war es, als würde die königliche Familie vorbeikommen.

Wir hatten Köche aus Malaysia, die unglaublich leckere Gerichte kochten. Jeden Morgen stellten sie einen Teller für Barrie beiseite mit jeder Menge Leckereien, die sie extra für sie zubereitet hatten. Am liebsten mochte sie Grillhähnchen. Es war immer sehr lustig, die Köche quietschen zu hören, wenn sie Barrie sahen. Sie brachte in den Menschen eine kindliche Fröhlichkeit hervor.

Im Laufe des Tages fragten mich die Menschen immer wieder nach Barrie. Das Erste, was jeder sagte, wenn wir uns über den Weg liefen, war: »Wo ist Barrie?« oder »Wie geht's Barrie?« Die Leute trugen Kekse für Barrie bei sich für den Fall, dass sie ihnen begegnete.

Ich hätte mir nie träumen lassen, einmal ein Hundepapa zu sein, und hätte nie gedacht, dass ich dazu in der Lage sein würde. Aber es weckte in mir den Wunsch, ein besserer Mensch zu sein, für Barrie. Lange Zeit meines Lebens war ich völlig auf mich selbst fixiert gewesen, habe mir ausschließlich Gedanken darüber gemacht, was ich tun sollte, und ich war so überfordert von meinen eigenen Angelegenheiten gewesen, dass ich oft die Menschen in meinem Umfeld vernachlässigt hatte.

Seit ich für Barrie sorgte, hatte sich das geändert. In vielerlei Hinsicht sorgte sie auch für mich, sie gab mir so viel und zwang mich, menschlich reifer zu werden. Netty und ich sprachen abends stundenlang miteinander, schmiedeten konkrete Pläne für uns drei in Essex. Wir dachten über Unterkunft nach, über Arbeit, wie wir unsere Verpflichtungen in Einklang bringen konnten. Wir kamen uns sehr erwachsen vor.

Und ich fühlte mich gut mit mir selbst. Da war dieser Hund, der zuerst niemandem zu nahe kommen wollte, dann aber beschlossen hatte, mir zu vertrauen. Die Art und Weise, wie sie immer guckte, wo ich war, gab mir das Gefühl, ein guter Mensch zu sein. Sie betrachtete mich nicht als Versager, als jemanden, der nichts auf die Reihe bekam, sie liebte mich einfach.

So lange Zeit hatte ich geglaubt, ich sei ein schlechter Mensch, und alles, was ich damals tat, schien das zu bestätigen.

Ich dachte oft an den Tag, an dem ich sie gefunden hatte. Ich erinnere mich, wie einsam sie wirkte – und wie einsam ich mich fühlte. Sie nun jeden Tag zu sehen, wie normal es war, dass sie um mich herumsprang, erschien mir im Gegensatz dazu absurd. Wenn wir jemals wieder einsam sein würden, dann gemeinsam.

Mit jedem Tag, der verging, wurden wir vertrauter und schließlich unzertrennlich. Wir waren perfekt aufeinander eingespielt. Wir wachten zusammen auf, frühstückten zusammen, ja, wir gingen sogar zusammen zur Arbeit. Wenn ich nicht bei ihr sein konnte, passte einer der Jungs mit Vergnügen auf sie auf. Abends, nach einem langen, anstrengenden Arbeitstag, gab es kein schöneres Gefühl, als von einer strahlenden Barrie begrüßt zu werden, die praktisch immer ein Lächeln im Gesicht hatte.

Ich konnte es kaum erwarten, sie mit nach Hause zu bringen.

12

Ende März nahm ich ein paar Wochen Urlaub, die ich zu Hause in Essex verbrachte. Einer meiner besten Kumpel, David Rawlings, heiratete, und ich hatte die Ehre, sein Trauzeuge zu sein.

Es war schön, Syrien für eine Weile zu verlassen, besonders, seit ich dank Barrie etwas mehr Stabilität in meinem Leben hatte. Ich war nicht so unruhig, und mir rasten keine tausend Gedanken durch den Kopf. Ich konnte nach England zurückkehren und das Leben genießen. Es war seltsam – ich machte mir keine Sorgen.

Nun, eine einzige Sorge hatte ich: Meine Reise nach England erforderte, dass ich den Fluss des Todes erneut überqueren musste. Den Tigris. Naiverweise hatte ich gehofft, dass irgendjemand in den Monaten seit meiner Ankunft eine normale solide Brücke gebaut haben würde.

Was natürlich nicht geschehen war.

Es war furchterregend.

Kann bitte irgendjemand da eine Brücke bauen?

Abgesehen davon verlief meine Rückreise ohne Zwischenfälle. Nach ungefähr einem Tag war ich zurück in London, weit weg von Sand, Dünen und Land Cruisern.

In Essex war es kalt und dunkel. Das Haus meiner Eltern war jedoch warm und einladend. Seit ich das letzte Mal dort gewesen war, hatte sich nichts verändert. Mum und Dad haben es nicht so mit Veränderungen. Als ich ankam, standen sie in der Tür, um mich zu begrüßen. Sie freuten sich wie verrückt, dass ich es heil nach England geschafft hatte, und waren nur ein wenig traurig, dass sie Barrie noch nicht kennenlernen konnten.

»Wann bekommen wir sie zu sehen?«, fragte Mum, während sie mir eine Tasse Darjeeling-Tee reichte. Das erste Zeichen dafür, dass ich wirklich und wahrhaftig wieder in England war.

»Bald, denke ich. Kommt darauf an, wann wir das Geld zusammenhaben.«

»Und wo wohnt sie dann?«, fragte Dad.

»Keine Ahnung.«

»Wie kommt sie hierher?«, fragte Mum.

»Keine Ahnung …«

»Was für Untersuchungen müssen vorher gemacht werden?«, fragte Dad.

»Keine Ahnung …«

Und so ging es immer weiter.

»Freust du dich, wieder hier zu sein?«, fragte Dad irgendwann, als er sich erinnerte, dass ich auch existierte.

Das tat ich. Natürlich tat ich das. Es war nicht schön, von Barrie getrennt zu sein, aber ich genoss es, meinen Geburtstag hier mit meiner Familie und meinen Freunden zu feiern. Ich freute mich darauf, Netty zu treffen, damit wir über Barrie reden konnten. Und auf Davids Hochzeit, selbstverständlich.

Ich machte mir keine Gedanken, weil Barrie für die

Zeit ohne mich klarkommen musste. Sie befand sich in den besten Händen, nämlich in denen von Digger und Andy, die sich gern um sie kümmerten und immer so gut zu ihr waren. Sie liebten sie genauso wie ich.

»*Wie geht es ihr?*«, schrieb ich Digger. Ich benahm mich wie eine nervöse Mutter, wenn das Kind zum ersten Mal woanders übernachtet.

»Sie ist mit das Beste daran, hier zu sein«, antwortete er.

Dann erzählte er, dass er manchmal überhaupt nicht arbeitete, weil die Zeit mit Barrie wie im Flug verging. Ich musste lächeln, als ich das hörte. Über die schlichte Tatsache, dass Barrie nicht nur Freude in mein Leben brachte, sondern auch in das vieler anderer. So viel Gutes kann aus einer einfachen Tat, einer einzigen Entscheidung entstehen. Das veränderte meinen Blick auf viele andere Dinge. Auf einmal fühlte es sich so an, als wäre wichtig, was ich tat und wofür ich mich entschied, und sei es nur, weil es einen anderen Menschen zum Lächeln brachte.

Für Davids Hochzeit zog ich meinen besten Anzug an. Seit einer Ewigkeit hatte ich ausschließlich Kakifarbenes getragen, und ich freute mich über die Abwechslung. Auch mein Gang war leichter, weil ich die schweren Stiefel gegen ein paar braune Oxfords getauscht hatte.

Viele Menschen dort wussten von Barrie, entweder, weil ihnen jemand von ihr erzählt hatte, oder, weil sie mir auf Instagram folgten. Social Media ist eine verrückte Sache. Viele fragten mich, wie es mir geht, aber nach zwei, drei Sätzen brachten sie das Gespräch auf Barrie. Mir machte das nichts aus, ich redete gern über sie.

»Wie hast du sie gefunden?«

»Holst du sie nach England?«

»Wann kommt sie?«

»Warum heißt sie Barry, obwohl sie ein Mädchen ist?«

Barrie war das ultimative Gesprächsthema.

»Barrie hat mich ständig von der Arbeit abgehalten. Alles musste sich immer um sie drehen«, erzählte ich ein paar Freunden. »Wenn ich wischen wollte, hat sie den Mopp angegriffen in der Hoffnung, dass ich sie daran herumziehe. Wenn ich versucht habe, einen Bericht zu schreiben, hat sie ihre Nase vor mein Gesicht gehalten.«

Es war eine fröhliche Hochzeit. Die Braut sah schön aus in ihrem perlenbesetzten weißen Kleid, und auch der Bräutigam machte was her. Wir tranken jede Menge Schampus aus sehr eleganten Gläsern und feierten bis spät in die Nacht.

Ich fühlte mich normal. Kein Unwohlsein, kein Stress.

Ich freute mich einfach, da zu sein, genoss jeden Augenblick.

Viele nahmen mich auch anders wahr. Wir unterhielten uns, und die Leute erwähnten, wie toll sie es fanden, dass ich diesen Hund gerettet hatte. Das war seltsam, weil ich selbst es nie wirklich so betrachtet hatte. Ich wollte den Hund dort wegholen, weil es sich richtig anfühlte.

Mir ging es mental so gut, dass ich mich zu Hause wohlfühlte. Ich war bloß für kurze Zeit da, aber ich glaube, ich war noch nie so gelassen gewesen. Wenn Barrie erst einmal mit mir dort sein würde, konnte es nur noch besser werden.

Nach der Hochzeit feierte ich meinen dreißigsten Geburtstag mit meiner Familie. Mum und Dad fiel auf, dass ich ein anderer Mensch war im Vergleich zum letzten

Mal, als ich aus einem Kriegsgebiet zurückgekehrt war. Ich war gut gelaunt, und es ging mir besser. Sonst nichts. Kein Drama.

Ich blies die Kerzen aus und wünschte mir etwas: dass Barrie bei mir und alles okay sein sollte. Nicht super, nicht herausragend, einfach nur okay.

Das Leben war schön. Die Hochzeit, die Familie … selbst unsere Firma lief gut. Es war ein ungewohntes Gefühl, ich konnte es gar nicht so recht glauben.

Beyond Limits war während meiner Zeit in Syrien rasant gewachsen. Nicht nur als Unternehmen, wir hatten inzwischen auch ein viel größeres Team, nicht zuletzt dank Mitch, der so viel dafür getan hatte. Er hatte alles organisiert und die Angestellten und Kunden gemanagt. Wir beschlossen, mit dem gesamten Team eine Paintball-Party zu machen, als eine Art Dankeschön für die harte Arbeit, aber auch, weil es so viel Spaß machen würde, sie mit Tausenden von Farbkugeln zu beschießen. Sie sollten ziemlich schnell herausfinden, was ein Mann nach einem Jahrzehnt in der Armee mit einer Waffe in der Hand anrichten kann. Mitch entschied sich dafür, an diesem Tag »Dienst« bei der Feuerwehr zu haben, weil ihm klar war, was passieren würde …

In der letzten Woche in Essex war ich viel beschäftigt und nutzte die Gelegenheit, mich wieder bei *Beyond Limits* einzubringen, das Wachstum des Unternehmens voranzutreiben.

Ich denke, Mitch und ich wuchsen mit der Firma in die Verantwortung hinein, als Menschen, als Trainer und als Unternehmer. Ich weiß noch, wie verloren ich mich gefühlt hatte, als wir das Studio 2016 gründeten. Wir hatten unser erstes Bootcamp veranstaltet mit damals nur zwei Vollzeittrainern auf einem weiten leeren Feld irgendwo in Thurrock. Nun planten wir Größeres.

Mitch und ich führten lange Gespräche über die Philosophie unserer Firma. Es war wichtig für uns, dass sie unsere Überzeugungen und Erfahrungen widerspiegelte.

Wir waren damals mit der Vorstellung gestartet, wir könnten den Menschen etwas Einzigartiges bieten. Sie nicht nur trainieren, damit sie fitter werden, abnehmen oder Muskelmasse gewinnen. Wir waren ein Soldat und ein Feuerwehrmann. Unsere Ausbildungen hatten uns Disziplin gelehrt, den Glauben an uns selbst und das Wissen, dass wir Potenzial hatten. Das waren Werte, die wir weitergeben wollten, aber wir wussten noch nicht so recht, wie.

Wir führten ein neues, intensives Army Bootcamp ein. Ich begriff endlich, dass ich meiner Vergangenheit beim Militär nie ganz entkommen würde, sosehr ich das auch wollte. Je stärker ich davor weglief, desto mehr geriet ich ins Straucheln. Das Bootcamp war für mich ein Weg, etwas von dem, was ich als Soldat gelernt hatte, zu bewahren und in ein ziviles Umfeld zu transportieren. Wir wollten Zäune, Reifen und Hindernisparcours aufbauen. Es sollte matschig und anstrengend sein und viel herumgebrüllt werden. Also genau wie beim Militär, nur dass niemand von uns sein Leben riskieren musste.

Wir hatten Trainingspläne für mich und für unsere Kunden. »Wenn du dich nicht selbst trainieren kannst, wen dann?«, sagte Mitch immer.

»Ich will nie wieder an den Punkt kommen, dass ich in meinem Auto schlafe«, sagte ich nach einem Work-out in unserem Studio zu ihm. »Das mache ich kein zweites Mal.«

»Wir passen auf, dass das nicht passiert, Seán.«

»Kein Drama. Kein Drama.«

Ich war ein anderer Mensch. Nicht so desillusioniert von meinem Leben als Zivilist wie nach Afghanistan. Nicht der Mann, der glaubte, seine Erfahrungen im Krieg hätten keine Auswirkungen auf ihn. Dass ich irgendetwas Besonderes wäre. Der eine Soldat, der unversehrt aus dem Krieg heimkehrt und mit posttraumatischen Belastungsstörungen nichts zu tun hat. Ich war nun verletzlicher, aber es machte mich zu einem besseren Menschen. Ich war verletzlich, was meine Gefühle anging, meine Schwächen, Barrie.

Ich musste noch viel lernen, aber ich machte Fortschritte. Und Fortschritt war alles, was ich immer wollte. Mir war nur nie klar gewesen, dass der Fortschritt, den ich wirklich machen musste, mit meiner geistigen Gesundheit zu tun hatte.

Alles sollte sich fügen, damit ich mit Barrie zurückkehren konnte.

Ich vermisste sie sehr, während wir getrennt waren, aber ich bekam auch einen Eindruck von dem Leben, das wir führen konnten. Die Kosten für die Überführung waren fast eingespielt, und Netty freute sich zunehmend über ihre neue Rolle als Hundemutter. Wir wollten versuchen, Barrie sobald wie möglich nach Großbritannien bringen zu lassen, selbst wenn ich dann noch in Syrien sein sollte. Netty fand diese Vorstellung gar nicht so schlecht, weil es bedeutete, dass sie etwas Zeit allein mit Barrie haben würde.

Am 20. April fuhr Dad mich nach Heathrow. Das Ende einer bitter nötigen Pause, aber ich vermisste Barrie und freute mich darauf, sie wiederzusehen. Digger hatte mir alle paar Tage Updates über sie geschickt, und ich konnte es kaum erwarten, sie in den Arm zu nehmen, sobald ich wieder im Lager war.

Auf halbem Wege zum Flughafen klingelte mein Handy. Jemand von der Firma, für die ich in Syrien arbeitete. Das kann nichts Gutes bedeuten, dachte ich.

Und so war es auch.

Die Situation in Syrien hatte sich in den Wochen, in denen ich nicht dort war, verschlechtert. Die Region war instabil geworden, und niemand durfte mehr dorthin reisen. Wir waren nicht als Soldaten in Syrien, das heißt, wenn wir in Kämpfe involviert wären, würde das gegen das Gesetz verstoßen. Alle Verträge wurden widerrufen.

Ich stand unter Schock. Ich begriff nicht, was geschah. Ich *musste* zurück nach Syrien. Unmöglich konnte ich Barrie dort zurücklassen.

»Was soll das heißen, ich kann nicht zurück nach Syrien?!« Es war weniger eine Frage als eine Drohung. Ich konnte es einfach nicht glauben. »Was ist los?«

Wir hatten eine Aufgabe in Syrien. Ich konnte nicht fassen, dass das einfach so vorbei sein sollte.

Dad hielt an einer Tankstelle auf der M25 an und ich telefonierte mit drei Personen. Zuerst mit Matty, um herauszufinden, was in Syrien vor sich ging.

»Es sieht nicht gut aus, Seán. Alle werden ausgeflogen, und keiner darf mehr rein«, sagte er. »Es gab ein paar Raketenangriffe im Osten Syriens. Wir wissen nicht genau, was da los ist.«

Dann kontaktierte ich Digger.

»Was ist denn los bei euch?«, fragte ich.

»Wir wissen es auch nicht genau, aber alle von uns hauen so schnell wie möglich ab.«

Ich wusste, ich musste Barrie da rausholen, und zwar sofort. Zu diesem Zeitpunkt hatten wir die Viertausendfünfhundert-Pfund-Marke geknackt, die Louise für die Rettung von Barrie vorgegeben hatte.

Sie war die Dritte auf meiner Anrufliste.

»Gib mir eine Stunde«, sagte sie. So war Louise, sie regelte den Scheiß einfach. Sie sagte mir, sie habe noch nie zuvor einen Hund aus Syrien evakuiert, aber sie hätte eventuell eine Möglichkeit, Barrie aus Erbil zu holen.

Eine Stunde später klingelte das Telefon. Louise.

Unser erster Plan bestand darin, dass jemand zu unserem Lager fahren und Barrie aufgabeln sollte. Leider klappte das nicht.

Dann rief Louise wieder an.

»Ich habe jemanden, der sie von einem Ort an der Grenze abholen und in den Irak rüberbringen kann. Wenn Barrie es bis dorthin geschafft hat, können wir sie holen.«

Ein paar Tage später rief ich Mark Buswell an, um ihn um einen riesigen Gefallen zu bitten.

»Ich weiß, es ist gefährlich, und ich verlange damit wirklich viel von dir, aber kannst du meinen Hund da rausschaffen?«, fragte ich.

»Kein Problem, Seán, ich bringe sie hier weg.«

Einen Hund aus Syrien herauszuschmuggeln ist eine komplizierte Angelegenheit. Ich verstehe nach wie vor nicht in allen Einzelheiten, wie das abläuft und was genau dafür nötig ist. Aber Louise arbeitete wie eine Maschine, und sie war entschlossen, diesen Hund aus Syrien fortzubringen und mich vor einem Leben ohne Barrie zu bewahren.

Man muss die richtigen Leute kennen, die am richtigen Tag am richtigen Grenzübergang zur richtigen Zeit das Richtige tun. Louise und ich sprachen die ganze Woche immer wieder miteinander und haben bestimmt über vierzig Menschen kontaktiert.

Sie gab mir lauter Nummern, bei denen ich anrufen sollte, und rief selbst Leute an. Diese Frau war ein Geschenk des Himmels. Ich werde Louise nie genug Anerkennung dafür zollen können, was sie alles tat, um Barrie nach Großbritannien zu holen, und für alles, was sie mit ihrer Organisation *War Paws* unternimmt, um andere Hunde zu retten.

Ungefähr eine Woche später fuhr Mark Barrie an den Ort, wo die Schmuggler auf sie warten sollten. Ich war noch nie in meinem Leben so angespannt gewesen. Ich war zu Hause und lief im Wohnzimmer auf und ab. Ich war ein Nervenbündel.

Alles wird gut. Alles wird gut. Alles wird gut.

Daran musste ich einfach glauben.

Außerhalb des Lagers gab es keinen Handyempfang, deshalb konnte ich Mark oder Digger nicht anrufen, um zu fragen, wie es lief. Es war die Hölle. Das Schlimmste war, nicht selbst dort sein zu können. Ich fühlte mich völlig ohnmächtig.

Stunden später erhielt ich einen Anruf von Mark. Als ich ihn entgegennahm, betete ich, dass er gute Nachrichten haben würde.

»Seán«, sagte er und machte dann eine kurze Pause, bevor er fortfuhr. »Da war niemand.«

»Scheiße.«

»Es tut mir so leid, aber wir konnten nicht unsere eigene Sicherheit aufs Spiel setzen. Wir sind so lange geblieben wie möglich.«

Ich war enttäuscht, aber ich verstand das. Mark tat weit mehr, als ich von ihm hätte erwarten können.

Im Lager kümmerte Digger sich weiter um Barrie. Mein einziger Trost in dieser Situation war, dass jemand für sie sorgte, dem sie wirklich am Herzen lag. Wenn irgendjemand trotz allem immer für Barrie da sein würde, dann war es Digger.

Am nächsten Tag rief Louise mich an. Sie hatte einen neuen Fahrer und einen neuen Übergabeort organisiert. Es war nicht ihre Schuld, dass der erste Typ abgesprungen war. Was wir vorhatten, barg so viele Risiken, und es war unmöglich, vorherzusagen, ob jemand auftauchen würde oder nicht.

Aller guten Dinge sind drei, dachte ich.

Mark und Digger fuhren sie zu dem neuen Übergabeort, doch wie es gelaufen war, erfuhr ich erst so spät, dass meine Angst Zeit hatte, richtig schöne Blüten zu treiben.

Dann kam der Anruf. »Sie haben sie. Mission erfolgreich abgeschlossen.« Der Schmuggler war dort gewesen.

Als ich Marks Stimme hörte, die bestätigte, dass Barrie über die Grenze in den Irak gebracht worden war, fiel mir ein gewaltiger Stein vom Herzen. Ich konnte wieder atmen. *Sie sind einfach hingefahren und haben es getan.* Ich konnte ihnen gar nicht genug danken für das, was sie für Barrie und mich auf sich genommen haben.

Jemand von *War Paws* übernahm Barrie in Erbil im Irak, wo sie über dieselbe Grenze gebracht wurde, über die ich im Januar gefahren war. Sie war im Laderaum eines Lkw versteckt. Auch wenn sie nicht besonders auffiel, hatten sie zur Sicherheit etwas Stoff über sie gelegt. Es ging auch gar nicht so sehr darum, sie zu verbergen, als die Grenzpolizei zu schmieren. Louise kümmerte sich um diese Dinge.

Ich hoffte, dass es Barrie während alldem okay ging. Ihre Welt hatte sich gerade zum Positiven verändert, sie hatte kaum Zeit gehabt, sich an ihr neues Leben zu gewöhnen, und nun war sie allein in einem fremden Land. Ich redete mir ein, sie würde darauf vertrauen, dass alles, was geschah, nur zu ihrem Besten passierte.

Louise hatte mir gesagt, dass Barrie einen Pass brauchte, die nötigen Spritzen mit Impfungen und sonstigen Mitteln bekommen und medizinische Tests durchlaufen musste. Zu diesem Zeitpunkt hatte sie das Ruder in der Hand, und ich ließ sie einfach machen, was sie für richtig hielt.

»Was auch immer du tun musst, tu es. Ich vertraue dir vollkommen«, sagte ich zu ihr.

Barrie sollte zunächst in ein Tierheim in Jordanien gebracht werden, das von Großbritannien als Quarantäne-Gebiet anerkannt war.

Inzwischen war ich zu neunzig Prozent sicher, dass Barrie bald bei mir sein würde. So oder so war sie nun in der Obhut der Experten in Sachen Hunderettung. Sie musste nur noch die Gesundheitschecks über sich ergehen lassen, und wir mussten uns überlegen, wie wir sie herholen konnten. Ich war überzeugt, dass Louise etwas einfallen würde. Sie hatte mir bis dahin keinen Grund gegeben, an ihren Fähigkeiten zu zweifeln.

Es waren so viele Menschen an dieser Mission beteiligt, denen ich meinen Dank schulde.

Mark, meinem Chef, der Barrie zweimal aus dem Lager an die Grenze brachte, damit sie aus Syrien herauskam. Digger und Andy, die sich um sie kümmerten, solange ich nicht da war, und sie mit bedingungsloser Liebe überhäuften. Meinem Team: Harry, Johnny, Dave, Smudge, Jeff, Tricky, Simon, Chris und den syrischen Jungs, die mir geholfen hatten, sie ins Lager zu bringen, und ihr ein Gefühl von Heimat gegeben haben.

Diesem Mann namens Richard, der zweitausend Pfund gespendet hatte, und den ich daraufhin auf Instagram stalkte, um herauszufinden, wer er war. Als ich ihm eine Nachricht schickte und ihn fragte, ob er das Geld gespendet habe, antwortete er schlicht: »Jepp, ich hoffe, ihr habt ein gutes Leben miteinander.« *Richard, Kumpel, du bist ein Held!*

Und natürlich: Louise. Sie war eine Superheldin. Nichts von alledem wäre ohne sie möglich gewesen, und ich habe ungeheuren Respekt vor ihr. Nicht nur wegen dem, was sie für Barrie und mich getan hat, sondern weil sie sich für Tiere und Soldaten einsetzt – und das nicht, weil es ihr Job ist, sondern weil sie es will.

Selbst in größter Panik fing sie den Großteil des Drucks ab. Und nun, da ich Barrie zunächst in guten Händen wusste, schlief ich ruhig. Sie war ihrem neuen Zuhause einen Schritt näher gekommen.

13

Herauszufinden, dass ich nicht nach Syrien zurückkehren würde, war ein Schock. Zum einen mussten wir Barries Rettung beschleunigen, die an sich schon eine stressige Aktion war, zum anderen musste ich mich an das zivile Leben gewöhnen. Ich war nicht bereit, den Mist noch einmal durchzumachen. Seit dem letzten Jahr hatte ich Fortschritte gemacht, aber ich brauchte noch mehr Zeit.

Der Plan war immer gewesen, mit Barrie nach Essex zurückzukehren, aber nicht so, und noch nicht jetzt. Vor weniger als einem Jahr war ich völlig am Ende gewesen, ein Wrack, das tiefer und tiefer in einen dunklen Abgrund sank, und meine Lage schien sich zu bessern. Ich wollte nicht, dass sich das wieder änderte.

Mein Vertrag wurde aufgelöst, und damit verlor ich meine Haupteinnahmequelle. Auch wenn *Beyond Limits* wuchs, warf es bisher noch keinen Gewinn ab. Meine persönlichen Finanzen waren in Schieflage geraten, zu allem Übel blieb mir also nichts anderes übrig, als mir einen zweiten Job zu suchen. Ich zog wieder zu meinen Eltern und musste all meine Pläne überdenken.

Ich wollte mich davon nicht runterziehen lassen. Nein, verdammt noch mal. Ich würde weitermachen. Was ist zu tun? Darauf fokussierte ich mich.

Mit meinem Führerschein konnte ich nahezu jedes Fahrzeug fahren, und im Sommer wurde ich als Lkw-Fahrer bei einem Transportunternehmen in Tilbury eingestellt.

Ich war wirklich pleite, also arbeitete ich, so viel ich konnte, und teilte meine Zeit zwischen dem Lkw-Fahren und der Arbeit für das Studio auf. Ein normaler Arbeitstag dauerte fünfzehn, manchmal sogar achtzehn Stunden, und ich führte in der Zeit mein Unternehmen wieder vom Laptop aus.

Ich machte mir Sorgen um Barrie, aber gleichzeitig war sie meine Motivation, das alles zu schaffen. Ich dachte immerzu daran, wie gerne ich noch mit ihr in Syrien wäre. Ich wollte sie so gern bei mir haben.

Ich machte mir Sorgen um sie, aber auch um mich selbst. *Ich bin jetzt anders.* Dessen war ich mir sicher. Durch Barrie hatte ich eine neue Verantwortung und eine neue Perspektive aufs Leben. Ich war Barries Dad. Aber ich konnte das quälende Gefühl nicht unterdrücken, dass alles dabei war, auseinanderzufallen. Ich wollte nicht erneut in eine Abwärtsspirale geraten.

Ich vermisste sie jeden einzelnen Tag.

Die Sonne stand an diesem drückend heißen 23. Juli noch hoch am Himmel. Ich hatte mich noch nicht ganz wieder an die britischen Sonnenuntergänge gewöhnt. Ich war auf dem Weg zurück zur Firma in Tilbury und wusste, es würde ein mieser Tag werden, da England am Morgen gegen Neuseeland im Finale der Rugby Sevens verloren hatte. Außerdem war ich seit drei Uhr morgens am Fahren, und es ging bereits auf fünf Uhr nachmittags zu. Ich fuhr mit siebzig auf einen Kreisverkehr zu und bremste herunter auf zwanzig, bevor ich am Kreisel stehenblieb.

BUMM.

Aus dem Nichts hörte ich einen gewaltigen Schlag, und mein Körper wurde einmal vor und zurück geschleudert, wobei ich mit dem Kopf auf dem Lenkrad aufschlug.

Oh Gott. Jemand war mir hinten reingefahren.

Ich fuhr einen riesigen Lkw, das heißt, wenn jemand mein Fahrzeug so stark und plötzlich erschüttern konnte, musste es ein heftiger Zusammenstoß gewesen sein. Ich zog die Handbremse an und sprang heraus, um nachzuschauen.

Meine schlimmsten Befürchtungen bestätigten sich, als ich das Schlachtfeld hinter meinem Lkw sah. Es war schlimm.

Warum hat er nicht angehalten? Sooft ich mir diese Frage auch stellte und was auch immer die Gründe waren, er hatte es nicht getan. Und nun sah ich ihn. Teile seines Körpers waren noch an der richtigen Stelle, aber das meiste nicht.

Sein Transporter war völlig zerquetscht, und die beiden Vordersitze steckten unter dem Heck meines Lkw. Die Straße war übersät mit blutigen Glassplittern.

Zwei Autofahrer, die ein paar Autolängen hinter uns gewesen waren, stiegen aus und kamen angerannt. Wie es der Zufall wollte, waren die beiden ein Sanitäter, der gerade dienstfrei hatte, und ein pensionierter Feuerwehrmann. Wenn es eine Gruppe von Unfallzeugen gab, die diesen Mann retten konnten, dann wir.

Wir waren alle für eine solche Situation ausgebildet. Unsere Instinkte übernahmen das Kommando, und wir machten uns daran, den Mann am Leben zu erhalten, bis der Rettungsdienst kam.

Ich lief zur Vorderseite des Wagens und schälte die Windschutzscheibe ab, um seinen Kopf zu befreien. Seine Gesichtshaut war aufgeklappt wie eine Lasche.

Der Sanitäter und der Feuerwehrmann rissen in der Zeit die eingedrückte Autotür ab, um an den Verletzten zu kommen. Der Sanitäter kletterte zu ihm in den Wagen und prüfte, ob seine Wirbelsäule noch in Ordnung war, während ich mit der Wundversorgung begann. Er verlor zu viel Blut.

Sein rechter Arm hing so lose an seinem Körper, dass man ihn würde amputieren müssen. Elle und Speiche ragten aus seinem linken Unterarm.

Überall war Blut: auf der Windschutzscheibe, auf dem Armaturenbrett, auf den Sitzen. Sein Gesicht war inzwischen nur noch rot. Wir konnten ihn nicht bewegen, das Lenkrad hatte sich in seinen Magen gebohrt, und es war nicht möglich, es herauszuholen, ohne einen zu großen Blutverlust bei dem Mann zu riskieren. Uns blieb nicht viel übrig, als ihn bei Bewusstsein zu halten, bis der Rettungsdienst kam und ihn ins Krankenhaus brachte.

Seine Beine waren eingeklemmt, und die Front seines Autos steckte zerquetscht unter meinem Lkw. Es war nicht zu erkennen, wo sein Auto endete und mein Lkw anfing. Es war ein einziger Schrotthaufen.

Ich wusste, dass es knapp wurde für ihn, aber so lange er ansprechbar blieb, hatten wir eine Chance. Ich stellte ihm eine Frage nach der anderen, um ihn wach zu halten. Ich versuchte, ihn abzulenken, doch er fragte mich, ob er sterben würde. Ich glaube, er weinte, aber ich bin mir nicht sicher, ob es Tränen waren oder Blut.

»Ich sehe nichts! Ich sehe nichts! Ich sehe nichts!«, rief er immer und immer wieder, und seine Stimme zitterte vor Angst und Schmerz. Er wusste, dass er in Schwierigkeiten war. Wir alle wussten es.

»Das ist nicht schlimm. Es ist normal. Machen Sie sich keine Sorgen«, sagte ich zu ihm, bemühte mich, ihn zu trösten, so gut ich konnte.

Ich fuhr fort, ihn mit Fragen zu überhäufen, damit sein Geist aktiv blieb. Was ist Ihre Lieblingsfarbe? Ihr Lieblingsessen? Wo sind Sie aufgewachsen? Welche Musik mögen Sie?

Es gelang uns, ihn ungefähr eine halbe Stunde – gerade so – am Leben zu halten, bis der Rettungsdienst und die Feuerwehr bei uns ankamen.

Nun waren wir nicht mehr für ihn verantwortlich und konnten nur noch hilflos zusehen, wie sie versuchten, ihn zu retten. Er hatte so viel Blut verloren, dass jeder Atemzug ein Sieg war.

Nun hatte ich erstmals die Gelegenheit, mir meinen Lkw anzuschauen. Er war hinten komplett eingedrückt. Es war unfassbar. *Warum hat er nicht angehalten? Warum?*

Als ich Mitch anrief, ging die Sonne allmählich unter. Wir waren für den späteren Abend zu einer Trainingssession verabredet. Ich sagte ihm, ich würde nicht kommen, ich hätte einen Unfall gehabt. Als Feuerwehrmann hatte er solche Situationen oft genug erlebt.

»Scheiße, Mann. Du kommst aber auch gar nicht zur Ruhe, was?«, sagte er. Mir ging es genauso, auch ich konnte es kaum glauben. »Wie kann es sein, dass du auch nach Syrien noch mit so einem Scheiß zu tun hast?«

Er hatte recht, irgendwie kam ich nicht zur Ruhe.

Ich bekam langsam das Gefühl, ich dürfe kein normales Leben führen. Und das erschien mir nicht fair. Ich fing an zu glauben, dass ich diese Schwierigkeiten überallhin mitbrachte. Wie konnte es sein, dass mein Leben als Personal Trainer und Lkw-Fahrer in Essex nicht anders war als das auf einem Schlachtfeld in einem verfluchten Kriegsgebiet?

Ein Helikopter setzte im zügigen Landeanflug auf die Straße auf. Der Pilot war ein Tier, er steuerte – ohne mit der Wimper zu zucken – durch die Telegrafenmasten und navigierte ungeheuer schnell und geschickt nach unten.

Wir sahen zu, wie sie den Mann in den Helikopter brachten. Ich hoffte, dass er es schaffen würde.

Die Polizei befragte uns am Straßenrand. Es war gruselig; der Helikopter war nun schon seit Stunden fort, aber das Blut des Verletzten war immer noch in Bewegung, lief aus dem Auto heraus und tropfte durch die Risse auf den Asphalt.

Ich rief meinen Chef an, um ihn darüber zu informieren, was los war, und die Spedition kontaktierte ihre Anwälte und unternahm alle notwendigen Schritte. Dann nahm die Polizei mein Handy, um zu überprüfen, ob ich zum Zeitpunkt des Unfalls Nachrichten geschrieben hatte. Sie ließen mich auch einen Drogentest machen. Das war alles der normale Vorgang.

Ich gab meine Version der Geschehnisse wieder, wie ich es gewohnt war. In Syrien hatten wir schließlich alles dokumentiert, was wir taten, und jeden Tag ausführliche

Berichte geschrieben. Das hier war nicht viel anders.

Gegen Mitternacht teilte man mir mit, dass der Mann es nicht geschafft hatte. Ich stand immer noch am Straßenrand. Mittlerweile heulten keine Sirenen mehr, und fast alle Autos waren weg. Stille.

Der Adrenalinschub ließ nach. Ich war die Ereignisse des Tages nun so oft durchgegangen, dass ich begann, Aussetzer zu haben. Entweder hörte ich alle Sirenen der Welt auf einmal heulen, immer lauter und lauter, oder ich hörte gar nichts.

Ich wurde von der Polizei verwarnt. An diesem Punkt musste ich einfach nach Hause und runterkommen. Mein Chef John holte mich ab. Wir fuhren an einer Tankstelle vorbei, damit ich mir ein Sandwich und etwas zu trinken kaufen konnte. Ich hatte den ganzen Tag noch nichts gegessen.

Kurz nach eins kam ich am Haus meiner Eltern an. Sie waren aufgeblieben und hatten auf mich gewartet, aber ich wollte nur schlafen und diesen Tag vergessen.

»Geht es dir gut?«, fragten sie.

»Ja, mir geht's gut. Alles okay«, sagte ich, auch wenn mir das wahrscheinlich keiner abnahm.

In dieser Nacht fehlte mir Barrie sehr. Ich hatte gehofft, sie zu sehen, als ich in mein Zimmer kam. Ich wusste, dass das unmöglich war, aber irgendetwas in mir hoffte trotzdem, dass sie dort sein würde. Ich hätte die Tür geöffnet, und sie hätte sich auf den Rücken gerollt. Sie hätte wie immer wild mit dem Schwanz gewedelt und geknurrt, weil ich sie so lange allein gelassen hatte. Dann hätte sie sich geduckt und mich angeblinzelt, als wolle sie mich vorwarnen, dass sie kurz davor war zu springen, und dann hätten wir uns gegenseitig durchs Zimmer gejagt. So hatten wir die Abende in Syrien verbracht. Ich wollte mit ihr dort sein.

Mit Barrie fühlte ich mich nie einsam. An diesem heißen Sommerabend war ich es sehr.

Ich dachte an Mohammed. An das ganze Blut. Ich dachte darüber nach, dass mich das Blut zu verfolgen schien wie ein Geist, als würde ich für irgendetwas bestraft, was ich getan hatte. Ich hatte Angst davor, wieder so zu werden wie schon einmal, weil ich wieder die gleiche Hoffnungslosigkeit empfand. An diesem Abend lag ich im Bett und spürte, wie mein ganzer Körper verspannte. Ich war gestresst und gequält, ich schwitzte und fror, und ich wollte all diese Emotionen nicht mehr spüren. Ich wollte alles aussperren.

Als ich am nächsten Morgen erwachte, setzte ich mich im Bett auf. Es war nicht mehr so heiß wie am Vortag, aber ich war schweißgebadet. Ich duschte kalt und ließ das Wasser eine gute Viertelstunde über mein Gesicht laufen. Für einen Augenblick lachte ich leise in mich hinein. So viel Wasser, das wäre Barries schlimmster Albtraum.

Mittlerweile waren alle anderen bei der Arbeit.

Ich wusste, dass ich meinen Job kündigen musste. Ich hasste ihn. Ich war damit fertig. Ich hatte selbst ein paar Verletzungen erlitten bei dem Unfall, das war mir in dem Trubel kaum aufgefallen. Wenn man so hart getroffen wird, fühlen sich die Knochen an wie ein Xylofon, das gegen die Wand geschleudert wurde. Physiotherapie war nicht günstig, aber ich konnte diesen Job trotzdem nicht mehr machen. Ich beschloss, eine Woche freizunehmen und dann noch zwei Wochen zu arbeiten, bevor ich ganz aufhörte.

Ich überlegte an dem Tag, ob ich mit Kim sprechen sollte. Ich war mir nicht sicher, ob ich mit allem richtig umging. Es war offensichtlich, dass ich wieder in dieselbe Richtung driftete wie beim letzten Mal. Das gleiche Gefühl von Einsamkeit, Wertlosigkeit. Das viele Arbeiten, um mich von diesen Gedanken abzulenken. Es war alles wie damals.

Ich weiß nicht, warum ich nicht mit meiner Familie über diese Gefühle reden konnte, aber so war ich damit umgegangen, seit ich mich als Soldat verpflichtet hatte. Sie waren immer für mich da, und ich fühlte mich trotzdem einsam. All die Verluste in meinem Leben, das ganze Sterben, das ich sah, verarbeitete ich für mich allein.

Mit Barrie war es anders. Sie wusste, wenn ich reden wollte oder wann ich abgelenkt werden musste. Ich kann die Verbindung, die ich zu ihr hatte, nicht so recht erklären, aber ich vertraute ihr vollkommen. Wenn ich zurückblicke und mir anschaue, wie ich mit meiner psychischen Gesundheit umgegangen bin, glaube ich, dass ich befürchtete, die Leute würden mich anders ansehen, wenn sie wüssten, welche Dämonen in meinem Kopf lauerten. Ich hatte Angst, dass man mich als Monster betrachten würde. Heute erscheint mir das unlogisch, aber damals herrschte nicht viel Logik in meinem Leben.

Ich wusste, dass ich mich aufrappeln musste für Barrie, denn sie würde in wenigen Monaten bei mir leben.

Einmal hatte ich es schon aus diesem Loch herausgeschafft und würde es noch einmal tun. Ich durfte mich nicht in meinem Selbsthass, in meinen düsteren Gedanken suhlen. Ich durfte nicht egoistisch sein. Für Barrie. Für meine Familie. Für mich selbst.

14

»Ich muss mich zusammenreißen«, murmelte ich vor mich hin. Ich weiß noch, dass ich lächelte, weil ich mir ein bisschen albern vorkam. *Rede ich jetzt etwa mit mir selbst?* Ich bedeckte meine Augen mit den Händen. Ein erwachsener Mann in Embryonalstellung im Wohnzimmer seiner Eltern. *Was für eine verdammte Scheiße.*

Ich hasste die Stille, in die ich versank. Ich saß allein auf der Couch, legte mich hin, stand auf. Ich war so ruhelos. Musste die ganze Zeit irgendetwas machen. Ich spielte derart aggressiv an meinen Fingern herum, dass ich ohne Weiteres die Haut hätte abziehen können. Ich fing an, langsam und tief zu atmen, um diese Verzweiflung und Furcht aus meinem Gehirn und meinem Körper zu vertreiben.

Es war der Morgen nach dem Unfall, aber es fühlte sich an, als wäre seitdem eine Ewigkeit vergangen. Das Atmen half. Wenn ich eines bei der Armee gelernt habe, dann das: mich in stressigen Situationen zu beruhigen. Wieder einmal gab mir die Tatsache, dass ich Soldat war, als Einziges ein Gefühl von Normalität. Mein Leben war wie ein großer Kreislauf, der nur dazu da war, mich immer wieder an die Grenzen des Erträglichen zu bringen und zu testen, wie viel ich aushielt.

Mit jedem Atemzug rutschte ich tiefer in die Couch. Es war tröstlich, und ich erlaubte mir, mich zu entspannen, zumindest für einen Moment. Ich hörte auf herumzuzappeln, aber die Stille blieb. Ich ertappte mich dabei, dass ich immer wieder auf die Uhr sah, und die Stunden vergingen, während ich in einem reglosen, fast katatonischen Zustand verharrte.

Ehe ich es mich versah, stand der kleine Zeiger meiner Uhr auf fünf, und ich hatte nichts mit meinem Tag angefangen. Das war die Motivation, um aufzustehen; ich war nicht der Typ, der einfach nichts tat. Ich rief Mitch an, zog Sportklamotten an und machte mich auf den Weg zu dem einen Ort, von dem ich wusste, dass ich dort etwas Trost finden würde.

»Hey, Mann«, sagte ich locker wie immer. »Ich bin unterwegs zum Studio, wir sehen uns da.«

Die berühmte britische Sonne hatte an diesem Nachmittag ihr glühendes Haupt erhoben, und ich schwitzte schon, bevor ich auch nur ein einziges Gewicht angefasst hatte. Auf der Fahrt nach Thurrock wurde die Hitze unerträglich, und ich ließ die Autofenster herunter, um den leichten Fahrtwind zu spüren. Ich sah nach hinten auf die leere Rückbank und stellte mir vor, dass meine kleine Barrie dort sitzen würde. Sie liebte es bekanntlich, sich in die Lücke zwischen den beiden vorderen Sitzen zu zwängen, und würde wahrscheinlich aufgeregt die Landschaft von Essex betrachten.

Autofahren tat mir gut, selbst in Syrien. Es war für mich ein Mittel, unterwegs zur Ruhe zu kommen. Es fiel mir leichter, meine Gedanken zu sortieren, wenn ich mich gleichzeitig aufs Fahren konzentrieren musste.

Im Studio begannen wir schweigend mit dem Training. Zwischen Mitch und mir gab es ein stilles Einverständnis; ich glaube, wir trainierten beide, wenn wir den Kopf frei bekommen mussten. Mitch war wohl der einzige Nichtsoldat, der verstand, was ich durchmachte, denn vor nur einem Jahr war er in den Grenfell Tower gegangen und hatte die brennende Hölle dort mit eigenen Augen gesehen. Einige Menschen konnte er retten, andere nicht. Ich kannte diese Realität nur zu gut.

Meine Gedanken wanderten, wie so oft nach derartigen Vorfällen, zu meinem ersten Einsatz in Afghanistan. Zu der Zeit bei der maritimen Spezialeinheit, nur wenige Tage vor der Rettungsmission, vielleicht drei oder vier. Es ist komisch, na ja, eigentlich überhaupt nicht komisch, aber ich hatte diese Erinnerung die ganze Zeit verdrängt, und als ich nun nach dem Autounfall über Mitch nachdachte, kamen die Bilder alle zurück.

Wir waren berüchtigt, fingen große, fast theatralische Kämpfe an, um den Feind aufzuscheuchen und herauszufinden, wo er war und wie viele es waren. In den Dörfern, in denen wir Razzien durchführten, hatten wir Leute, die nach ihnen Ausschau hielten, während wir schossen. Das Ziel war, sie dazu zu bringen, sich schnell aus ihrer Position zurückzuziehen.

Wenn wir wussten, wo sich der Feind befand, warteten wir bis nachts oder bis zum Tagesanbruch und griffen dann diese Bereiche an.

Auf einer unserer Missionen befanden wir uns in der

Nähe der pakistanischen Grenze in den Bergen. Es war einer der majestätischsten Anblicke, die ich je gesehen hatte. Ich kam ein wenig herum mit der Armee, aber im Krieg war es schwierig, solche Momente zu genießen. Trotzdem war es so schön, wie die Berge sich erhoben, als würden sie den Himmel über sich bewundern.

Wir nutzten einen amerikanischen Black-Hawk-Helikopter, der an der Unterseite einen Radar besaß, womit wir feindliche Fahrzeuge verfolgen konnten. Das war eine ziemlich geniale Sache: Eigentlich war der Radar dazu gedacht, Metallobjekte in der Luft auszumachen, aber wenn man ihn nach unten richtete, war es ein unglaublich genaues Gerät, um fahrende Autos im Auge zu behalten. So wussten wir, wo wir die Jagd am Boden beginnen mussten. Uns waren drei Schmugglerrouten von Pakistan nach Afghanistan bekannt, über die die Taliban Gegenstände einführten, aus denen sie Sprengsätze herstellen konnten – wie Batterien, Sprengstoffe, Holz und Draht – und alles, was sie sonst noch brauchten.

Wir hielten am Berghang an und schlugen unser Lager auf, das heißt, wir bauten die Zelte auf, die sich auf unseren Fahrzeugen befanden. Dort würden wir leben, bis neue Informationen und Anweisungen kamen.

Ein paar Tage später erreichte uns ein Funkspruch. Uns wurde mitgeteilt, dass sich fünf Klicks oder fünf Kilometer von uns entfernt der Feind befand, also legten wir unsere Ausrüstung an und machen uns auf den Weg dorthin.

Als wir sie abfingen, wussten sie sofort, mit wem sie es zu tun hatten. Unsere Fahrzeuge sind aber auch kaum zu verkennen: Wir hatten ein Maschinengewehr mit einem .50er-Kaliber und ein ferngesteuertes .50er-Maschinengewehr, das man gemütlich mit einem Joystick von einem Platz im hinteren Teil des Wagens betätigte. Der Geschützturm hatte eine Automatikfunktion, durch die man automatisch in Richtung einer Schießerei feuerte, und auf kleinen Bildschirmen konnte man erkennen, aus welcher Richtung die Schüsse kamen. Als sie uns näher kommen sahen, wussten sie, dass wir nicht zum Scherzen aufgelegt waren.

Als sie flohen, wirbelten sie eine gewaltige Staubwolke auf. Aber wir waren ihnen dicht auf den Fersen. Sehr dicht. In wenigen Sekunden hatten wir diese Typen eingeholt, die auf zwei Fahrzeuge verteilt waren. Der Adrenalinpegel stieg rasant an, und ich spürte, dass mein Herz wummerte wie eine Trommel.

Mein Team blieb zurück, während ein anderes unserer Fahrzeuge die Feinde linker Hand verfolgte. Das zweite ihrer Autos wendete und versuchte, uns von der rechten Flanke aus anzugreifen. Wir eröffneten das Feuer, zielten auf die Reifen, und die Wucht unserer Schüsse ließ das Fahrzeug kippen, bevor sie uns erreichten.

»Wir haben sie«, sagte ich.

Mittlerweile herrschte das reinste Chaos. Der Feind eröffnete ebenfalls das Feuer, wir hörten nur noch AK-47-Salven, die in unsere Richtung zielten, und den Nachhall von unseren Schüssen. Unter dem ohrenbetäubenden Krachen der Kugeln, die auf die Fahrzeugpanzerung trafen, hörten wir ihre Schreie. Sie waren wütend, wie Schlachtrufe. Alles geschah in wenigen Augenblicken. Plötzlich hörten die Schüsse auf. *BUMM*. Ihr Fahrzeug explodierte. Flammen schossen in die Höhe, und für einen Augenblick blieb die Zeit stehen.

Das Echo der Explosion wurde schwächer, und zurück blieb ihr Fahrzeug, in Flammen gehüllt, die in den Himmel züngelten und ein Loch in die Wolken brannten.

Unser zweites Fahrzeug zog sich auf unsere Position zurück, als seine Insassen die Explosion hörten, und sie ließen den feindlichen Wagen entkommen. Sobald sie die Explosion hörten, hatte sich der primäre Fokus von der Jagd des Feindes auf den Schutz des Teams verlagert.

Ich hatte noch nie jemanden bei lebendigem Leib verbrennen sehen. Ich hörte immer noch Schreie, aber in ihnen lag nichts Kämpferisches mehr, sondern nur noch Angst.

Dann endete das Schreien und wurde durch das Geräusch von brutzelndem, berstendem Fleisch abgelöst. Ich näherte mich ihrem Wagen, und der Gestank war überall. Es war unbeschreiblich, Übelkeit erregend. Diesen Geruch vergisst man nie, selbst jetzt, da ich nur daran denke, spüre ich ihn in der Nase und im Mund.

Ich war als Bombenentschärfer vor Ort, also musste ich das alles ignorieren und mich an die Arbeit machen. Ich versuchte, so lange wie möglich den Atem anzuhalten, aber das war nicht besonders effektiv. Ich musste mich konzentrieren, mich an das erinnern, was ich gelernt hatte, daran denken, was auf dem Spiel stand. Die Priorität war, dafür zu sorgen, dass mein Team sicher war. Ich suchte den Boden im näheren Umkreis ab. Die Flammen verschlangen nach wie vor das feindliche Fahrzeug und schwärzten es.

Als das Feuer heruntergebrannt war, hinterließ es ein schwarzes Auto, schwarze Leichen, alles war schwarz. Der Anblick dieser Menschen, von Kopf bis Fuß verschmort, geschmolzen …

Plötzlich war das alles wieder da.

Ich hatte nie mehr an diese Episode gedacht, bis heute. Mir lief ein Schauer den Rücken hinunter, und ich musste den unwillkürlichen Drang, zu schreien und zu weinen, unterdrücken.

Konzentriere dich auf dein Training.

Konzentrier dich, Seán.

Mitch wusste besser als die meisten anderen, was ich durchmachte. Als Feuerwehrmann hatte er brennende Körper gesehen, er hatte die letzten Schreie von Menschen gehört. Es war auf eine verdrehte Art tröstlich zu sehen, dass er trotz alledem durchhielt und weiterarbeitete. Im Studio konnten wir das alles Work-out für Work-out beiseiteschieben.

Ich schüttelte den Kopf, hörte Elektro und versuchte, diese Gefühle zu übertönen. Ich durfte nicht wieder in dieses Loch fallen. Mitch hatte großartige Arbeit mit *Beyond Limits* geleistet, während ich in Syrien war, und das hier war *unser* Unternehmen. Ich würde unsere Firma nicht hängen lassen.

»Das war nötig«, sagte ich nach einem strapaziösen Work-out zu Mitch. Wir waren beide schweißgebadet, und ich beschloss, nach Hause zu fahren. Ich hatte einiges, worüber ich nachdenken musste.

Als ich zurückkam, warteten meine Eltern auf mich. Sie hatten beide so einen besorgten Gesichtsausdruck, der besagte, dass sie mir etwas Ernstes mitzuteilen hatten.

»Wir müssen reden, Seán«, sagte Dad nüchtern.

»Hi, was ist los?«, fragte ich betont lässig. Ich dachte, weil der Unfall erst einen Tag vorbei war, wollten sie wissen, ob mit mir alles in Ordnung war. Ich setzte mein gleichmütigstes Gesicht auf, um sie zu beruhigen.

»Vielleicht setzt du dich erst einmal«, sagte er. Irgendetwas stimmte hier nicht.

Meine Eltern ließen sich auf dem Sofa nieder, ich mich auf den Sessel daneben. Selbst Toby kam herangewieselt und legte sich mir zu Füßen hin. Eine richtige Familienversammlung. Mum hielt Dads Hand fest, als wäre sie nervös oder besorgt oder beides.

»Kein Drama«, sagte ich in dem Bemühen, ihnen den Einstieg in das Gespräch zu erleichtern, das ihnen sichtlich schwerfiel.

»Noch ist nichts bestätigt«, sagte er. Ich runzelte beunruhigt die Stirn. *Was ist da los? Das kann nichts Gutes bedeuten …* »Ich werde auf Krebs untersucht. Wir wissen noch nicht, ob wirklich etwas dahintersteckt, aber es sieht ganz so aus. Nächsten Montag werden ein paar Tests gem…«

Er redete noch eine Weile, aber ich schaltete ab. Es war wie ein Albtraum, und ich hoffte, wenn ich meine Augen zukneifen und mich ganz stark konzentrieren würde, würde ich vielleicht aufwachen.

Wir hatten ein langes Gespräch an dem Abend. Auf typische Laidlaw-Art. Direkt und sachlich. Ich fragte ihn nach Details, er gab mir die Infos, soweit sie ihm bekannt waren. Wir aßen zu Abend, Nudeln, glaube ich. Und das war's.

Seit dem Unfall war gerade ein Tag vergangen, und ich fragte mich, was für böse Überraschungen das Leben sonst noch bereithalten würde. Was konnte noch passieren? Ich fühlte mich wie in einem ständigen Überlebenskampf. Eine Prüfung nach der anderen.

In der folgenden Woche wurde er ins Queen's Hospital in Romford eingewiesen. Dort wurde ein Ultraschall gemacht, dann eine Computertomografie. Ich erinnere mich, dass sie uns in ein kleines Zimmer brachten, und nach ein paar Minuten kam eine Krankenschwester herein. Sie hatte eine angenehme, ruhige Art zu sprechen. Sie ging eine Liste mit Fragen durch, wie man sie üblicherweise von Krankenschwestern gestellt bekommt, und informierte uns, dass weitere Tests folgen würden. Die Situation war seltsam. Uns allen war klar, weshalb wir dort waren, aber niemand von uns wusste, wie man sich verhalten sollte. Es kam mir vor wie ein Sketch über Menschen mit Sozialphobie. Nach einer kurzen Zeit sagte sie, es könnte das K-Wort sein, aber man müsse eine Biopsie durchführen, um sicherzugehen.

Eine Woche später kam das Ergebnis. Leberkrebs.

Wir waren zu Hause und sahen fern, als er es mir sagte. Ich schaute ihn an, für mich war die Sache klar. Ich brauchte Lösungen.

»Was jetzt?«, fragte ich.

»Ich weiß es nicht genau, Seán. Chemo wahrscheinlich.«

»Kann man ihn operieren?«

»Ich glaube nicht.«

»Brauchst du eine Leber? Könntest du meine gebrauchen? Wie kann ich mich testen lassen?«

Die Ärzte hatten dieses Thema schon mit ihm besprochen. Der Tumor befand sich an einer Stelle, wo nicht operiert werden konnte. Ich fühlte mich hilflos, aber wir würden das hinbekommen. Wir würden den Krebs zusammen bekämpfen.

Meine kleine Schwester Rachel war zu diesem Zeitpunkt im achten Monat schwanger, und wir wollten ihr den Stress vor der Geburt ersparen, deshalb erzählten wir ihr zuerst nichts davon.

Dad trug es alles mit Fassung, was nicht untypisch für ihn war. Aber ich war sehr nervös. Ich dachte die ganze Zeit nur, dass ich wollte, dass der Krebs sich verpisst. Ich wollte, dass Dad gesund wurde.

Ein paar Wochen später hatte Dad seine erste Chemo-Behandlung. Es war ein Samstag, und in einem großen offenen Raum befanden sich zehn oder zwölf Personen. In der Mitte gab es eine kreuzförmige Trennwand. Es war ganz schön kalt, obwohl draußen die Sonne brannte, und ich weiß noch, dass wir beide eine Bemerkung darüber machten. Der Raum war düster und farblos, was, um ehrlich zu sein, etwas deprimierend war.

Wir kamen um zehn Uhr morgens an die Reihe, und uns wurde gesagt, dass der ganze Prozess ungefähr fünf Stunden dauern würde. Neben mir wirkte Dad winzig, als hätte er schon eine monatelange Chemotherapie hinter sich. Er hatte die ganze Krebsgeschichte eine Weile für sich behalten, und ich kann nur vermuten, unter welchem inneren Druck er gestanden haben muss.

Er bekam eine Infusion mit verschiedenen Medikamenten und Kochsalzlösung, damit er nicht dehydrierte. Sie wechselten die Beutel stündlich. Es war sehr still, so, wie man es in einem Raum voller Patienten in der Hämatologie und Onkologie erwarten würde. Es war kein fröhlicher Ort. Um die Zeit zu vertreiben, unterhielten Dad und ich uns ganz normal.

»Ich freue mich schon darauf, wenn sie dir Cannabis verschreiben«, sagte ich schmunzelnd.

»Oh ja, du weißt ja, wie ich bin. Schon immer ein großer Pothead.«

Es war ein recht normaler Morgen. Wir waren ziemlich motiviert und fragten uns, was sonst noch so ansteht. Nun, wir beide wussten eigentlich, was als Nächstes kam. Während all das geschah, befand sich Mum mit meiner kleinen Schwester Rachel in einem anderen Krankenhaus in Basildon knapp fünfundzwanzig Kilometer von uns entfernt. Rachels Kind konnte jeden Moment auf die Welt kommen. Ich verließ Dad gegen ein Uhr, ging zu *McDonald's*, um etwas zu essen für die beiden Frauen zu holen, und fuhr zum Basildon University Hospital. Ich weiß noch, wie ich mit einer braunen Tüte voller Big Macs und McNuggets in das Zimmer platzte und glaubte, diese kleine Überraschung würde der Höhepunkt ihres Tages sein. Als ich die Tür öffnete, hielt Rachel schon ihr kleines Mädchen im Arm.

»Sie ist wunderschön«, sagte ich, ganz wie ein stolzer großer Bruder. Rachel war nicht mehr die kleine Nervensäge, mit der ich aufgewachsen war. Nun hatte sie ihre eigene kleine Nervensäge.

»Sie heißt Sophie«, sagte sie erschöpft und mit geröteten Wangen.

Rachels Freund Michael stand neben ihr. Mum sah so glücklich aus wie noch nie. Mit einem kleinen Taschentuch wischte sie sich die Tränen weg. Ich für meinen Teil war einfach nur selig. Meine kleine Schwester. *Meine* kleine Schwester. Eine Mutter. Sie würde die beste Mutter aller Zeiten werden.

Ich setzte mich auf einen Stuhl neben Mum und aß einen fettigen Big Mac und wusste auf einmal, dass alles gut werden würde. Ich sah meine Schwester an, die förmlich leuchtete. Ich sah die kleine Sophie an und Mum, und sie gaben mir ein Gefühl von Sicherheit.

Etwa eine Stunde später fuhr ich wieder zu Dad. Wir saßen ungeduldig da, während sich die Medikamente ihren Weg in seinen Körper bahnten.

»Wann können wir hier raus?«, fragte Dad ungeduldig.

»Bald, Dad. Bald.«

Endlich, gegen achtzehn Uhr, wurde uns dieser Wunsch erfüllt, und wir konnten gehen. Wir fuhren rasch nach Basildon, und Dad bekam sein Enkelkind zu Gesicht. Er strahlte, als er sie das erste Mal im Arm hielt. Es war, als hätte er den Krebs vollkommen vergessen.

Ein Tag, eine Stimmung, kann von einem Augenblick auf den anderen umschwingen.

Wir waren so glücklich, jeder Einzelne von uns. Was auch geschah, wir hatten einander. In gewisser Weise war meine Familie wie meine Kompanie. Wir beschützten uns gegenseitig, und wir kämpften füreinander. Mum bellte sogar hin und wieder Befehle.

Es war ein toller, glücklicher Tag. Nicht nur für Rachel, Mum oder mich, sondern sogar für Dad. Ich betrachtete die Chemo als etwas Positives. Sie bedeutete, dass er tat, was er tun musste, um gesund zu werden. Und er würde gesund werden, da war ich mir ganz sicher. Das war der nächste Schritt. Rachel und Dad hatten beide große Schritte gemacht an diesem Tag, und ich wollte es ihnen gleichtun.

Mein nächster Schritt? Barrie nach Hause holen.

15

Die Geburt von Rachels Tochter war nicht die einzige gute Nachricht in dieser Zeit. Ungefähr eine Woche vorher hatte sich mit einem Ping auf meinem Handy eine zweite angekündigt. Eine E-Mail von Louise. *War Paws* hatte bestätigt, dass Barrie die Reise von der Unterkunft im Irak nach Jordanien gemacht hatte, und Louise gab mir die Kontaktdaten einer Frau namens Judith. Sie würde meine Ansprechpartnerin für mein weltreisendes kleines Hündchen sein.

Lustigerweise hatte Barrie tatsächlich dieselbe Grenze in den Irak überquert wie ich. Nun befand sie sich in Jordanien, wo ich während meiner ersten Jahre in der British Army eine Zeit lang stationiert gewesen war. Schien so, als würde das Schicksal uns an dieselben Orte schicken.

Ich kannte nicht die genauen Abläufe, bloß, dass ich bald mit meinem Hund wiedervereint sein würde.

»Sie wird für mindestens drei Monate in Quarantäne müssen«, schrieb Judith in ihrer ersten Mail. Die erste von vielen, die wir in den folgenden Monaten austauschen würden. »Sie wird jeden Monat einmal untersucht, und nach drei Untersuchungen darf sie ausreisen. Dann kümmern wir uns um die Reise selbst.«

Drei Monate.

Das war's. Drei Monate, und alle Puzzleteile würden sich zusammenfügen, und ich würde Barrie in meinen Armen halten. In Großbritannien. Es fühlte sich immer noch unwirklich an, jedes Mal, wenn ich daran dachte.

Ich hatte viele Fragen, viele, viele, viele Fragen. Vor allem wollte ich wissen, wie es Barrie ging. Was sie tat. Wie sie aussah. So viel war passiert, seit ich Syrien verlassen hatte. Es kam mir wie eine Ewigkeit vor, seit ich sie zuletzt gesehen hatte.

Judith schickte mir jede Woche unzählige Fotos und Videos von Barrie, was natürlich damit zu tun hatte, dass ich sie ständig danach löcherte. Ich muss unglaublich nervtötend gewesen sein – ich wäre der Erste, der das zugibt. Ich bin sicher, sie würde kein böses Wort über mich verlieren, aber ich bombardierte sie mit Nachrichten wie ein verzweifelter Ex-Freund. Ich selbst würde mich als »sehr anhänglich« beschreiben.

Eines der Fotos, die sie mir schickte, zeigte Barrie, wie sie ein Nickerchen hielt – Barrie konnte genau wie ich jederzeit und überall schlafen –, und alles in mir kribbelte, als ich an unser baldiges Wiedersehen dachte. Ich ertappte mich mehr als einmal dabei, wie ich versuchte, sie über den Monitor zu streicheln, und manchmal murmelte ich etwas, als könnte sie mich hören. *Ich verliere den Verstand.*

Sie sehen zu können, mitzubekommen, wie es ihr ging, war eine ungeheure Erleichterung. Ich hatte jede Menge zu tun, aber Barrie war immer in meinem Hinterkopf. Bei allem, was wir taten, gab es so viele Unsicherheitsfaktoren: Sie befand sich nach wie vor im Nahen Osten, an einem

Ort, den ich nicht kannte und über den ich nicht viel wusste. Ich hatte keine Ahnung von den Abläufen, und das war das Schwierigste an der Sache.

Ich hatte immer Probleme damit, etwas nicht zu wissen. Ich mochte das Gefühl nicht. Ich zog Gewissheit vor. Ich hatte einfach gern einen Überblick darüber, womit ich es zu tun hatte. Und nun befand ich mich in einer Situation, die ich nicht kontrollieren konnte, bei der ich nicht direkt das Ergebnis beeinflussen konnte.

Die Videos, die Judith mir schickte, waren ein Trost. In einem trottete Barrie über das Gelände ihrer Unterkunft in Jordanien. Sie war ganz schön gewachsen, seit ich sie das letzte Mal gesehen hatte. Kein runder molliger Welpe mehr. Sie wirkte größer, und ihre Beine schienen länger, wodurch sie eine Eleganz und Selbstsicherheit ausstrahlte, die ich von ihr nicht kannte. Wo ist meine tollpatschige Barrie? fragte ich mich.

Netty war bei mir, als ich mir die Fotos ansah. Sie hatte immer mehr Zeit mit mir verbracht, angeblich, um Barries Ankunft vorzubereiten, aber ich glaube, sie war auch einfach gerne mit mir zusammen. Ich hatte sie jedenfalls gerne bei mir. An diesem Morgen beschäftigte es mich, ob Barrie mich wiedererkennen würde.

Während ich versuchte, Barrie nach England zu holen, gab es immer etwas zu tun, sodass ich nie innegehalten und mich gefragt hatte, ob ich möglicherweise inzwischen ein völlig Fremder für sie sein würde. Nun dachte ich darüber nach und fürchtete mich davor.

Als wir uns begegnet waren, war Barrie ein Welpe gewesen, und unsere gemeinsame Zeit war so kurz. Realistisch betrachtet würden sieben oder acht Monate zwischen dem letzten Tag, an dem ich mich von ihr verabschiedet hatte, und unserem Wiedersehen liegen. Netty hatte es ausgerechnet. Barrie würde bis dahin so viel in ihrem kurzen Leben durchgemacht haben: Sie war in den Irak gereist und hatte dort einige Monate gelebt, dann drei Monate in Jordanien – und das galt nur, wenn alles glattging, was ich nicht unbedingt erwartete. Danach würde sie die Reise nach Großbritannien antreten. Ganz schön viele große Ereignisse – und das meiste davon erlebte sie ohne mich.

»Hör auf damit, natürlich erinnert sie sich an dich«, sagte Netty. Sie merkte immer, wenn ich ins Grübeln geriet. »Konzentrier dich darauf, was zu tun ist. Wir müssen noch so viel organisieren.«

Sie hatte recht, wie so oft. Die Sommermonate waren hektisch. Dad machte seine Chemotherapie, ich arbeitete Tag und Nacht mit Mitch an *Beyond Limits*, und wir mussten überlegen, wo genau wir Barrie unterbringen würden. Um ehrlich zu sein, waren das alles willkommene Ablenkungen.

»Wo wird Barrie leben?«, fragte Netty.

»Gute Frage.«

Ich hatte den losen Plan, mir eine schöne Wohnung zu suchen, sobald ich zurückkehrte, und es wäre kein großes Ding, wenn Barrie dazukäme. Vielleicht gab es ein paar Vermieter, die keine Haustiere erlaubten, und Barrie würde nach wie vor überall hinpinkeln, aber abgesehen davon sollte das eigentlich der einfachste Teil sein.

Dieser wunderbare Plan fiel in sich zusammen, als mein Vertrag aufgehoben wurde – eine der vielen Sachen, die in die Hose gingen, weil ich infolgedessen pleite war und bei meinen Eltern lebte.

Mum und Dad hatten mich immer darin unterstützt, Barrie nach Großbritannien zu holen, von dem Augenblick an, in dem sie die Hündin auf dem Foto in dem Schutthaufen kauern sahen. »Du musst sie mit nach Hause bringen«, hatten sie immer gesagt, aber genau wie ich hatten sie damit gerechnet, dass ich nach meiner Rückkehr eine eigene Wohnung haben würde.

»Wir können Barrie nicht hier bei meinen Eltern unterbringen«, sagte ich zu Netty. »Wir müssen uns etwas überlegen.«

Um meine stetig wachsende Liste an Komplikationen zu verlängern, hatte Dad eine Tierhaarallergie, und Barrie hatte ziemlich viele Haare. Wir wollten nicht riskieren, dass sie eine allergische Reaktion bei ihm auslöste, erst recht nicht während der Chemo, wegen der sein Immunsystem ohnehin geschwächt war.

Ich dachte angestrengt nach, versuchte, eine Lösung zu finden. Gemeinsam fanden Netty und ich eigentlich für alles eine Lösung, denn sie dachte unglaublich logisch und war in der Regel auf alles vorbereitet. So auch jetzt. Wir sahen durch die Glasschiebetür hinaus in den Garten. Da stand eine Hütte. Verlassen und ungenutzt seit Gott weiß wann. Sie sah ein wenig aus wie ein Relikt aus der Zeit des Großen Feuers in London 1666. Und diese alte, heruntergekommene Ansammlung von Brettern stellte ein mögliches Zuhause für Barrie und mich dar.

»Und mich«, warf Netty ein. Ich glaube, das war der Punkt, an dem Netty beschloss, mit mir zusammenzuziehen.

Es gefiel mir, wie sehr sich Netty in die ganze Sache reinhängte. Genau wie ich nichts von alledem ohne Louise hätte tun können, wäre ich auch ohne Netty verloren gewesen. Mit ihr gab es keine Ausreden, nur Fortschritte.

Wir standen draußen und starrten diese kaputte Hütte an. Ein Lichtstrahl stahl sich durch die Blätter in den Bäumen und beleuchtete die Spinnweben, die das alte Holz überzogen. Es sah aus wie der Schauplatz einer unheimlichen Geistergeschichte, eher nicht wie ein idyllisches Zuhause für einen Mann und seinen Hund.

Es brauchte ein bisschen Fantasie, aber die Sache hatte Potenzial.

Es würde viel Arbeit erfordern, wobei *viel* eine gewaltige Untertreibung war. Teile der Wände bettelten förmlich darum, abgerissen zu werden, und das Holz sah aus, als wäre es besser dafür geeignet, Feuerholz für ein Barbecue abzugeben. Es gab keine richtige Toilette oder Dusche – worüber Barrie sich wahrscheinlich gefreut hätte – und kein Bett oder sonst irgendetwas. Aber es war ein Anfang, besser als nichts. Eine Lösung. Und, seien wir mal ehrlich, wer träumt nicht davon, mit dreißig in einer Hütte im Garten seiner Eltern zu leben? Also, ich fand es traumhaft.

Netty und ich inspizierten die Hütte etwas genauer. An diesem Nachmittag fühlten wir uns wie Architekten und Bauingenieure. Draußen, auf einer Holzterrasse, befand sich der am meisten deplatzierte Whirlpool, den man sich vorstellen kann. Wir hatten ihn oft genutzt, nachdem wir frisch eingezogen waren, aber seit einer Weile staubte er nur noch zu.

»Chalet mit eigenem Jacuzzi«, sagte ich zu Netty und hob sexy die Augenbrauen, zumindest dachte ich, es wäre sexy. Ich wollte mit meinem Französisch angeben.

»Nee, ist klar, Seán. *Chalet.*«

Drinnen sah es gar nicht schlecht aus. Da war genug Platz für ein Bett, und Barrie konnte herumlaufen, wie sie es immer tat. Es erinnerte mich stark an die verschiedenen Container, in denen ich in Syrien und im Irak gewohnt hatte.

»Hier!«, verkündete ich laut. »Hier wird unser Fernseher stehen!«

Netty starrte mich verständnislos an und verdrehte die Augen.

»Hier kommt die Dusche hin«, fuhr ich fort und zeigte auf eine leere Stelle auf der linken Seite. »Und hier die Toilette. Das wird super.«

Und Netty sagte: »Hier ist Platz für das Sofa und mich!«

Es machte Spaß, sich diese Hütte komplett anders vorzustellen. Vielleicht war sie nicht ideal, aber ein gemütliches Heim konnte daraus werden. Ich glaube, »ideal« war schon lange keine Kategorie mehr, in der ich dachte. Das Leben hatte andere Pläne für mich, und ich musste es nehmen, wie es kam. Und das bedeutete, dass das hier unser Zuhause sein würde.

Es sollte noch Monate dauern, bis Barrie kam, aber Netty war immer hinter mir her und achtete darauf, dass ich vorankam mit allem, was ich zu tun hatte. Sie war eine gewissenhafte Planerin und drängelte mich ständig wegen irgendetwas. Es war sehr süß.

Wir verließen die Hütte und warfen noch einen Blick von außen auf sie. Es war ein romantischer Moment.

»Das wird unser Zuhause«, sagte ich optimistisch und legte den Arm um Nettys Schultern.

»Ja, aber vergiss nicht, wie viel Arbeit wir da vorher hineinstecken müssen.«

Vielleicht war es doch kein so romantischer Moment.

16

Bald darauf war der Sommer vorbei, und an seine Stelle traten kühle Morgen und frühe Abende. Die Straßen waren nun mit roten und gelben Blättern bedeckt, die im kalten Wind raschelten. Normalerweise mag ich den Herbst nicht, aber diesen hier begrüßte ich mit offenen Armen, trotz der Dunkelheit und des Regens, den er mitbrachte. Ich wollte, dass dieser Sommer endlich vorüber war.

Die Arbeit hielt mich auf Trab, vielleicht zu sehr, aber ich brauchte sie als Ansporn. So viel passierte auf einmal, ich hatte kaum Zeit, mir darüber klar zu werden, dass seit dem Unfall schon Monate vergangen waren. Meine Nichte, die kleine Sophie, hatte angefangen, Dinge zu greifen, und auf ihrem Kopf wuchsen ein paar Haare. Dads Chemo machte gute Fortschritte. Und Barrie war nur noch eine erfolgreiche Untersuchung davon entfernt, grünes Licht zu bekommen, um nach Großbritannien reisen zu können. Ich fragte mich, wo all die Zeit geblieben war.

Nach diesem turbulenten Sommer gelang es mir nicht ganz, die Angst ganz beiseitezuschieben, dass ich wieder in die Dunkelheit fallen konnte. Ich wusste nicht, wie ich reagieren würde, ich wusste ja kaum, was 2014 passiert war. Alles, woran ich mich erinnerte, waren das Grauen und meine Lethargie. Ich konnte nicht damit umgehen, wie schnell die Zeit verging, und bin daher jeder Verantwortung aus dem Weg gegangen.

Jetzt verging die Zeit ebenfalls schnell. Aber diesmal war es anders. Es gab so viel zu tun, und ich brannte darauf, es anzupacken. Diesmal sah es nicht düster aus, ganz im Gegenteil. *Beyond Limits* war nun mein Vollzeitjob, und so konnte ich neue Routinen entwickeln, eine Ordnung, die zu meinem zivilen Leben passte.

Jeden Tag tat ich dasselbe. Ich stand früh auf, vor Sonnenaufgang. Selbst wenn es so kalt war, dass ich die Wärme meines Bettes nicht verlassen wollte, zwang ich mich dazu. Jeden Morgen um dieselbe Zeit. Work-out. Dusche. Tee mit Mum und Dad, und dann ab ins Studio.

Diese Kiste, in die ich sonst immer alles geschoben habe? Ist im Müll gelandet. Kims Worte waren mir präsenter denn je. Ich erlaubte mir, alles zu fühlen, was ich fühlen musste.

Dad erholte sich etwas. Er sprach gut auf die Behandlung an und sah gesünder aus als zu dem Zeitpunkt, als er mit der Chemo begonnen hatte. Damals war er ein Strich in der Landschaft gewesen, nun wirkte er ein wenig voller. Er sah gut aus. Wir verbrachten immer mehr Zeit miteinander. Ich begleitete ihn zu seinen Terminen, aber auch abgesehen davon waren wir oft zusammen. Ich lebte in seinem Haus, es war also kaum zu vermeiden, dass sich unsere Wege häufig kreuzten, aber all die Zeit mit ihm rief vertraute Gefühle und Erinnerungen an meine Kindheit wach. Ich liebte es damals, bei ihm zu sein, ihn zum Pub zu begleiten. Jetzt konnten wir immerhin gemeinsam einen trinken. Und wir konnten reden.

Die Sache mit Barrie war nach wir vor ein Geduldsspiel. Sie musste eine Blutuntersuchung nach der anderen über sich ergehen lassen, ähnlich wie Dad. Ich freute mich auf ihre Ankunft, aber an der Hütte, in der wir leben würden, war noch einiges zu tun. Im Augenblick war sie noch unbewohnbar und – in ihrem gegenwärtigen Zustand – wohl eher eine Verschlechterung gegenüber unserer Unterkunft in Syrien.

Ich wollte sobald wie möglich fertig werden, aber in diesen Monaten beherrschte die Arbeit mein Leben. Ich hatte Nettys Worte im Ohr, die von Anfang an gesagt hatte, dass ich den Bau vorantreiben musste. Sie hatte einfach immer recht.

Mir war klar, dass ich ein selbstzufriedenes »Ich hab's dir ja gesagt« von ihr mit ihrem starken polnischen Akzent zu erwarten hatte, wenn die Hütte nicht rechtzeitig zu Barries Ankunft einzugsbereit war.

Irgendwann gegen Ende Oktober rief Judith mich an, mit großartigen Nachrichten. Barrie konnte nun jeden Tag die Reiseerlaubnis bekommen. Unser Wiedersehen rückte näher, ich spürte sie schon fast in meinen Armen. Natürlich war ich darauf überhaupt nicht vorbereitet, obwohl ich auf diesen Moment gewartet hatte, seit ich ihr fast auf den Tag genau sechs Monate zuvor begegnet war.

Ein paar Tage später rief Judith wieder an. »Wenn alles nach Plan läuft, sollte sie Samstag in Heathrow landen.« Ich konnte meine Aufregung nicht verbergen, aber sie achtete darauf, *mehrmals* zu betonen, dass alles »nach Plan laufen« müsse.

Das dämpfte meine Vorfreude kein bisschen. Barries Untersuchungsergebnisse waren alle in Ordnung, und es spielte keine Rolle, um wie viel Uhr ich sie abholen musste. Endlich kam sie zu mir. Ich war mir sicher, dass ich sie schon sehr bald in den Armen halten würde.

»In Ordnung, ich tue alles, was nötig ist«, sagte ich zuversichtlich zu Judith. Netty saß neben mir und packte mich an den Armen, als der Anruf kam. Sie strahlte genauso wie ich und war genauso aufgeregt.

»Ich rufe dich an, sobald es etwas Neues gibt.«

Und dann legte sie auf. So war das. Meine kleine Barrie war auf dem Weg nach Hause.

Netty konnte sich nicht mehr beherrschen. »Oh, mein Gott!«, schrie sie. »Oh Gott, oh Gott, oh Gott! Es passiert wirklich!«

Die ganze Sache hatte so etwas Beiläufiges. Ich konnte es gar nicht richtig fassen. Barrie würde in weniger als einer Woche von Jordanien nach London fliegen. Barrie, der Hund, den ich in Syrien gefunden hatte, würde in London sein. In einer Woche. Selbst wenn ich jetzt daran zurückdenke, erscheint es mir unbegreiflich. *Sie fliegen diesen Hund rüber, einfach so. Wie ist das möglich?*

Ich würde am selben Flughafen auf Barrie warten, von dem aus ich sechs Monate zuvor das erste Mal nach Syrien gereist war. Damals hatte ich nicht geahnt, dass ich drauf und dran war, die Reise meines Lebens anzutreten und eine tierische beste Freundin zu finden. Ich weiß noch, wie ich über all die Leute nachdachte, die am selben Tag flogen, und mich fragte, wohin sie wohl unterwegs waren. Ich hätte mir nie träumen lassen, wohin mich dieser Flug – und ein paar Anschlussflüge – bringen würde.

Es kam mir vor, als würde sich der Kreis am Samstag in Heathrow schließen.

Das große Fitness-Event, das Mitch und ich seit Monaten geplant hatten, sollte am Tag nach Barries Ankunft stattfinden. Ich fand das Timing perfekt und dachte, vielleicht könnte ich sie dorthin mitnehmen. Es würde ihr Spaß machen – wir wollten mehrere Hindernisparcours auf einem riesigen Feld aufbauen. Sie konnte herumrennen, so viel sie wollte, und sich im Schlamm wälzen. Ich konnte mir alles genau vorstellen.

»Und wo soll sie schlafen?«, fragte Netty.

Ich hatte gewusst, dass es so kommen würde.

»Wir müssen noch ein paar Dinge wegen der Hütte regeln. Das Dach muss gemacht und das Bett muss eingebaut werden. Ich glaube, wir werden nicht rechtzeitig fertig«, antwortete ich.

»Ich hab's dir ja gesagt.«

Sie klang so selbstgefällig, obwohl ihr Englisch noch nicht perfekt war. Ich musste lachen. Es spielte keine Rolle, wo wir schliefen, darum konnten wir uns später kümmern. Barrie kam nach Hause, das war alles, was zählte.

Ein paar Tage später schickte Judith mir eine Nachricht.

Darin stand: *Ich glaube, sie kommt doch nicht am Samstag. Ich habe noch nichts von den Frachtleuten gehört, und morgen arbeitet hier niemand, es ist Feiertag. Ich glaube, die Zeit reicht nicht, um es bis Samstag zu schaffen, aber vielleicht klappt es Sonntag.*

Sie hatte mich gewarnt, mehrmals, dass ich mich nicht zu früh freuen sollte. Aber Sonntag war kein allzu großer

Aufschub, nur ein Tag. Nach sechs Monaten Warten war ein zusätzlicher Tag nicht so wild.

Dummerweise war ausgerechnet Sonntag kompliziert für Mitch und mich, schließlich hatten wir so viel Arbeit in dieses Event gesteckt. Es sollte zehn verschiedene Hindernisparcours für vier Teams geben. Das Ganze hatte eine richtige Handlung. Es würde ein unglaubliches Ereignis werden. Wir würden unsere Kunden wirklich an ihre Grenzen bringen. Ich wollte mich nicht zwischen dieser Aktion und Barrie aufteilen.

Judith sagte, das Flugzeug würde – »wenn alles nach Plan läuft« – um vierzehn Uhr landen, aber Barrie würde wahrscheinlich wegen der ganzen Formalitäten erst gegen achtzehn Uhr abholbereit sein.

»Das könnte gerade so hinkommen«, sagte ich zu Netty. »Sollte klappen.«

»Ja, genau wie mit der Hütte.«

Habe ich schon erwähnt, dass Netty lustig ist? Zumindest scheint sie das zu glauben.

Ich musste nur nach dem Event losrasen und würde in unter einer Stunde in Heathrow sein. Wenn alles nach Plan läuft, sagte ich mir und kicherte.

Sonntagmorgen wachte ich auf und konnte nicht recht glauben, was ich alles an dem Tag vorhatte. Das Event würde der Hammer werden, und trotzdem würde es nicht das Highlight des Tages für mich sein. Alle waren begeistert, dass sie Barrie an diesem Tag kennenlernen würden; das gesamte Team war aufgeregt, weil sie kommen sollte.

Mir war ein bisschen mulmig zumute wegen allem, was vor mir lag. Ich würde eine ganze Menge zu tun haben. Das Event war eine große Sache für uns, und Barrie war noch wichtiger für mich.

Mitch und ich hatten unser gesamtes Equipment am Vortag in den Transporter geräumt, damit wir am Morgen einfach nur zum *Thurrock Rugby Club*, wo das Event stattfand, fahren und alles vorbereiten mussten. Nichts leichter als das. Bei Sonnenaufgang brachen wir auf, und ein denkwürdiger Tag für uns alle begann.

Unser voller Lieferwagen fuhr sich, als wäre er schwanger, schleppte sich schwerfällig zu seinem Ziel. Es ging sehr langsam, weil er durch die ganzen Geräte sehr schwer war. Als wir auf das Feld kamen, blieb der Wagen plötzlich stehen. Ich konnte so viel Gas geben, wie ich wollte, wir rührten uns keinen Millimeter vom Fleck. Ich stieg aus und stellte fest, dass unsere Reifen im Boden feststeckten. Wir hatten noch ein ganzes Stück vor uns zu der Stelle, an der wir aufbauen wollten.

»Ich glaube das nicht. Ausgerechnet …« Mitch sah mich ungläubig an. Ich dachte dasselbe.

Unsere gesamte Ausrüstung befand sich in dem Wagen. Das Event sollte in zwei Stunden beginnen. Ich holte mein Handy heraus und suchte die Nummer des Abschleppdienstes.

Während ich das tat, probierte Louise, mich zu erreichen. Louise rief mich fast nie an, und wenn, dann war es immer dringend. Ich sagte Mitch, er solle an meiner Stelle den Abschleppdienst anrufen, es sei wichtig, dass ich diesen Anruf entgegennahm.

»Hi, Seán«, sagte sie. »Es tut mir furchtbar leid, dir das

sagen zu müssen, aber wahrscheinlich kann Barrie nicht mit diesem Flug kommen.«

Anscheinend war Barrie extrem aufgebracht gewesen und war in ihrer Transportbox durchgedreht. Da sie sich so aggressiv und gefährlich verhielt, würden sie sie höchstwahrscheinlich nicht ins Flugzeug lassen. Ihr gefiel es nicht in der Kiste. Ich konnte es ihr nicht verdenken.

»Das ist einer der schlimmsten Fälle von Panik, die ich je bei einem Hund gesehen habe«, fuhr Louise fort. Nicht gerade das, was ich hören wollte, zumal ich im Augenblick versuchte, ein anderes gewaltiges Problem zu lösen.

Noch anderthalb Stunden bis zu dem Beginn unseres Events, und ich schaute hinüber zu Mitch, der mich besorgt anschaute, nach dem Motto »Kumpel, wir haben noch nichts aufgebaut«, aber ich hing nach wie vor am Telefon mit Louise und versuchte, Barries Reiseschwierigkeiten zu klären.

»Okay, kein Problem. Was machen wir jetzt?«, fragte ich sie. Ich wollte Lösungen, und Louise war eine gute Problemlöserin.

»Sie ist noch nicht am Flughafen. Wir haben versucht, sie in den Transporter zu bekommen, aber es war etwas schwierig«, sagte sie. »Es wird nicht einfach, aber wir probieren, sie in den Wagen zu bekommen, und vielleicht hat sie sich etwas beruhigt, bis wir am Flughafen angekommen sind.«

Anscheinend waren wir nicht die Einzigen, die Probleme mit ihrem Lieferwagen hatten.

»Danke, Louise. Halte mich auf dem Laufenden.«

Auch Mitch hatte gerade sein Telefonat mit dem Abschleppdienst beendet.

»Zwei Stunden. So lang brauchen sie, bis sie hier sind.«

»Scheiße.«

Und scheiße war es. Wir waren am Arsch. Ich war mir nicht sicher, ob wir überhaupt irgendetwas von unserem Equipment auf das Feld bringen konnten, geschweige denn, es so aufbauen, wie wir geplant hatten. Ursprünglich sollten es zehn ausgeklügelte Hindernisstrecken sein, mit zu erfüllenden Aufgaben, und die Teams sollten gegeneinander antreten. Wenn wir das Event retten wollten, mussten wir improvisieren.

»Sollen wir absagen?«, fragte Mitch mit einem verzweifelten Unterton. »Wir haben noch nichts aufgebaut. Wir haben knapp eine Stunde, um uns etwas zu überlegen.«

Wir mussten das Event abändern. Ich durfte nicht an Barrie denken, ich musste mich um das hier kümmern, aber ich machte mir dennoch Sorgen um sie. Der schlimmste Fall von Panik, *den sie je gesehen hatte*?

Gerade trafen die ersten Mitglieder ein, also ging ich zum Treffpunkt, um mit ihnen zu reden. Manche von ihnen kamen in Kriegsbemalung, so sehr freuten sie sich auf die Aktion. Das bestärkte mich darin, dass ich sie nicht enttäuschen wollte. Wir hatten so viel über dieses Event geredet und einen fantastischen Tag versprochen, und nun schien es wie unser allererstes Bootcamp zu werden. Bloß hatten wir bislang nur ein großes Feld mit nichts darauf.

Mitten in meiner Ansprache rief Louise an.

Ich ging trotz allem ans Telefon.

»Sie ist nicht im Flugzeug, Seán. Ich rufe dich wieder an, wenn es etwas Neues gibt.«

Bei ihren Worten sank mir das Herz in die Hose. Aber ich konnte nicht allzu lang Trübsal blasen, denn wenn ich mich nicht auf das konzentrierte, was vor Ort vor sich ging, würde ich nicht der einzige Enttäuschte an diesem Tag sein.

Nun ging es nur darum, Zeit zu schinden. Nachdem ich den ersten Mitgliedern die Situation notdürftig erklärt hatte, funkte ich mein Team an, um herauszufinden, ob bereits irgendwer fertig war, doch das war nicht der Fall. Der Abschleppdienst kam früher als angekündigt, was, wenn man bedachte, was alles noch hätte schiefgehen können, eine große Überraschung war. Ein Großteil unserer Mitarbeiter bildete eine Kette. Sie liefen vierhundert Meter mit den Geräten hin und her, damit alles rechtzeitig an Ort und Stelle war. Das Team war fantastisch. Darin waren Mitch und ich uns einig. Sie haben sich richtig ins Zeug gelegt an dem Tag!

Nur eine Viertelstunde später rief Louise erneut an. Wie gesagt, die Frau ist wie der Terminator. Nichts kann sie aufhalten.

»Wir haben zwei Möglichkeiten. Die eine könnte klappen, die andere eher nicht.«

»Okay …«

»Am Dienstag gibt es einen Flug nach Jordanien. Du verbringst dort vier Tage mit Barrie, damit ihr euch annähern könnt. Vielleicht ist sie bei dir ruhiger. Dann fliegst du am Sonntag mit ihr nach Heathrow. Wäre das okay für dich?«

»Ich tue, was getan werden muss. Kein Drama.«

»Und dann ist da noch die eher unwahrscheinliche Möglichkeit.«

»Ich bin ganz Ohr.«

»Es sollen drei Tiere nach Paris reisen. Drei Tiere pro Person sind erlaubt, aber wir werden versuchen, ein paar

Hände zu schmieren und ein viertes Tier mitzuschicken. Ich rufe dich später wieder an.«

Und so rutschte ich von einem Dilemma ins nächste und wieder zurück. In einem Moment ging es nur um Barrie, im nächsten um meine Kunden, für die wir einen aufregenden Hindernisparcours, der einer militärischen Trainingseinheit nachempfunden war, aus der Erde stampfen mussten, dessen Bestandteile größtenteils noch in unserem Transporter lagen. Es war bereits ein Hindernislauf, alles an die richtigen Positionen zu schaffen.

Mitch sprach unterdessen mit den Männern vom Abschleppdienst. Er bat sie, den Transporter so schnell wie möglich wieder zum Laufen zu bringen. Zu diesem Zeitpunkt setzten Hektik und Panik ein. Das ganze Team war durcheinander. Fast dreißig Mitglieder unseres Studios wärmten sich an unserem Treffpunkt auf, und keiner von ihnen ahnte, dass noch nichts stand.

Zum Glück braucht man für sehr viele Übungen, die beim Militär gemacht werden, kaum Geräte. Wir ließen die Leute den Hügel hinaufkrabbeln, zu Checkpoints rennen, es gab sogar eine Mission, bei der allen die Augen verbunden wurden. Das verhinderte praktischerweise, dass sie sahen, wie wir aufbauten, war aber tatsächlich auch Teil des Programms. Irgendwie gelang es uns, bis zum Ende einen Großteil der Hindernisse aufzubauen.

Dann rief Judith an.

»Ich fliege nächste Woche nach Paris.«

Um ehrlich zu sein, war ich an diesem Punkt bereits so erschöpft, dass ich nicht richtig begriff, was das bedeutete.

»Paris?«

»Ja, ich bin noch im Gespräch mit Louise, aber möglicherweise kann ich Barrie mitbringen.«

»Sag mir einfach, wohin ich kommen soll, und ich werde da sein.«

Der Tag war ein einziges Auf und Ab. Am Ende war ich so durcheinander, dass ich nicht mehr wusste, was ich noch glauben sollte. Ich hatte schon dreimal damit gerechnet, dass Barrie bald bei mir sein würde, und jetzt war ich mir einfach nicht mehr sicher.

Ich hatte keine Ahnung, wie der Plan genau aussah, aber Louise sagte, sie würde mich später anrufen und mir alle Infos geben. Unser Event ging zu Ende, wir packten alles zusammen und fuhren zu meinem Kumpel Charlie. Wir brauchten alle den ein oder anderen Drink und mussten nach diesem chaotischen Tag erst einmal runterkommen.

Alle Mitglieder waren völlig platt, aber begeistert von dem Event. Erst als wir die Medaillen verteilten, erzählten wir ihnen, wie furchtbar der Aufbau gewesen war, und sie konnten es kaum glauben!

Charlie hatte eine »Willkommen zu Hause, Barrie«-Pizzaparty organisiert. Er wusste nicht, dass Barrie nicht den geplanten Flug genommen hatte. Es war ein bisschen deprimierend, aber die Pizza war gut. Wenigstens gab es Pizza.

Man konnte nur noch lachen in dieser Situation. Dieser Tag veranschaulichte Murphys Gesetz vom Feinsten.

»Unglaublich, was wir für ein Glück haben, Netty«, sagte ich und reichte ihr ein Bier. Nach diesem Tag hatten wir uns ein kühles Getränk verdient.

Im Laufe von Barries Willkommensparty erhielt ich wieder einen Anruf von Louise. Barrie würde mit Judith fliegen und am Samstag in Paris landen. In sechs Tagen.

»Du musst nach Frankreich kommen, um sie zu überführen.«

Netty und ich buchten auf der Stelle die Fahrt durch den Eurotunnel.

17

Nach dem Sport-Event fühlten wir uns wie durch die Mangel gedreht. Es war anstrengend gewesen, alles daran. Nicht nur das Bootcamp selbst, sondern auch das ganze Drumherum. Mental war ich völlig ausgelaugt, mein ganzer Körper schmerzte und protestierte in jeder Position, wie ich mich hinlegte. Ich konnte kaum die Augen aufhalten, so müde war ich.

Als ich am nächsten Morgen aufwachte, fiel mir wieder ein, dass Netty und ich tatsächlich Tickets für den Eurotunnel gebucht hatten und am Samstag nach Paris fahren würden.

Paris, Hauptstadt von Frankreich.

Um meinen Hund abzuholen.

Ich begann mit meinem üblichen morgendlichen Workout und dachte darüber nach, wie wahnsinnig der Sonntag gewesen war. Bei dem ganzen Trubel am Tag zuvor hatte ich mir gar nicht klargemacht, dass Louise in weniger als einer Stunde drei verschiedene Pläne aus dem Hut gezaubert hatte, um Barrie nach Hause zu bringen. Sie hatte Flugtickets für mich nach Jordanien in einer Zeitspanne organisiert, die die meisten Menschen brauchen, um morgens ihren Kaffee zu kochen. Sie ist eine unglaublich beeindruckende Frau.

Noch fünf Tage, bis Netty und ich nach Paris fahren würden. Das bedeutete, fünf Tage, um die Hütte in einen bewohnbaren Zustand zu bringen. Es würde nichts besonders Schickes sein, aber zumindest ein Platz zum Schlafen. Ich räumte sie ganz aus, sodass nur noch vier Wände standen. Ein Freund spendete ein Sofa, das sofort das Herzstück unseres neuen Zuhauses wurde. Tatsächlich war es das einzige Möbelstück, aber unsere Bleibe wurde allmählich gemütlich.

Freitagabend kam Netty zu mir. Netty hatte alles für unsere Fahrt vorbereitet. Sie fürchtete, wir könnten den Zug verpassen und bestand darauf, dass wir drei oder vier Stunden vor Abfahrt aufbrachen.

»Wir sollten um sechs Uhr morgens losfahren, man kann ja nie wissen, was passiert. Viel Verkehr. Ein Unfall. Wer weiß das schon?«

»Wenn wir um acht losfahren, haben wir genug Zeit und schaffen es immer noch pünktlich.«

Wir diskutierten eine Weile, und ich denke bis heute, an diesem Abend einige vernünftige, überzeugende Argumente vorgebracht zu haben. Dennoch entschieden wir, uns um sechs Uhr auf den Weg zu machen.

Am nächsten Morgen standen wir in aller Frühe auf. Netty hatte kaum geschlafen, sie war sozusagen der Wecker für den Wecker. Draußen war es noch dunkel, eine Laterne vor unserer Haustür erleuchtete einen kleinen Teil der Straße. Nettys Nissan Micra 2011 war auf dem Bürgersteig genau unter der Laterne geparkt. Das Auto war nie weiter als zehn oder zwanzig Kilometer gefahren. Netty benutzte es nie. Ich glaube, die längste Strecke, die sie mit diesem Auto gefahren war, war vor einigen Jahren nach Windsor, westlich von London, rund hundertzehn Kilometer von hier. Der Pariser Flughafen Charles de Gaulle lag knapp fünfhundert Kilometer entfernt.

»Bist du sicher, dass das Auto es schafft, Netty?« Ich drückte den Fuß auf das Gaspedal. Es startete ohne Probleme, aber nach ein paar Sekunden hörte man das immer lauter werdende Kreischen des Keilriemens – und dann plötzlich Stille. Nicht sehr vielversprechend.

»Klar, es ist ein Auto, oder?«

Am Ende war ich sehr froh, dass wir beschlossen hatten, uns früher auf den Weg zu machen. Wir kamen vor Sonnenaufgang los, und das bedeutete, wir konnten es entspannt angehen. Die Reise genießen. Wie schon erwähnt, liebe ich Autofahren. In Syrien hatte es eine seltsam therapeutische Wirkung auf mich. Ich war nervös wegen Barrie. In nur fünf Stunden würden wir sie sehen. Ich brauchte die Fahrt, um runterzukommen.

Atme, Seán. Atme.

Ich hatte auf Louises Rat hin die gesamte Woche in denselben Klamotten geschlafen, ohne sie zu waschen. Sie meinte, es könnte Barrie helfen, meinen Geruch wiederzuerkennen. Es war ein bisschen eklig, aber was tut man nicht alles für die Liebe!

Gegen sieben erreichten wir die Stadt Folkestone am Ärmelkanal. Als wir ankamen, ging gerade die Sonne auf. Wir waren rund zwei Stunden vor der gebuchten Abfahrt um halb zehn da. Das war gut, Netty hatte recht gehabt. Man kann nie vorsichtig genug sein in solchen Dingen. Am Terminal wurde uns gesagt, dass wir vielleicht sogar einen früheren Zug nehmen konnten – eine kleine Genugtuung für Netty. Wir hielten an einem *LEON* in der Nähe des Terminals, um zu frühstücken. Ich aß Muffins und trank einen heißen Kakao. Vor dem Laden kaufte ich jemandem eine Gedenk-Mohnblume ab.

»Glaubst du wirklich, sie wird mich wiedererkennen?«, fragte ich Netty. Es war eine Mischung aus Small Talk und echter Sorge.

»Vielleicht nicht sofort, aber irgendwann bestimmt. Ganz sicher. Und wenn sie mich sieht, weiß sie bestimmt auch gleich, dass ich ihre Mama bin.«

Meine Unruhe nahm zu. Louise hatte gesagt, dass Barrie in Jordanien extrem aggressiv gewesen war, und sie war mittlerweile ein großer Hund. Viel größer als damals, als ich sie einfach so auf den Arm nehmen konnte. Ich bezweifelte, dass das überhaupt noch möglich sein würde.

Nach dem Frühstück fuhren wir zum Zug, aber als wir ankamen, blinkte ein rotes Licht auf.

Wir hatten ihn um Haaresbreite verpasst.

»Siehst du, deshalb macht es Sinn, früh zu fahren.«

Netty, selbstgefällig wie immer.

Wir warteten in unserer Spur darauf, dass das Licht wieder grün wurde. Netty faszinierte der Eurotunnel, durch den sie noch nie gefahren war. Zuerst ging es auf eine Rampe, dann auf eine Brücke, und dort wartete der Zug auf uns. Die Tür glitt auf, und wir fuhren bis ganz ans Ende des Zuges.

Netty flippte aus.

»Wir sind in einem Auto in einem Zug«, sagte sie. »Wie verrückt ist das denn?«

Wir fuhren mit einem Nissan Micra nach Paris, der wahrscheinlich irgendwann auf dieser Reise eine Panne haben würde, um einen Hund abzuholen, den ich in Syrien gefunden hatte, damit wir ihn mit nach Essex nehmen konnten, wo wir zusammen in einer Hütte leben würden. Ich glaube, mit einem Auto auf einem Zug zu fahren erschien mir unter diesen Umständen nicht mehr ganz so absurd.

»Ja, total verrückt …«

Es dauerte etwa eine halbe Stunde bis Calais.

Nachdem wir vom Zug herunterfuhren, erkannten wir schon an den Schildern, dass wir in Frankreich waren. Wir hielten als Erstes an einer Tankstelle. Netty hatte die Aufgabe zu bezahlen. Es war schließlich 2018. Aber sie fand nicht heraus, wie das ging. Sie blickte sich um wie ein verirrter Welpe und wedelte mit ihrer Karte in der Hoffnung, dass irgendjemand auf sie aufmerksam würde.

Plötzlich ertönte eine Stimme durch den Lautsprecher und sagte etwas auf Französisch. Ich glaube, sie wollte Netty mitteilen, wo man bezahlen konnte. Ich zeigte ebenfalls in die Richtung, aber Netty sah mich nur zweifelnd an, als wäre Mit-dem-Finger-Zeigen auf französischem Boden kein universelles Mittel der Kommunikation mehr.

»Da drüben!«, murmelte ich, immer noch auf das Kassenhäuschen weisend, wo man bezahlen konnte. Ich riss die Augen auf, wie um ihr vorzumachen, dass sie in die Richtung gucken sollte, in die ich sah. Es hätte nicht eindeutiger sein können.

In diesem entscheidenden Moment riefen mich die Handwerker an, um mir zu sagen, dass sie das Dach der

Hütte nicht machen wollten, aber ich hatte in diesem Moment kein Ohr für die Handwerker. Ich wollte nur meine Barrie wiederhaben. Wenn es durch unser Dach regnete, dann war das eben so. Barrie hatte schon Schlimmeres erlebt, und ich auch.

Durch den Eingriff göttlicher Mächte gelang es Netty, das Kassenhäuschen zu finden und unsere Tankfüllung zu bezahlen. Endlich konnten wir die Reise zum Charles de Gaulle fortsetzen.

Es machte mir Spaß, Netty aufzuziehen. Ihre Reaktionen waren die reinste Freude. Man konnte sie so leicht ärgern, und sie verdrehte immer die Augen über mich. Ein bisschen wie Barrie. Ich hatte eine lange Country-Playlist dabei. Netty hasst Country. Ich spielte die Musik fast die ganze Fahrt über, aber sie sagte nichts. Ich glaube, sie gönnte mir die Genugtuung nicht. Johnny Cash. Willie Nelson. Brad Paisley. Das Beste, was Country zu bieten hatte, extra für Netty. Ich ließ es so lange laufen, bis sie irgendwann genug hatte. Dann musste ich die Songs aus dem Musical *Greatest Showman* ertragen, die an sich sehr gut sind, auch der Film ist super, nur Nettys inbrünstiger Gesang dazu war schwer zu ertragen.

»Okay, Seán, spiel etwas anderes.«

Noch ungefähr eine Stunde Fahrt, und sie gab klein bei. Das hatte sich gelohnt.

Wir brauchten insgesamt zweieinhalb Stunden bis zum Flughafen. Netty und ich sprachen viel über Barrie, und je mehr wir uns dem Flughafen näherten, desto stärker wurde mein Gefühl, dass ich mir gleich vor Aufregung in die Hose machen würde.

Wir parkten und gingen in die Ankunftshalle.

Während wir warteten, kam es mir immer absurder vor, was wir da taten. Ich stand hier wie alle anderen, die auf ihre Angehörigen oder Freunde warteten. In meinem Kopf lief es ab wie in einem Hollywood-Schinken: Ich würde Barrie in der Ferne entdecken. Unsere Blicke würden sich begegnen, und wir würden in Zeitlupe aufeinander zulaufen.

Ich weiß nicht, wie ich auf diese Möglichkeit kam. Immerhin war sie ein Hund. Wenn unsere Blicke sich treffen sollten, musste ich wahrscheinlich auf allen vieren gehen. Zum anderen steckte sie wahrscheinlich in einer Transportbox. Wenn meine Blicke sich mit dem eines anderen Wesens trafen, dann würde es also aller Voraussicht nach Judith sein.

Nervös glitt mein Blick immer wieder auf die Ankunftstafel. Ich suchte den Flug aus Jordanien. Die Maschine war pünktlich gelandet, Barrie sollte also bald rauskommen.

Ich hielt das schmutzige T-Shirt in der zittrigen Hand, das ich die ganze Woche getragen hatte, und kam mir unglaublich doof vor.

»Beruhige dich, Seán.«

»Ich bin ruhig. Beruhig du dich doch.«

Die Leute fingen an, mich anzustarren. Vielleicht dachten sie, es würde eine dieser rührseligen Geschichten, wenn Militärs ihre Familie nach einer langen Zeit im Krieg wiedersehen, da ich meinen Army-Rucksack und das Hundegeschirr für Barrie dabeihatte.

Wir warteten etwa eine Dreiviertelstunde, in der ich unruhig kleine Kreise drehte. Wir sahen unzählige Menschen kommen und gehen, aber keine Barrie. Wo war sie?

Vielleicht war das alles zu schön, um wahr zu sein. Diese ganze Geschichte ergab überhaupt keinen Sinn. Barrie und ich wieder vereint? Das passte nicht zu mir. Es passte nicht zu der Komödie, die mein Leben war. Von einem Hund versetzt werden? Das schon eher. Oder dass der Flug plötzlich gecancelt oder umgelenkt worden war.

Ich wurde ein bisschen panisch.

Ein bisschen sehr sogar.

»Ich höre Hunde!«, rief ich auf einmal.

Ich weiß nicht, wie viele es waren, aber sie klangen alle sehr aggressiv und definitiv nicht nett. Kurz darauf kam Judith durch die Tür. Dem Bellen nach rechnete ich mit mindestens vier riesigen Hunden, was sich zu bestätigen schien, als sie mit drei oder vier Boxen auf uns zukam. Aber als sie in unser Blickfeld kam, sah ich keine anderen Hunde. Nur einen. Diese Laute kamen nicht von vier rasenden Kötern, sondern von einem. Barrie. *Meiner* Barrie.

Sie war völlig außer sich. Sie hatte wenig Ähnlichkeit mit dem süßen kleinen Ding, das ich in Syrien gefunden hatte, sie war ein großer, wütender Hund. Wie der meines Nachbarn, der mich gebissen hatte, als ich ein Kind war. Ich fing wieder an zu zittern, aber nur leicht, und ich gab mir Mühe, es zu verbergen.

Beim Gedanken an den Nachbarshund musste ich lachen, denn ich erinnerte mich daran, wie ich Barrie zum ersten Mal gesehen hatte. Ich hatte Angst gehabt, sie könne mich beißen, obwohl sie damals nicht größer als ein Fußball war, und jetzt hatte ich wieder dieselbe Angst. Und auch sie hatte Angst, sie war nicht aggressiv. Es war wie bei unserer ersten Begegnung. Ich konnte mir kaum ansatzweise vorstellen, wie Furcht einflößend diese ganze

Aktion für sie gewesen sein musste. Ich wusste, ich würde mir ihr Vertrauen wieder verdienen müssen. Genau wie in Syrien.

Obwohl sie so anders aussah, kam sie mir vertraut vor. Ich hoffte, dass es ihr ähnlich ging. Jedenfalls hatte ich mich äußerlich kaum verändert, sie hatte also wirklich keine Ausrede.

Mir fiel dieses T-Shirt wieder ein, das ich eine Woche lang getragen hatte, und so schräg mir Louises Idee auch erschien, ich zog es aus der Tasche und probierte es damit.

»Das ist so albern, Netty«, sagte ich und lachte nervös.

»Tu's einfach. Na los.«

Netty duldete kein Herumeiern. Und ich hatte so etwas wie einen Nervenzusammenbruch.

Ich streckte den Arm vorsichtig in Richtung Barries Box aus und hielt das T-Shirt fest in der Hand. Je näher ich ihr kam, desto dämlicher fühlte sich das an. Und, zu niemandes Überraschung, funktionierte es nicht. Sie sah mich einfach an, als wäre ich verrückt, bevor sie erneut losbellte, von Mal zu Mal wilder.

»Kommt, wir müssen sie zu eurem Auto bringen«, unterbrach Judith diesen Augenblick absoluten Wahnsinns.

»Ich glaube, sie erkennt mich nicht«, flüsterte ich Netty zu. Das machte mich wirklich traurig. Obwohl ich den ganzen Tag über schon eher pessimistisch gewesen war, hatte ich insgeheim doch gehofft, dass sie noch wissen würde, wer ich war. »Sie hat keinen Plan, wer ich bin.«

Unser Wiedersehen lief nicht so ab, wie ich es mir ausgemalt hatte. Kein lächerliches Quer-über-den-Flughafen-Rennen. Wir waren bloß ein wütender Hund und ein verängstigter Soldat in einer Ankunftshalle. Die vergangenen sieben Monate hatten zu diesem Moment geführt, und nun war ich einfach nur traurig. Wenn sie mich jetzt nicht erkannte, gab es dann überhaupt eine Chance, dass sie es jemals tun würde?

»Mach dir darüber nicht zu viele Gedanken«, sagte Judith tröstend. »Es dauert immer etwas. Ihre Reise hierher war sehr, sehr lang.«

Ja. Das war sie wirklich.

Von Syrien in den Irak, von dort nach Jordanien und dann nach Paris. Und nun würde sie im Auto mit jemandem nach Essex fahren, den sie nicht einmal erkannte.

Sie schäumte und knurrte, als wir sie zum Parkplatz schoben. Es war noch hell, und wir dachten, es würde ihr guttun, sich ein wenig die Beine zu vertreten. Also hielten wir unterwegs und öffneten die Box. Judith gelang es irgendwie, die Leine zu befestigen, und ich versuchte – ziemlich bemüht – Barrie zu streicheln, um sie zu beruhigen, aber davon wollte sie nichts wissen.

Ich führte sie an der Leine, damit sie pinkeln konnte, das hatten wir schließlich immer so gemacht, aber sie hatte solche Angst, dass ihre Beine zitterten und sie sich nicht hinhockte. Es war klar, dass dies ein längerer Prozess werden würde. Wir brachten sie zurück in die Box und dann zum Parkhaus, wo unser mächtiger Micra auf uns wartete. Wir drehten auch dort ein paar langsame Runden zwischen den geparkten Autos.

»Beiß mich nur nicht, ja, Barrie?«, bat ich sie leise. »Ich bin's, Seán.«

Sie warf mir einen »Wer ist dieser Typ?«-Blick zu, ich streichelte sie ganz vorsichtig, und Judith beschloss, uns an diesem Punkt unserem Schicksal zu überlassen.

»Alles Gute, Seán. Hat mich gefreut, euch beide kennenzulernen. Vielmehr euch drei.«

Sie sagte Barrie, sie werde sie vermissen. Netty war kurz davor, in Tränen auszubrechen. Judith hatte Barrie lieb gewonnen, wie jeder, der mit ihr zu tun hatte. Es war ein merkwürdiges Gefühl, zu sagen, dass sie mein Hund war – es kam mir eher so vor, als würde sie allen gehören. Wobei ich in diesem Moment erst einmal herauszufinden versuchte, ob sie überhaupt zu irgendjemandem gehören *wollte*.

Auf uns wartete noch eine zusätzliche Überraschung. Aus irgendeinem Grund hatten wir gedacht, wir würden Barrie auf den Rücksitz des Micra setzen. Uns war nicht bewusst gewesen, dass wir die Transportkiste, in der sie gekommen war, mitnehmen mussten. Sie war riesig und passte auf keinen Fall in unser kleines Auto.

Wir mussten sie aufstemmen, in zwei Hälften teilen und die eine in die andere legen, um sie ins Auto zu bekommen. Wie Barrie in der halben Box saß, erinnerte mich daran, wie sie in Syrien in der Obstkiste gehockt hatte. Es sah genauso aus wie damals. Und das Prinzip war auch dasselbe: Zwei ineinander gestapelte Kisten. Mich überkam eine Welle der Nostalgie. Das war meine Barrie – sie wusste es nicht, aber sie war es.

Der Micra war nun ziemlich voll. Er war nicht gemacht für zwei Insassen und einen riesigen Hund. Barrie steckte den Kopf zwischen den beiden Vordersitzen hindurch. Ich hoffte, sie würde nicht auf die Idee kommen, während der Fahrt nach mir zu schnappen.

»Barrie, wenn du auch nur darüber nachdenkst, mich zu beißen, bitte ich dich, an die Sicherheit im Straßenverkehr zu denken. Es geht nicht nur darum, dass du mein Leben in Gefahr bringen würdest, wir müssen auch an die anderen Autofahrer denken.«

Sie biss mich nicht, sondern schlief fast augenblicklich ein, nachdem wir losgefahren waren. Ihr Bellen hatte sich verändert, aber ihr Schnarchen war noch genauso, wie ich es in Erinnerung hatte. Wir fuhren ungefähr eine Stunde mit ihrem Schnarchen als Hintergrundrauschen. Ich glaube, Netty hätte Country-Musik vorgezogen.

Wir hielten für eine kurze Toilettenpause in Lens. Barrie wachte auf, und Netty und ich waren uns einig, dass dies eine gute zweite Gelegenheit dafür war, sie herumzuführen, bevor es dunkel wurde.

Barrie war mittlerweile relativ ruhig, aber wir wussten nicht, was uns erwartete, wenn wir den Kofferraum öffneten. Wir wussten nicht, ob uns meine Barrie entgegenkommen würde oder ob wir damit einem Raubtier die Gelegenheit zur Flucht gaben. Zur Sicherheit hatten wir viele Leckerlis mitgebracht, mit denen wir sie bestechen konnten. Es waren solche von der edlen Sorte, wie wir sie uns wahrscheinlich nicht noch einmal würden leisten können, aber wir hatten damit gerechnet, dass wir sie in dieser Situation eventuell brauchen würden.

Barrie sprang heraus. Es war kalt; ich hoffte, dass sie nicht fror. Sie bellte nicht, sie sprang mich nicht an. Sie war ganz ruhig. Ich ging mit ihr in Kreisen über den Parkplatz, führte sie langsam herum, damit sie sich an alles gewöhnen konnte. Während wir spazieren gingen, blieb sie immer nahe an meinem Bein. Irgendwann schnüffelte sie an meinem Oberschenkel.

Es war ein stiller, intimer Moment. Wir liefen weiter im Kreis. Ich war bereit, das so lange zu tun, bis sie stehen bleiben wollte. Dann fing sie an, mich zu umrunden wie ein Hai. Sie war neugierig. Vielleicht erinnerte ich sie an etwas. Sie schnupperte noch einmal an mir, um einen genaueren Geruchseindruck zu bekommen. Ich überlegte, ob ich das alte T-Shirt noch einmal hervorholen sollte, verwarf den Gedanken aber schnell wieder.

»Ich glaube, sie erkennt mich doch, Netty.«

»Das glaube ich auch.«

Nach kurzem Überlegen scheint etwas klick gemacht zu haben bei Barrie. Plötzlich ließ sie sich zu meinen Füßen auf den Boden fallen, den Bauch nach oben gereckt, die Pfoten in meine Richtung gestreckt. Sie wollte spielen. Sie wusste, wer ich war.

»Na, mein Mädchen?«, sagte ich. Ich hatte so lange darauf gewartet, das wieder zu ihr sagen zu können.

18

Wir spielten noch ein bisschen auf dem Parkplatz in Lens. Es war wie ein Traum. Ich musste mich die ganze Zeit kneifen. Unglaublich, dass ich wirklich mit Barrie dort war. In gewisser Weise wollte ich nicht, dass dieser Moment jemals aufhörte, als würde der Zauber gebrochen, wenn wir weiterführen, als würden wir uns dann wieder verlieren, und diesmal für immer.

Aber es war schon fast Abend, die schwache Sonne hatte sich bereits verzogen, und die Novemberluft war ausgesprochen frisch, also mussten wir uns auf den Weg nach Calais machen. Das war der nächste Test: Wie würde sie nun auf das Auto reagieren? Ich hatte keinen Schimmer. Sie war ein großer Hund. Wenn irgendetwas sie erschreckte und sie hinten randalierte, konnte wer weiß was passieren. Nervös klappten wir die Rücksitze herunter und lockten Barrie zurück in ihre Box.

»Braves Mädchen«, sagte ich beruhigend, wartete auf das leise Ächzen, das sie in Syrien von sich gegeben hatte, wann immer sie sich bewegen musste – ein brummelndes »Ach, das Leben ist so hart«. Ich hörte nichts. Das war doch meine Barrie, oder? Vorsichtig streichelte ich sie und wartete auf eine Reaktion.

Zu unserer Erleichterung machte sie es sich ohne großes Theater wieder gemütlich. Vielleicht holten sie die Anstrengungen der letzten vierundzwanzig Stunden ein. Als wir losfuhren, zuerst langsam, saß sie in ihrem improvisierten Körbchen, steckte aber den Kopf heraus und legte ihn zwischen Fenster und Beifahrersitz auf Nettys Schulter. Netty strich ihr über den Kopf. Das schien Barrie zu gefallen. Sie schloss die Augen. Es war die Barrie, die ich kannte, so friedlich döste sie damals auf unseren Autofahrten in Syrien. Ich begann, in den Erinnerungen an all die Fahrten zu schwelgen, die wir nach Rakka und zurück gemacht hatten. Es wirkte surreal, so weit weg. Nicht einmal ein ganzes Jahr war vergangen, seit Barrie und ich in diesem Kriegsgebiet gelebt hatten und sich unser Alltag vollkommen anders gestaltete, als er es nun tun würde. Ich hatte trotzdem alles noch vor Augen, als wäre es gestern gewesen. Ich sah Barrie vor mir, die am Fenster unseres Wagens zuschaute, wie die Welt vorüberzog. Damals hatte ich mir vorgestellt, wie es wäre, wenn sie aus einem dieser staubigen Land Cruiser hinausblicken und Felder, Blumen und Kühe sehen würde statt Staub, Schutt und einer unbelebten Landschaft. Nun musste ich mir das nicht mehr vorstellen: Barrie war mit mir im Auto, in einem winzigen, so gut wie nie genutzten Nissan Micra, und da draußen wartete eine vielversprechende Welt auf sie.

Ich dachte an all das, was ich ihr zeigen wollte – mein Haus, meine Freunde, meine Heimatstadt. Ich wollte sie mit zur Arbeit nehmen, mit ihr angeben. Nun würde es tatsächlich passieren.

Es ist eigenartig. Man verbringt so viel Zeit damit, sich auszumalen, wie ein bestimmtes Ereignis aussehen wird, wie es das eigene Leben verändern wird, und wenn es dann eintritt, ist man einfach sprachlos, wie gelähmt wegen der Unfassbarkeit des Augenblicks. Zum Glück war ich trotz meiner metaphorischen Lähmung noch in der Lage zu fahren, aber ich konnte es wirklich nicht so richtig begreifen.

Ich rechnete jedoch mit allem. Obwohl es nur noch eine Stunde bis Calais war, war es eine lange, angespannte Fahrt. Barrie hatte die Augen geschlossen. Sie schien es zu genießen, dass Netty sie kraulte. Aber ich fürchtete, sie könnte jeden Moment aufwachen und austicken, weil sie nicht wusste, wo sie war.

Ich hätte mir keine Sorgen machen brauchen. Sie schlief praktisch den ganzen Weg bis Calais. Bevor wir auf den Zug mussten, hatten wir noch etwas Zeit, also hielten wir bei *McDonald's*, um etwas zu essen zu holen. Barrie schlief immer noch wie ein Stein und rührte sich dann nur, um ein wenig herumzuschnüffeln, sich zu kratzen und einmal zu strecken. Erleichtert darüber fuhren wir zum Zug.

»Wir haben alle Dokumente, oder?«, fragte Netty, als der Zug sich in Bewegung setzte.

Es war deutlich, wie nervös sie war, denn das war bestimmt das hundertste Mal, dass sie das fragte! Ich beruhigte sie, erklärte, wir hätten alles, was wir benötigten, wir hatten uns schließlich auf alles vorbereitet. *Sie* hatte uns auf alles vorbereitet.

»Was, wenn sie Barrie und mich nicht reinlassen? Du weißt schon, der Brexit steht vor der Tür«, sagte sie in dem Versuch, mich aufzumuntern, weil sie wusste, dass auch ich nervös war.

»Du musst dir keine Gedanken machen, du bist schließlich britische Staatsbürgerin«, sagte ich. »Und Barrie hat es über die Grenzen von Syrien, dem Irak und Jordanien geschafft. Sie wird garantiert nicht im verdammten Großbritannien abgewiesen werden!«

Obwohl ich mich so sicher gab, war ich genauso aufgeregt wie sie. Das war der nächste große Test: Wir kamen auf der britischen Seite des Tunnels an und mussten zu einem gesonderten Eingang für Reisende mit Haustieren fahren. Das war logischerweise etwas, was ich noch nie getan hatte, ich wusste also nicht, was uns erwartete. Ich holte Barrie aus dem Auto. Sie schien meine Anspannung zu spüren, denn sie blieb die paar Schritte, die wir zu dem Beamten gingen, dicht an meiner Seite. Das war der Moment der Wahrheit. Es war Viertel vor elf, und ich war mir nicht sicher, ob die späte Stunde ein Problem darstellen würde, falls es Schwierigkeiten gab. Falls welche auftreten würden, wäre es ein langer Weg zurück nach Frankreich. Keine Ahnung, wie lange der Beamte schon Dienst hatte, aber sein Verhalten schien darauf hinzudeuten, dass er eigentlich lieber woanders wäre.

»Die Papiere, bitte«, sagte er. Ich gab sie ihm.

Er holte einen kleinen Scanner, mit dem er über Barries Körper fuhr. Sie stand da wie eine Eins, aber ich hatte einen kurzen Anflug von Panik. Was, wenn das, was er auslas, nicht zu dem passte, was in den Dokumenten stand? Würden wir dann zurück nach Frankreich müssen, bis alles geklärt war? Nach einer halben Ewigkeit sagte er: »Perfekt. Sie können weiterfahren.«

Fantastisch! Die Dokumente waren in Ordnung.

War Paws hatte wirklich ganze Arbeit geleistet.

Barrie war so gut wie zu Hause!

Die nächste Etappe unserer Reise verging wie im Flug. Von Folkestone aus waren es anderthalb Stunden bis nach Hause, also hielten wir in Ashford noch einmal, damit Barrie sich ein wenig bewegen und ihr Geschäft erledigen konnte.

In Lens hatte sie sich hingelegt zum Pinkeln. Judith und ihre Kollegen meinten, das würde sie so lange machen, bis sie sich etwas sicherer fühlte. Als sie in Ashford aus dem Auto kletterte, war sie nach wie vor auf der Hut. Sie hielt die Nase in die Luft gestreckt, blieb aber nah an meinem oder an Nettys Bein. Sie wollte sich offensichtlich nicht allzu weit von uns entfernen. Aber dann, als wüsste sie, dass sie fast am Ziel war, hockte sie sich hin und pinkelte wie jede normale Hündin. Das klingt so banal, aber für uns war es, als hätten wir wieder einen Meilenstein erreicht. Diese einfache Handlung hatte uns gezeigt, dass sie etwas entspannter war, und so, wie sie an meinem Bein klebte, hatte ich den Eindruck, sie erinnerte sich an unsere alte Verbindung. Nun mussten wir sie nur noch nach Hause bringen.

Als wir bei meinen Eltern vorfuhren, war es halb ein Uhr nachts. Ich parkte den Micra wieder unter derselben einsamen Straßenlaterne, die nach wie vor unser Haus beleuchtete. In Wirklichkeit war der unglaublichste Teil der Geschichte vielleicht die Tatsache, dass der Micra die ganze Fahrt ohne Probleme mitgemacht hatte.

Ich weckte Barrie und klippte die Leine an ihr Halsband. Sie stieg aus. Hier würde sie nun wohnen. Ich ließ sie herumschnüffeln, sich ein wenig sammeln. Die ganze

Geschichte war schon für mich verrückt, aber für sie muss es der absolute Wahnsinn gewesen sein.

»Komm, Barrie, lass uns reingehen. Hier ist dein neues Zuhause«, sagte ich, als ich sie zum seitlichen Gartentor brachte. Ich wollte sie wegen Dads Allergie vorerst nicht ins Haus lassen. Als Erstes erkundete sie den Garten. Dann schnupperte sie an der Hütte herum. Mum und Dad standen in der Küche, von wo aus die Glastür zum Garten führte. Meine Mutter mag große Hunde nicht so, und als sie Barrie zuschaute, die durch den Garten wanderte, sah ich, wie ihr Mund die Worte formte: »Oh Gott, ist die riesig!«

Als ich wieder zu Barrie schaute, dachte ich, dass Mum recht hatte. Barrie war tatsächlich riesig. Sie hatte einmal so kurze, pummelige Beinchen gehabt; selbst wenn sie versucht hatte zu rennen, war sie nie weit gekommen, aber nun waren ihre Beine lang. Sie machte den Eindruck, als wäre sie schnell, und trotz der langen Reise wirkte sie gut in Form. Eine Schönheit.

»Wow«, sagte ich zu Netty. »Barrie ist zu Hause.« Unglaublich, dass wir es geschafft hatten.

Wir brachten sie in die Hütte, und sie tat sich vorsichtig schnuppernd im Inneren um. Es dauerte nicht lange, bis sie alles abgeschnüffelt hatte.

»Schau mal, Barrie, dein neues Bett«, sagte ich und klopfte auf das Hundebett, das ich für sie gekauft hatte. Sie schaute mich an, als wollte sie sagen: »Ja, sehr gut«, und sprang hinein. Sie schnüffelte auch hier, dann drehte sie sich ein paarmal im Kreis, kratzte sich ihre Decken zurecht und ließ sich hineinplumpsen.

Das war meine Barrie! Genauso hatte sie es in Syrien auch immer gemacht.

Sie machte es sich gemütlich, und da war es. Das leise Ächzen, das ich so gut kannte und so sehr vermisst hatte.

»Das Leben ist hart«, sagte Barrie.

Kann schon sein, meine Liebe. Aber jetzt würde es ein ganzes Stück besser werden – für uns alle.

19

»Wuff! Wuff!«

Träumte ich? Wir waren alle sofort tief und fest eingeschlafen – erschöpft von der endlosen Reise und dem mentalen Auf und Ab –, und als ich aufwachte, brauchte ich einen Moment, um zu begreifen, was los war.

Es war acht Uhr, und wir waren in der Hütte. Und es war Barrie, die da bellte, weil sie hinaus in den Garten wollte!

Ich war verblüfft, wie schnell es sich anfühlte, als hätte ich die alte Barrie wieder. Sie sprang auf dem Bett herum, kaute auf jedem Stück Holz, das sie finden konnte – alles wie in Syrien. Sie tat gerade genau das, was sie dort auch getan hatte. Ich ließ sie hinaus, damit sie ihr Geschäft erledigen konnte, und dann kam sie wieder hereingesprungen, machte einen Satz auf meine Brust und wollte spielen, ihr Schwanz wedelte wild von links nach rechts. Das zauberte sofort ein Lächeln auf mein Gesicht, auch wenn ich Mühe hatte zu atmen, weil ich ihr neues Gewicht noch nicht gewohnt war. Ich glaube, sie selbst wusste auch nicht, wie groß sie inzwischen war.

»Guten Morgen, Barrie. Dir ist schon klar, dass du kein kleiner Welpe mehr bist, oder?«, fragte ich, während sie mich tief in die Matratze drückte. Eins war klar. Barrie war wach. Wir mussten alle aufstehen. Sie wollte ihre neue, spannende Welt erkunden. Das Wichtigste zuerst – wir brachten sie zum Haus. Sie ängstigte sich ein wenig vor dem, was hinter der Glastür zur Küche liegen mochte, setzte zuerst eine Pfote hinein und versuchte unsicher, schnuppernd einen vertrauten Geruch zu erhaschen. Dann schob sie sich ganz hinein und schaute sich um. Die Küche meiner Eltern ist L-förmig, und das Erste, was sie entdeckte, war der Esstisch mit dem Kühlschrank daneben. Sie erschnüffelte den ganzen Raum, und das sollte auch erst einmal alles sein – sie war in Syrien dafür bekannt gewesen, überall hinzupinkeln, und ein flüssiges Geschenk für Mum und Dad wäre wohl nicht der beste Weg, um sich bei ihnen beliebt zu machen. Wenn sie sich benahm, konnte sie mit der Zeit vielleicht den Rest des Hauses entdecken.

Anfangs fürchtete meine Mutter sich ein wenig vor ihr, aber nachdem sie Barrie einmal erlaubt hatte, sie von oben bis unten zu erschnuppern, war die Verbindung zwischen den beiden hergestellt, und es dauerte nicht lange, bis Mum sich aufführte, als hätte sie ein zweites Enkelkind. Sie ist diejenige, die Barrie am häufigsten heimlich Leckerchen zusteckt. Auch Dad kam ganz gut mit ihr zurecht. Je mehr Zeit er in ihrer Nähe verbrachte, desto stärker wurde nur leider seine allergische Reaktion, aber alles in allem war die Allergie nicht so schlimm, wie wir befürchtet hatten.

»Kaum zu glauben, dass sie hier ist. Sie ist wirklich hier. Es gibt sie wirklich«, sagte Dad. Mir ging es genauso. Er sah stolz aus. Ich glaube, von allem, was ich je getan habe, flößte ihm das hier den meisten Respekt ein.

Ich musste lächeln. Dad hatte seit jeher enormen Einfluss auf mich. Ich wollte sein wie er, weil er aus jeder Situation, in die er hineingeworfen wurde, das Beste machte. Als wir Kinder klein waren, war unser Wohnumfeld schrecklich. Jetzt lebten wir in diesem schönen Haus. Das Haus, in dessen Garten Barrie und ich wohnten, hatte mein Vater aus dem Nichts erbaut.

Und als ich nun dasaß und mit ihm Tee trank, spürte ich, dass ich ihm mehr und mehr ähnelte. Wir hatten keine großen Ansprüche als Kinder, aber Dad hatte stets dafür gesorgt, dass wir alles bekamen, was wir brauchten. Er hatte jahrelang keine richtige Stelle, aber er arbeitete immer irgendetwas. Drei oder vier Jobs gleichzeitig, so genau wusste man das nie. Und wenn ich aus der Schule nach Hause kam, hatte er trotzdem Zeit für uns. Ich war richtig schlecht in der Schule, und er half mir jeden Abend bei den Mathehausaufgaben. »Disziplin, Disziplin, Disziplin« war sein Mantra. Er hörte nie auf, das umzusetzen. So war er einfach. Probleme waren nichts, worüber man sich Sorgen zu machen brauchte, bloß etwas, was auf eine Lösung wartete. Selbst der Krebs kriegte ihn nicht unter, er erlaubte sich nie, sich von Emotionen beherrschen zu lassen. Er suchte einfach nach Auswegen. Er war vielleicht nicht im Krieg gewesen wie ich, aber er war ein Kämpfer.

»Kein Drama, Dad«, hatte ich ihm damals gesagt. Denn so war mein Dad, wenn etwas schiefging – nie machte er ein Drama daraus.

Ich wollte für Barrie sein, was Dad für mich war.

Als die erste Vorstellungsrunde vorbei war, ließen wir sie ein wenig im Garten herumlaufen, damit sich ihre

Sinne an alles darin gewöhnen konnten. Auch wenn das Stückchen Wiese nicht besonders groß ist – für sie war es eine völlig andere Welt. Wahrscheinlich gab es dort Tausende neuer Gerüche und Geräusche, die sie erst einmal kennenlernen musste. *War Paws* hatte uns geraten, in den ersten Tagen keine langen Spaziergänge mit ihr zu machen. Als Erstes mussten wir mit ihr zum Tierarzt für einen Check-up, also vereinbarten wir einen Termin für ein paar Tage später. Dann war es wichtig, ihr drei oder vier Tage Zeit zu geben, sich an ihr neues Zuhause zu gewöhnen. Zeigten wir ihr zu früh zu viel, bestand die Gefahr, dass sie dichtmachte. In den ersten Tagen spielte ich also mit ihr im Garten und versuchte herauszufinden, an wie viel von dem, was sie in Syrien gelernt hatte, sie sich erinnerte.

Die kurze Antwort? An nichts!

In Syrien war Barrie meistens ohne Leine herumgelaufen. Da ich damals bereits wusste, dass wir viele Monate getrennt voneinander verbringen würden, war mein Plan gewesen, ihr einiges richtig gut beizubringen, sodass sie eine Reihe Kommandos und Tricks so tief verinnerlichte, um sie noch aufzurufen, wenn sie nach Großbritannien kommen würde. Ich war erstaunt gewesen, wie schnell sie gelernt hatte. Im Lager war sie auch ständig an meiner Seite gewesen. Zu ihrer eigenen Sicherheit hatten wir ihr eine improvisierte Leine angelegt, wenn wir draußen arbeiteten, aber ansonsten brauchte sie keine. Heute war mir völlig klar: Das stundenlange Training mit ihr, als sie noch ein Welpe war, war völlig umsonst gewesen.

Zumindest hatte sie einen gesunden Appetit, was mich aufmunterte. Ich hatte sie in der Hütte gefüttert, und bislang hatte sie alles heruntergeschlungen, als gäbe es kein Morgen. Das war eine Erleichterung. Eine andere Sorge war nämlich gewesen, wie sie auf das Hundefutter in Großbritannien reagieren würde. Im Lager in Syrien hatte ich Zugang zum Trockenfutter der Militärhunde gehabt, dazu bekam sie jedwedes Fleisch, das wir aßen, und etwas Reis. Die Köche dort waren so nett, selbst wenn auf unserem Speiseplan kein Reis stand, kochten sie welchen für Barrie. Das war keine schlechte Ernährung für einen Streuner, und obwohl sie während der Zeit in den Zwingern im Irak und in Jordanien normales Hundefutter bekommen hatte, fragte ich mich, ob sie mich mit dem guten Leben assoziierte und nun, da wir wieder zusammen waren, dasselbe erwartete? Zum Glück war das anscheinend nicht der Fall. So weit, so gut.

Ich hatte mir die nächste Woche freigenommen; das Einzige, was ich tun würde, war, am Mittwoch beim Bootcamp auszuhelfen. Ich freute mich darauf, Zeit nur mit Barrie zu verbringen – auf eine angenehme, entspannte Phase, in der ich sie sanft in ihr neues Leben einführen würde.

Schön wär's gewesen!

Als ich sie in Syrien mit auf die Basis nahm, hatten mich ein paar Leute kontaktiert, die einen Beitrag über sie schreiben wollten, also hatte ich da bereits geahnt, dass ihre Rettung eine recht große Sache sein könnte. Daher dokumentierte ich von Anfang an alles, was wir taten. Als ich Barrie mit Netty abholte, machten wir unzählige Fotos und luden am Sonntag einige auf meinen Social-Media-Accounts hoch. »Schaut mal! Barrie ist da!« So was in der Art.

Noch während ich in Syrien war, hatte mich unter anderem ein Journalist namens Joe Pagnelli kontaktiert. Joe arbeitete für eine Agentur in Birmingham. »Ich glaube, deine Geschichte könnte die Leute interessieren«, sagte er. »Sie gefällt mir sehr, und ich würde gern darüber schreiben.«

Ich hatte damals nicht viel darüber nachgedacht. »Okay«, sagte ich. »Super.«

Als ich nach England zurückkam, rief ich ihn an, um ihn auf den neuesten Stand zu bringen. Nun, da wir Barrie wohlbehalten bei uns hatten, rief ich ihn erneut an. Wir wollten die Geschichte von Barries langer Reise und unserem Wiedersehen erzählen. Wir sprachen am Telefon miteinander, und er schrieb unsere Erlebnisse auf.

Drei Tage Ruhe und Frieden hatten wir, bevor wir plötzlich überall in den britischen Zeitungen waren!

Als Erstes erfuhr ich davon, als sie in den Online-Ausgaben der Zeitungen erschien. Freunde schickten mir Links zu all diesen Artikeln.

»Seán, du bist in der *Daily Mail*!«

Mein Handy klingelte und summte ständig. Anrufe, SMS, Chat-Nachrichten, E-Mails und Social-Media-Benachrichtigungen.

»Britischer Soldat wieder mit seinem Hund vereint«, hieß es in einer Überschrift. Es war irre. Diese Sache war mir einfach passiert, sie gehörte zu meinem Leben, und plötzlich stand sie für alle sichtbar im Internet. Fast schien es, als wüssten andere Menschen besser über meine Geschichte Bescheid als ich. Nun konnte jeder, der wollte, Details aus meinem Leben nachlesen.

Times, *Guardian*, *Sun* – alle großen überregionalen

Zeitungen berichteten über die Story, sie wurde in den Pressezusammenfassungen der Nachrichtensender sogar live im Fernsehen erzählt. Auf einmal brachten auch ausländische Websites die Geschichte – in Deutschland, Italien, Frankreich, sogar in Kolumbien!

Da gingen unsere Klickzahlen durch die Decke. Die Leute teilten und verlinkten die Fotos und Videos von meinen Posts. Einige erstellten eigene Videomontagen. Ich konnte nicht online gehen, ohne ein Video von Barrie und mir zu sehen. Es war verrückt. Und irgendwann gab mein Handy den Geist auf. Nach drei Stunden konstantem Klingeln und Pingen von Benachrichtigungen von Facebook, Twitter und Instagram konnte es einfach nicht mehr. Der Tenor war hauptsächlich: »Super, was du da erreicht hast.« Ich hörte von ein paar Freunden und Familienmitgliedern, mit denen ich jahrelang keinen Kontakt gehabt hatte. Ich habe Freunde in Australien, die mir Fotos von ihrer Zeitung schickten, in der wir porträtiert wurden. Menschen in China, die ich gar nicht kannte, ließen mir Fotos von Barrie zukommen.

Es war alles sehr eigenartig. Sonst kommen wir Soldaten nur mit einem Nachruf in die Zeitung. Unsere Erfahrung war eine erbauliche Geschichte, eine willkommene Abwechslung, dachte ich. In meinem Leben waren meine Existenz als Zivilist und die als Soldat immer getrennt gewesen. Die Leute zu Hause kannten Seán, den Soldaten, nicht – aber die Geschichte mit Barrie überbrückte diese Kluft. Alte Bekannte sagten, wie fantastisch sie die Aktion fanden. Die Menschen teilten sie mit ihren Freunden und ihrer Familie. Für alle schien sie etwas Positives zu bedeuten.

Ich war mir den Großteil meines Lebens nicht nur unsicher über meine Fähigkeiten, sondern auch über meine Person. Ich wusste nicht, ob ich ein guter Mensch war, jemand, den man respektierte. In meinen Teenagerjahren kämpfte ich mit dem Gefühl, nichts wert zu sein, und nach Afghanistan – und all den beschissenen, egoistischen Dingen, die ich tat – fragte ich mich, ob ich eben einfach so war. Auf einmal betrachteten mich unzählige Menschen nicht mehr nur als den Versager, der die Schule geschmissen hatte.

In den nächsten Stunden musste ich mich daran gewöhnen – Barrie und ich waren viral gegangen!

Wir hatten mehrere Optionen – zurücklehnen und zusehen, wie sich das Ganze entwickelte, oder versuchen, so etwas wie ein bisschen Kontrolle über die Sache zu gewinnen.

»Barrie braucht einen eigenen Instagram-Account!«, sagte Netty, wie immer zwei Schritte voraus.

»Wirklich?«

»Klar, das wäre total süß. Und offensichtlich freuen sich die Leute darüber. Wir machen kurze Bildunterschriften, als würde sie selbst etwas sagen.«

»Wie du meinst«, sagte ich lachend. Wenn sie Lust dazu hatte, konnte sie das gern tun.

In den folgenden achtundvierzig Stunden machte unsere Geschichte weiter die Runde. Barrie und ich kamen nun auch in die gedruckten Ausgaben. Vorher hatte ich so gut wie nie eine gedruckte Zeitung gekauft, nun tat ich es. Da war unsere Story, schwarz auf weiß, sie lag vor allen möglichen Türen, Büros und Cafés in ganz Großbritannien.

Doch das war noch nicht alles. Ich bekam einen Anruf von einer Frau von *This Morning* – der ITV-Sendung!

»Eamonn und Ruth wollen euch bringen«, sagte sie.

Eamonn und Ruth? Eamonn Holmes und seine Frau Ruth Langsford?! Sie wollten mit mir live im Fernsehen über einen Hund reden? Die Welt war verrückt geworden! Wow, das war eine große Sache.

Für die Aufnahmen sollten wir am Freitag nach London fahren. Sie würden uns ein Auto schicken, das uns abholte und dorthin brachte. Das klang zu gut, um abzulehnen.

Weitere Anfragen kamen, darunter von Lorraine Kellys Sendung und *BBC Radio 2*. Etwas seltsam war unter anderem die von einer Firma, die erklärten, eine der größten Social-Media-Beratungen der Welt für Hunde zu sein. Wer hätte gedacht, dass es so etwas gibt? Sie meinten, sie könnten uns helfen, Barries Profil zu optimieren.

Als Nächstes kam ein Anruf von Fiona, einer Lektorin bei *Hodder & Stoughton*. Sie erklärte, wie sehr sie unsere Geschichte mochte, dass sie glaubte, sie würde ein großartiges Buch ergeben, und ob wir uns einmal treffen könnten. Es war unfassbar. Nun kam uns Joes Agentur gelegen. Ich hatte unzählige Medienanfragen entgegengenommen, aber jetzt lenkte ich alle Anrufe zu der Agentur um. Es waren so viele, dass ich nicht mehr wusste, was ich tun sollte. Ich hatte keinerlei Erfahrung mit so etwas.

This Morning hatte zuerst angerufen, und sie wollten ein Exklusivinterview mit uns, das bedeutete, wir konnten nicht vorher irgendwo anders auftreten. So toll die anderen Anfragen auch waren, ich hatte das Gefühl, ich sollte das mit ITV durchziehen. Ich konnte mir keine bessere

Gelegenheit vorstellen, um von unseren Erlebnissen zu berichten. Und so wurde alles für Freitag arrangiert. Ich verabredete mich außerdem mit Fiona, um ihre Ideen für das Buch zu besprechen. All das geschah wirklich.

»Tja, Barrie«, sagte ich. »Bist du bereit für eine Nahaufnahme? Du wirst berühmt!«

Sie legte den Kopf schief, wie immer, wenn sie keine Ahnung hatte, was ich von ihr wollte. Und das wusste ich ja selbst nicht so recht.

Nun, da wir uns für die Sendung verpflichtet hatten, machten wir keine zusätzlichen Termine. Vielleicht würde der Hype nun ein wenig nachlassen, dachten wir. Von wegen.

Die Reaktionen waren nach wie vor unfassbar. Mein Instagram-Account bekam nach den Berichten in der überregionalen Presse ungefähr siebentausend zusätzliche Follower.

»Ich hätte nie mit so etwas gerechnet«, sagte ich zu Netty, während ich auf dem Bett lag und an die Decke starrte. Netty gehörte nun fest zu mir und Barrie. »Es ist so verrückt.«

»Du meinst, es ist super«, sagte sie lächelnd. »Nach allem, was du durchgemacht hast, hast du das verdient. Und Barrie auch.«

»Ich weiß nicht. Ich weiß nicht, ob ich irgendetwas …«

»Halt die Klappe, Seán«, sagte sie und gab mir einen Klaps auf den Kopf.

Ganz schön grob, dachte ich.

»In den Zeitungen schreiben sie, ich sei dies und das. Aber sie kennen mich doch gar nicht.« Ich flüsterte, weil Barrie neben mir schlief. »Die Leute reden mit mir, obwohl sie gar nicht wissen, wer ich wirklich bin. Das fühlt sich irgendwie falsch an.«

»Ich kenne dich. Und ich weiß, dass du ein guter Mensch bist. Du hast diesem wunderbaren Hund ein neues Leben geschenkt.«

Sie zeigte verständnisvoll lächelnd auf Barrie. Die schlief tief und bekam nichts mit von dem Wirbel, der um sie gemacht wurde.

Netty hatte recht, wie es ja anscheinend immer der Fall war. Ich brauchte sie genauso wie Barrie. Sie war mein Fels in der Brandung, sie schenkte mir Stabilität. Es war eine turbulente Zeit in meinem Leben. Im Vergleich zu einem Kriegsgebiet erscheint sie lächerlich, aber diese Medienwelt war für mich ein völlig neues Territorium, und die ganze Aufmerksamkeit wurde mir ein wenig zu viel.

Komisch, dass bei mir anscheinend immer alles gleichzeitig passiert. Das einzige Mal, dass ich Zeit hatte, Erlebtes in meinem eigenen Tempo zu verarbeiten, war in der Therapie. Da konnte ich die Emotionen in meinem Rhythmus durchleben. Meistens traf mich jedoch alles auf einmal. Wie ein Güterzug ohne Bremsen. Und ich wusste gar nicht so recht, wie ich reagieren sollte.

In weniger als einer Woche stand ich plötzlich im Mittelpunkt – zum ersten Mal in meinem Leben. Völlig Fremde schrieben mir, nachdem sie über uns gelesen hatten. Sagten, ich sei ein guter Mensch. Tierfreunde überschütteten mich mit Dankbarkeit und Anerkennung.

»Was Sie für diesen Hund getan haben, ist unglaublich!«

»Es ist so mutig, was Sie getan haben!«

»Im Namen aller Tierfreunde: Danke!«

Es war seltsam. Ich hatte mich noch nie anerkannt gefühlt in meinem Leben. Ich hatte nie das Gefühl, ich besäße irgendeinen besonderen Wert. Und auf einmal schrieben mir alle, ich sei ein toller Typ. Manche dankten mir für meinen Einsatz für mein Land, manche bezeichneten mich sogar als Kriegshelden. Je größer das Interesse wurde, desto stärker kam das alte Gefühl hoch, ich sei bloß ein Aufschneider. *Wie kann das alles wahr sein?* Ich wusste, wer ich war. Ich war kein Kriegsheld, ich war nie ein toller Typ gewesen. Ich war nicht einmal jemand, der schon als Kind Tiere geliebt hat, im Gegenteil, ich hatte bekanntlich eine Heidenangst vor Hunden.

Identität, meinen Lebenssinn, meinen Selbstwert – von alledem schien ich nicht viel zu besitzen. Und plötzlich wurde ich als jemand bezeichnet, der das Gegenteil von dem war, wie ich mich selbst wahrnahm.

Ich dachte an einiges, was ich in der Vergangenheit getan hatte. Wie egoistisch, leichtsinnig und sinnlos manches davon gewesen war. Wie ich andere behandelt hatte und wie rücksichtslos ich gegenüber denen gewesen war, die mich liebten. Ich dachte an Nic. Ich war kein toller Typ, wie konnte ich das sein?

Ich habe mich vor meinem Umfeld immer verschlossen. Alles, was ich fühlte, schob ich in die berühmte Kiste. Und ließ zu, dass es darin immer voller und voller wurde. Das war mein einziger Weg, zurechtzukommen. Und auch wenn ich irgendwann gelernt hatte, nichts mehr darin abzuladen, musste ich noch immer herausfinden, wie ich Zugang zu meinen Gefühlen bekommen und wie ich sie verarbeiten konnte. Nach wie vor hatte ich Angst vor dem, was mir im Kopf herumschwirrte. Es gab da Dinge, die ich noch nicht verstanden hatte. Ich war ein ängstlicher Junge – na ja, ein Mann inzwischen – und sollte trotzdem in ein paar Tagen öffentlich über mein Leben reden.

Gerade als ich mich in noch mehr selbstmitleidige Gedanken hineinsteigern wollte, stand Barrie auf, schüttelte sich und sah mich an, als wollte sie sagen: »Na komm. Was ist los?«

Ich lachte. »Ich folge deinem Beispiel, Barrie. Wenn dich das alles nicht stresst, dann komme ich auch klar!«

Unser Auftritt im Fernsehen am Freitag war noch ein paar Tage hin. Davor fand das Bootcamp statt, das wir organisiert hatten. Ich würde Barrie mitnehmen, um sie an das Klima dort zu gewöhnen.

Ich rechnete mit einer großen Herausforderung – aber ich ahnte nicht, wie groß. Seit wir nach Hause gekommen waren, hatte Barrie praktisch nur den Garten kennengelernt. Zum Bootcamp würde sie das erste Mal nach draußen gehen. Seit unserem Wiedersehen hatte sie nicht so viele Leute auf einmal versammelt gesehen, und ich hatte keinen Schimmer, wie sie reagieren würde.

Netty kam mit. Wir fuhren zu dem großen Feld, auf dem die Veranstaltung stattfinden sollte. Barrie sprang aus dem Auto, und ich ließ sie herumlaufen. Sie schien völlig auszuflippen. Es dauerte einen Moment, bis wir begriffen, warum. Sie hatte noch nie zuvor eine so riesige Grasfläche gesehen! Das war komplett neu für sie. In Syrien konnte man froh sein, wenn man mal einen einzigen Grashalm zu Gesicht bekam. Das Land war eine Staubwüste. Aber auch, als sich ihr Menschen näherten, rastete sie aus. Sie hatte offensichtlich Angst vor ihnen, besonders vor Männern. Das war seltsam. Damit hatte ich nicht gerechnet, in Syrien war sie schließlich die ganze Zeit mit Männern zusammen gewesen und hatte immer sehr entspannt in ihrer Gegenwart gewirkt. Jetzt war sie alles andere als entspannt. Auf einmal eine solche Menschenmenge zu sehen – und alle wollten sie streicheln und machten Theater um sie – war wohl ein Schock für sie. Alle riefen »Oh, mein Gott, Barrie« und kamen angelaufen, direkt auf sie zu. Sie duckte sich, knurrte oder bellte mit gebleckten Zähnen. Sie war nicht aggressiv, sie wollte sich bloß beschützen. Was sie sagen wollte, war anscheinend »Bleib, wo du bist«, und dann lief sie rückwärts und versteckte sich hinter Netty oder mir.

Doch letztlich verhielt sich jeder sehr respektvoll ihr gegenüber, schließlich wussten alle von ihrer Geschichte. Nachdem die Sportler sie begrüßt hatten, konzentrierten sie sich auf ihr Training und ignorierten Barrie, was gut war und auch wieder nicht. Im Grunde liebte Barrie Aufmerksamkeit, auch wenn sie in dieser Situation knurrte, um in Ruhe gelassen zu werden. Sobald die Leute sich dem Bootcamp widmeten, wollte sie sich plötzlich mit jedem anfreunden, nun, da sie nicht mehr im Mittelpunkt stand. Sie musste noch viel lernen, aber das war ein guter Anfang.

Als es vorbei war und wir mit ihr nach Hause kamen, war alles in Ordnung mit ihr. Sie fraß und legte sich hin. Aber als ich sie an jenem Abend kraulte, war mir klar, dass wir am Beginn unserer größten Lernkurve bisher standen. Es würde viel Arbeit werden. Mir war nicht bewusst gewesen, wie viel wir ihr noch zeigen mussten.

20

Das war ein Leben. Fünfsternebehandlung. So mussten sich Prominente fühlen – abgeholt und überallhin gefahren zu werden. Vielleicht konnte ich mich daran gewöhnen!

Es war Freitagmorgen, eine Woche nachdem wir Barrie in Frankreich abgeholt hatten, und wir waren unterwegs zu den ITV-Studios in London für unseren ersten Auftritt im Fernsehen.

Das Team von *This Morning* hatte ein Auto für Netty, Barrie und mich geschickt, und auf der Fahrt redeten wir aufgeregt darüber, wie es wohl sein würde und welchen berühmten Leuten wir über den Weg laufen würden. Wir waren wie zwei Kinder unterwegs ins Disneyland. Barrie wirkte relativ ruhig, als wäre das Ganze für sie nichts Besonderes. Ich war jedoch auf alles gefasst. Ich ahnte, wie aufregend es für sie sein würde, und hoffte nur, sie würde sich dort wohlfühlen.

Einen Großteil der Fahrt verschlief sie. Jedenfalls bis wir nach London hineinkamen und der Lärm und das Gewusel ihre Aufmerksamkeit weckten. Es dämmerte uns, dass Barrie nie zuvor so viele Menschen auf einmal gesehen hatte. Sie war sofort neugierig, aber wachsam. Und wir fanden schnell heraus, dass sie Mopeds und

Roller nicht mochte! Während wir durch die vollen Straßen fuhren, knurrte sie jedes vorbeikommende Moped an.

Ich hatte geglaubt, jede Eventualität bedacht zu haben, aber ich hätte inzwischen wissen können, dass man mit Barrie immer genau bei den Dingen in die Falle tappt, an die man nie denken würde. Wir erreichten die Studios und gingen mit ihr hinein. Alles war in Ordnung – bis uns jemand erklärte, das Studio befände sich im ersten Stock. Okay, kein Problem. Wir gingen zur Treppe. Moment. An der ersten Stufe sah Barrie hoch und setzte sich. Ich zupfte an der Leine. »Komm, Barrie, weiter geht's.«

Sie hielt dagegen, indem sie ihren Kopf zurückzog. Sie hatte die Vorderpfoten breit in den Boden gestemmt und versuchte, mit dem Hintern unten zu bleiben.

Netty lachte. Und ich begriff.

»Oh Mist! Sie weiß nicht, was Treppen sind!«, sagte ich. »Sie hat noch nie welche gesehen.«

Bei uns war alles ebenerdig. In ihrem kurzen Leben war sie noch keine einzige Treppe hochgegangen. Ich zog erneut an der Leine.

»Komm, Barrie, alles ist gut. Es sind nur Stufen.«

Netty ging ein, zwei hoch, um ihr zu zeigen, dass das kein Problem war, aber Barrie ließ sich nicht überreden. Und, wie ich feststellte, wenn sie sich etwas in den Kopf setzt, ist es schwer, sie von etwas anderem zu überzeugen.

Es gab keine andere Möglichkeit – ich musste sie tragen. Ich hob sie hoch. Was für einen Unterschied ein paar Monate machen können! Barrie wog jetzt ganze siebenundzwanzig Kilo, und wer die eine Treppe hochträgt, weiß genau, was man geschafft hat!

»Verdammt!«, sagte ich zu Netty, nachdem ich Barrie am Ende der Treppe abgesetzt hatte. »Wenn das ihre Reaktion auf eine Treppe ist, wie ist sie dann wohl bei den ganzen Lichtern und Menschen da drinnen?«

Netty lächelte und zuckte die Achseln. »Das sehen wir, wenn es so kommt.«

Gute Antwort.

Jegliche Bedenken wurden schnell von dem unglaublich freundlichen Team zerstreut, das uns unseren privaten Raum zeigte, in dem wir mit Barrie sitzen und ihr etwas Wasser geben konnten. Das war perfekt. So konnten wir erst einmal durchatmen und uns sammeln.

Dann ging es los. Jede Menge Menschen kamen zur Tür herein. Anscheinend hatte es sich herumgesprochen, dass Barrie im Haus war. Sie waren alle so süß, sagten Sachen wie »Oh wow, Barrie ist da!«.

Mit der Erinnerung im Kopf, wie sie beim Bootcamp reagiert hatte, ließ ich jedoch ein wenig den Beschützer heraushängen.

»Das ist alles total nett«, sagte ich, »aber sie mag es nicht, wenn zu viele Menschen auf einmal da sind. Würde es Ihnen etwas ausmachen, sie nacheinander zu begrüßen? Sie ist ziemlich unsicher und momentan noch nicht so gesellig.«

Man muss ihnen lassen, dass sich alle an das hielten, worum ich sie gebeten hatte, und innerhalb weniger Sekunden stellten sich sechs oder sieben Personen, manche von ihnen bekannte TV-Gesichter, vor unserem Raum an, um einen Blick auf unseren Hund zu erhaschen! Ich stand da wie ein Security-Mann, der die Menge für einen großen Star in Schach hält. Es war der Freitag vor dem

Remembrance Sunday, und viele Nachrichtensendungen brachten etwas über Soldaten und psychische Gesundheit, unsere Geschichte passte da also sehr gut hinein. Zwei ehemalige Soldaten waren auch da, kamen zu uns und stellten sich vor. Es waren zwei Waliser, Dorian und Matt, beides Irak-Veteranen. Sie waren beide mit schwerer PTBS (posttraumatischer Belastungsstörung) zurückgekehrt. Sie sollten ein Interview über die Auswirkungen dieser Krankheit auf ihr tägliches Leben geben, etwas, was ich nur zu gut nachempfinden konnte. Wir redeten ein bisschen darüber, was der Krieg mit einem macht, wie sie unter Depressionen und Verzweiflung litten und Dinge taten, die sie sonst nie getan hätten. Sie zeigten mir Videos auf ihren Handys, die sie aufgenommen hatten, bevor sie in den Irak gegangen waren. Zwei selbstbewusste, lustige, positiv eingestellte Männer. Zumindest waren sie das, bevor plötzlich alles kippte. Auch sie lebten noch immer mit der Angst, dass jeglicher persönliche Fortschritt plötzlich zunichtegemacht werden könnte. Dabei hatte ich gedacht, ich wäre der Einzige mit dieser Sorge.

»Man darf sich nur nicht unterkriegen lassen davon«, sagte Dorian. »Nie unterkriegen lassen.«

Ich nickte. Damit hatte er definitiv recht. Ich bedankte mich dafür, dass sie vorbeigekommen waren, wir schüttelten uns die Hände, und dann trennten sich unsere Wege, nicht ohne dass wir einander alles Gute gewünscht hätten.

Barrie kam prima zurecht, aber ich war immer noch etwas nervös, wie sie sich in dem Studio benehmen würde, in dem der Dreh stattfand. Ich sagte zu einer der Produzentinnen: »Ich weiß, dass das live gesendet wird, aber gibt es eine Möglichkeit, sie etwas früher ins Studio zu bringen, damit sie sich an die Umgebung gewöhnen kann?«

»Kein Problem«, sagte sie.

Was sie dann taten, war echt cool. Die Crew hatte einen Beitrag auf Band, der eigentlich für später geplant war, aber sie stellten das Programm so um, dass dieser vor unserem Auftritt gesendet wurde, sodass wir keine Live-Aufnahme stören würden. Das bedeutete, dass ich Barrie ins Studio bringen und sie sich dort einrichten konnte, während die Zuschauer zu Hause den vorab aufgenommenen Beitrag sahen. Als ich mit Barrie ins Studio kam, trafen wir auf die Moderatoren. Schon wieder hatte ich keine Ahnung, was mich erwarten würde. Ich hatte noch nie mit berühmten Menschen zu tun gehabt, abgesehen von den Prominenten, die uns beim Militärdienst besucht hatten. Was auch immer ich mir vorgestellt hatte, Eamonn und Ruth waren anders, als ich gedacht hätte. Sie waren so nett und normal. Ruth kam zu uns, umarmte mich herzlich, begrüßte Barrie fröhlich und stellte alle möglichen Fragen über sie. Eamonn sagte, die Kombination aus meinem Beruf als Soldat und dem Hund, den ich aus dem Schutt gerettet hatte, müsse Wunder gewirkt haben für mein Liebesleben!

»Nein«, sagte ich. »Ich will nur mit meiner Freundin hier zusammen sein.«

Netty sah mich fragend an, als wollte sie sagen: »Ach ja, bin ich das?«

Ob ihr es glaubt oder nicht, obwohl wir so viel Zeit miteinander verbrachten, hatten wir darüber noch nicht gesprochen – was unser Status war. Waren wir ein Paar? Es fühlte sich wie die natürlichste Sache der Welt an, mit ihr zusammen zu sein, und sie war mir seit Wochen praktisch nicht von der Seite gewichen. Außerdem hatten wir wegen der Barrie-Aktion bereits eine Menge miteinander durchgemacht. Doch keiner von uns hatte das Thema je angesprochen. Und jetzt hatten wir keine Zeit, darüber zu diskutieren. Wir waren kurz davor, live auf Sendung zu gehen!

Wir saßen auf einem luxuriösen blauen Sofa im Studio und warteten darauf, dass es losging. Barrie wirkte absolut ruhig und unbeeindruckt von den grellen Lichtern und dem Gewusel im Studio. Ich dagegen hatte mit jeder Sekunde, die heruntergezählt wurde, mehr Schiss. Ich war so nervös. Ich wollte nichts Falsches sagen – eigentlich war ich mir nicht einmal mehr sicher, dass ich überhaupt etwas sagen wollte.

»Wie machst du es nur, dass du so ruhig bist, Barrie?«, fragte ich. Sie sah mich fragend an, legte den Kopf zurück und stupste mich an, damit ich sie im Nacken kraulte.

Am Ende ging alles sehr schnell. Eamonn und Ruth hätten nicht freundlicher sein können. Ihre Fragen waren einfühlsam, und ich erzählte einfach frei von der Leber weg. Es fühlte sich sehr natürlich an, und dank der beiden war ich, sobald die Kameras liefen, völlig locker.

Barrie war ein Naturtalent vor der Kamera. Von dem Moment an, in dem sie ins Studio kam und sich einfach hinlegte, war sie hauptsächlich mit sich selbst beschäftigt und bekam überhaupt nicht mit, was um sie herum vor sich ging. Wir machten das Interview, und als die Kameras nicht mehr auf uns gerichtet waren, gingen wir Backstage, um unsere Sachen zu holen. Nun mussten wir wieder ins Auto steigen, um zu unserem Termin mit der Verlagslektorin zu fahren.

Auf dem Weg dorthin klingelte mein Handy.

Jemand von *Sky News*.

»Hi, wir haben Sie gerade bei *This Morning* gesehen. Könnten Sie vorbeikommen und live in den Achtzehnuhrnachrichten auftreten?«

»Okay«, sagte ich. »Warum nicht?«

Kaum hatte ich aufgelegt, klingelte das Telefon wieder. Diesmal war es ein Produzent von dem Radiosender *Talksport*. Sie wollten mich live in der nächsten halben Stunde. Wir standen sowieso im Stau, also machten wir das Interview an Ort und Stelle. Ich saß mit Barrie und Netty im Auto und gab ein Live-Interview im Radio. Als das erledigt war, wieder ein Anruf. Noch ein Radioproduzent, der mich in seiner Sendung wollte. Er war einverstanden damit, das Interview sofort zu machen, also unterhielten wir uns kurz, und das war's. Was für ein Morgen!

Beim Verlag lernte ich Fiona und einige aus ihrem Team kennen. Ich hatte keinen blassen Schimmer, wie man ein Buch schreibt, bevor ich meine Unterschrift unter irgendetwas setzte, wollte ich daher wissen, wie das alles funktionierte. Wir hatten ein sehr cooles Gespräch mit ihnen. Ich musste mich kneifen, um zu begreifen, dass wir gerade darüber redeten, mein Leben zu veröffentlichen. Was war so besonders an dem, was ich getan hatte? Würde irgendjemand diese Geschichte lesen wollen? Den Reaktionen nach zu urteilen, die uns erreichten, seit die Geschichte in der Welt war, war das Interesse anscheinend da.

Barrie wurde mit der üblichen Aufmerksamkeit überschüttet, und nachdem sie den ganzen Morgen sehr brav gewesen war, drückte sie ihre Meinung über ihre mögliche Zukunft als Literaturstar darin aus, indem sie im Verlag auf den Teppich pinkelte! Ups. Das war wohl das längste und peinlichste Pinkeln aller Zeiten!

Nachdem wir über das Buch gesprochen hatten und wie man es am besten aufziehen könnte, führte uns das Team auf die Dachterrasse und lud uns ein, dort ein wenig zu entspannen und etwas zu essen. Die Terrasse bot eine atemberaubende Aussicht auf die Themse. Es war ein toller Ort, um runterzukommen, und nach diesem aufregenden Morgen brauchten wir genau das.

Bis *Sky News* ein Auto schickte, das uns abholen sollte, hatte *This Morning* ein eigenes YouTube-Video von unserem Auftritt ins Netz gestellt, das schnell seinen Weg durch alle sozialen Medien machte. Die Leute schienen nicht genug von Barrie zu bekommen. Aber Großbritannien war nun mal ein Land von Hundeliebhabern.

Als wir bei *Sky News* ankamen, stellten wir fest, dass alle wussten, wer wir waren. Es schien, als würden Barries Videos auf jedem Handy gespielt. Sie war nun echt müde. Das war nicht schlecht, weil es bedeutete, dass sie sehr ruhig war. Das musste sie auch sein, denn irgendwann einmal standen zwanzig Menschen um uns herum und wollten sie streicheln. Ich war inzwischen schon fast ein altgedienter Live-Sendungsgast, und genau wie am Morgen erledigten wir auch diese Sendung mit links. Als es schließlich an der Zeit war, ins Auto zu steigen, ließen wir uns alle erschöpft auf die Rückbank fallen. Um elf Uhr kamen wir wieder zu Hause an und waren völlig hinüber. Was für ein Tag. Es kam mir vor, als wäre Barrie auf einmal der berühmteste Hund Großbritanniens.

21

Wir waren so müde, dass wir am nächsten Tag bis elf Uhr schliefen. Der Vortag hatte uns so viel Kraft gekostet, dass wir es nun langsam angehen ließen und erst einmal versuchten, den Wahnsinn der letzten vierundzwanzig Stunden zu verarbeiten. Ich wollte die Zeit nutzen, um einige der Nachrichten zu lesen, die ich den Tag über erhalten hatte. Es waren so viele, und dieser Moment der Ruhe war perfekt, um mich in sie zu vertiefen. Einige berührten mich sehr, weil sie von anderen Veteranen kamen. Manche hatten von meiner Geschichte über die Zeitungen oder sonstige Medien erfahren, andere durch persönliche Erzählungen.

Einer der Soldaten schrieb, er habe mein Interview bei *This Morning* gesehen, und was ich durchgemacht hätte, habe er gut nachempfinden können. Er bat mich um Rat, wie er mit bestimmten Herausforderungen, vor denen er stand, umgehen solle. Er hatte Mühe mit dem Dasein als Zivilist, genau wie ich, und wusste nicht, wie er seinem Leben als ehemaliger Militär nun einen Sinn geben konnte.

Es war sehr bewegend, diese Nachrichten zu lesen, und ich fühlte mich verpflichtet zu helfen, und sei es nur, indem ich über das sprach, was ich erlebt hatte, und das Wenige, was ich wusste. Ich hatte in mir ein tief verwurzeltes Gefühl von Verantwortung, einen Kameraden beschützen zu müssen. Zum ersten Mal war es für mich kein Problem, über meine Erfahrungen zu sprechen. Ich konnte meinen Rat nur auf der Basis dessen geben, was ich von mir kannte, und je öfter ich meine eigenen Gefühle in Worte fasste, desto besser verstand ich sie selbst. Ehe ich es mich versah, hatte ich eine Stunde damit verbracht, Nachrichten zu beantworten. Für mich war es eine Art Pflicht, mich zu äußern, den Menschen zu versichern, dass sie nicht allein waren mit alledem.

Ich hatte mich so lange allein gefühlt und wäre ohne Barrie diesen Weg der Einsamkeit wahrscheinlich so lange weitergegangen, bis ich nicht mehr gekonnt hätte.

Barrie hatte mir geholfen und ermöglichte es mir dadurch, nun anderen zu helfen.

Am nächsten Tag feierten wir den *Remembrance Sunday*, den offiziellen Gedenktag für die britischen Soldaten und Zivilisten, die im Ersten und Zweiten Weltkrieg ihren Dienst taten. Es war ein guter Zeitpunkt, um zurückzublicken. Ich lief keine Paraden mit. Ich glaube, ich war überhaupt nur einmal auf einer gewesen. Diesmal konnte ich nicht hingehen, weil ich bereits versprochen hatte, beim *Powerwave*-Fitnessstudio in Bromley, Südlondon, bei Video- und Fotoaufnahmen zu helfen, die meine Kollegen dort machen wollten.

Ich sollte um halb elf dort sein. Netty und Barrie kamen mit. Wie immer machten alle einen großen Wirbel um Barrie. Sie wurde allmählich entspannter in Gegenwart von vielen Menschen, also ergriff ich die Gelegenheit, mich in eine Ecke zurückzuziehen, mein Handy hervorzuholen und die Parade zum *Armistice Day* im Fernsehen anzuschauen. Diese ganze Sache mit dem *Remembrance Sunday* mit dem »Last Post« und der anderen Musik versetzt mich immer in eine ganz komische Stimmung. Also saß ich einfach nur in der Ecke und sah es mir allein an. Barrie und Netty kamen ohne mich klar, sagten Hallo und quatschten, also hatte ich diesen Moment für mich und konnte an alles zurückdenken. In diesen zwei Minuten der Stille betete ich für all jene, die nicht wieder nach Hause gekommen waren, die nicht so viel Glück gehabt hatten wie ich. Als es vorbei war, steckte ich das Handy weg und machte mich an die Arbeit.

Es war eine gute Ablenkung von den Gedenkfeiern, aber als wir dort fertig waren, fuhren wir trotzdem noch nach Hornchurch und machten einen Spaziergang zu der Kirche auf dem Hügel, wo sich das Kriegerdenkmal der Stadt befindet. Wir setzten uns dort eine Weile hin und konnten noch einmal in uns gehen. Ein oder zwei Leute liefen vorbei, während wir dort saßen.

»Entschuldigung.« Wir sahen auf, und vor uns stand ein Pärchen. »Ich hoffe, wir stören nicht; wir wollten nur sagen, Ihr Hund sieht aus wie der, den wir vor ein paar Tagen im Fernsehen gesehen haben.«

Netty und ich wechselten einen Blick. Nee, oder? War Barrie nun so berühmt, dass man sie als den Hund aus dem Fernsehen in der Öffentlichkeit erkannte?

»Das ist der Hund, den Sie im Fernsehen gesehen haben«, sagte Netty.

Das Paar lachte. Es war das erste Mal, dass sie einem berühmten Hund über den Weg gelaufen waren! Es war ein schöner Augenblick voller Leichtigkeit, perfekt, um wieder in der Gegenwart anzukommen. Aber in dem Moment der Ruhe, den ich gehabt hatte, war eine Idee entstanden – etwas, worüber ich mit Mitch reden und was ich mit ihm in den kommenden Wochen entwickeln wollte.

Ich wollte mich wieder mit voller Kraft unserem Studio widmen, aber ich brauchte noch viel Zeit mit Barrie. Nach wie vor war sie nicht richtig folgsam, und es war nicht leicht, ihr etwas beizubringen. Sie mochte es überhaupt nicht, von Netty und mir getrennt zu sein. Dann sprang sie gegen die Tür, kratzte und tat alles, um sich zu befreien und zu uns zu gelangen.

Das war verständlich, aber die Ereignisse der vergangenen Woche hatten uns gezeigt, dass unser neugieriger Hund viel mehr Fürsorge brauchte, als ich ursprünglich gedacht hatte, und das war eine Herausforderung für Netty und mich. Eine unserer Kundinnen, Tracey, war die Besitzerin von *Barehams*, einer Hundetagesstätte, und sie bot Obedience-Training an. Wir brachten Barrie also zu dem Hundehort, denn wenn Barrie eines liebt, dann sind es andere Hunde. Sie ist definitiv ein Rudeltier und genießt es, mit anderen Hunden herumzurennen, also fingen wir an, mit dem Hundetrainer Andy zu üben. Er war fantastisch. Er nahm sich die Zeit, Barrie zu verstehen, und hörte sich ihre Geschichte an. Gemeinsam beobachteten wir, wie Barrie mich, wenn ich wollte, dass sie irgendetwas tat, ansah, als würde sie sagen: »Nein. Warum bin ich an der Leine, und warum sollte ich das tun?«

Nach dem ersten Training nahm er mich beiseite.

»Ich glaube, ich verstehe ihre Persönlichkeit«, sagte er. »Sie denkt, sie sei die Anführerin eures Rudels, aber sie ist noch so jung, dass sie gar nicht weiß, wie das geht. Deshalb macht sie einfach irgendetwas.«

Ich lachte. Mit seiner Charakterisierung hatte er ins Schwarze getroffen.

»Sie ist im Grunde wie ein Teenager, der das Kommando übernehmen will.«

Das stimmte. Netty und ich hatten beide das Gefühl gehabt, wir würden mit einer Pubertierenden zusammenleben.

Er gab uns jede Woche ganz kleine Aufgaben, einfache Kommandos, die wir aber unbedingt konsequent üben mussten, damit sie lernte, sie zu befolgen.

In den darauffolgenden Wochen schien sie zunehmend zu begreifen, dass sie uns nicht die ganze Zeit beschützen musste.

»Sie muss verstehen, dass ihr Platz im Rudel unter dir und Netty ist!«, sagte Andy.

Das könnte eine Weile dauern.

Mit Andys Hilfe hatten wir zumindest etwas Konkretes, woran wir arbeiten konnten. Wir waren auf dem richtigen Weg. Obwohl er uns verkündete, wir müssten sie noch einige Monate an der Leine lassen, bis wir sicher sein konnten, dass sie nicht abhauen würde.

Währenddessen machte unsere Geschichte nach wie vor ihren Weg durchs Internet. Für unsere Follower ließen wir extra ein Video über uns drehen – und Mannomann, als das Video veröffentlicht wurde, war das Echo größer als nach dem Fernsehinterview. Meine Accounts bei Instagram, Facebook und überall sonst explodierten schier.

Netty pflegte nach wie vor Barries eigenen Instagram-Account, und von Tag zu Tag wollten mehr Leute daran teilhaben.

Plötzlich hatten wir einen Schreckmoment, als sie eines Tages plötzlich nicht mehr fraß. Es passte so gar nicht zu ihr, ihr Futter stehen zu lassen, dass ich mir Sorgen machte. War das eine verspätete Reaktion auf die Reise? Hatten wir ihr zu früh zu viel zugemutet?

Als wir sie kurz nach dem Live-TV-Interview zum Tierarzt gebracht hatten, waren ihre Papiere und Impfungen kontrolliert worden. Alles war in Ordnung. Während sie bei *War Paws* war, hatte sie die Spritzen bekommen, die gesetzlich vorgeschrieben waren, damit sie nach Großbritannien einreisen konnte, also ein Mittel gegen Flöhe, gegen Tollwut und so weiter. Alle drei Monate hatte man ihr Blut abgenommen, um sicherzugehen, dass sie nicht irgendwelche durch Blut übertragene Krankheiten hatte, die sie ins Vereinigte Königreich bringen konnte. Beim Tierarzt sagte man uns, ihr Gewicht sei in Ordnung, sie könne aber tendenziell etwas mehr auf den Rippen vertragen, weshalb wir sie ordentlich fütterten. Dass sie nun nicht mehr fressen wollte, ließ bei uns daher die Alarmglocken schrillen.

Wie sich herausstellte, waren unsere Befürchtungen jedoch unbegründet: Barrie war einfach nur wählerisch! Vielleicht lag es an ihrer Ernährung in Syrien – ihre Geschmacksknospen hatten sich durch das feine Essen dort zu sehr verfeinert. Interessant, dass sie sich an diesen Aspekt ihrer Zeit dort erinnerte, aber nicht an all das, was wir zusammen geübt haben … Komisch. Wie dem auch sei, wir lösten das Problem, indem wir ihr alle paar

Wochen ein anderes Futter servierten, damit es ihr nicht langweilig wurde.

Als das Leben mit Barrie sich allmählich normalisierte, stürzte ich mich in die Arbeit. Wenn Barrie so etwas wie mein Baby war, dann war *Beyond Limits* mein zweites Kind. Als Soldat war ich unglaublich stur – wenn ich mir vornahm, irgendetwas zu tun, dann war ich entschlossen, es durchzuziehen, koste es, was es wolle. Wie bei *Barry Watch*: In dem Augenblick, in dem ich mir dachte, ich würde sie nach Hause bringen, war klar, dass ich es tun würde. So war das einfach.

Das Studio hatte über Jahre hinweg keinen Gewinn abgeworfen, aber es entwickelte langsam eine eigene Identität. Als Mitch und ich es 2016 als Soldat und Feuerwehrmann gründeten, die etwas Gutes für die Gemeinschaft tun wollten, hatten wir keine Ahnung, wie wir es anfangen sollten. Die Sache ist, dass wir gleichzeitig mit dem Unternehmen gewachsen sind. Wir hatten beide persönliche Baustellen, Bereiche, in denen wir an uns arbeiten mussten, und das taten wir.

Inzwischen zeigten wir unsere Gefühle stärker. Wir sagten uns, scheiß auf die englische Steifheit, die uns so lange hat schweigen lassen. Wir waren Männer, und es war okay, dass wir verletzlich waren.

Ich glaube, die ganze neue Aufmerksamkeit und was sie mit sich brachte – eine nie gekannte Energie und Selbstvertrauen – erlaubte Mitch und mir, die Art und Weise, wie wir das Training angingen, zu verändern. Der

Punkt war nicht, schwere Gewichte zu stemmen, sondern es ging um mentale Leichtigkeit. Nach Barries und meinem Auftritt bei *This Morning* sprach ich mit vielen Soldaten und redete als Gast in Podcasts über die Probleme, mit denen wir uns herumschlugen.

Einer der Soldaten war sehr offen und ehrlich. Er hatte immer trainiert, war aber nie in einem Kriegsgebiet gewesen. Er war, genau wie ich, als Heranwachsender ein Außenseiter gewesen. Immer wieder hatte man ihm gesagt, er sei nicht gut genug, bis sich diese Worte in seinem Kopf als Wahrheit manifestiert hatten. Er hatte Schuldgefühle, sagte er mir, und könne nicht über seine Schwierigkeiten nach dem Ende seines Militärdienstes sprechen, weil er – im Gegensatz zu vielen anderen von uns – nie einen Fuß in ein Kriegsgebiet gesetzt habe. Aber er trug seine Kämpfe ganz woanders aus.

Diese Gespräche ließen mich persönlich enorm wachsen, weil ich dadurch von anderen Perspektiven hörte, und indem ich die Probleme anderer verstand, löste ich meine eigenen.

Dieser Typ war nie im Krieg gewesen, aber als er aus der Armee ausschied, hatte er genau die gleichen Gefühle wie ich. Der Mangel an Selbstvertrauen, die ständigen Zweifel, die Angst vor Zurückweisung, das Bedürfnis nach Routine. Seine Angst hatte ihn dermaßen im Griff, dass er sein Leben nicht so führen konnte, wie er es eigentlich wollte. Er fühlte sich einsam, und ich musste darüber lachen, weil sich anscheinend so viele von uns einsam fühlten in einer Lage, in der wir alle steckten, die wir einander aber nie eingestanden hatten.

Ich sagte Mitch, ich wolle nicht nur Menschen mit

PTBS helfen, sondern allen, für die ich irgendetwas tun konnte. *Beyond Limits* sollte kein Fitnessstudio für Leute sein, die eine gute Figur für den Sommer auf Ibiza haben wollten, sondern wir wollten Menschen, denen es schlecht ging – wie mir, wie diesem Soldaten, wie Mitch –, ermöglichen, ein besseres Selbstbewusstsein zu entwickeln und der Mensch zu werden, der sie sein wollten. Das war der Kern der Idee, die mir im Kopf herumgespukt war. Dieses Potenzial hervorzubringen und die Leute über ihre vermeintlichen Grenzen hinaus zu tragen.

»Wenn du dich nicht selbst trainieren kannst, wen dann?«, fragte ich Mitch am Ende eines Tages im Studio. Unsere Kundenkartei wurde immer voller, mittlerweile waren es Hunderte Mitglieder. Das klingt vielleicht nicht so beeindruckend, aber uns bedeutete es so viel. *Beyond Limits* hätte eigentlich kurz vor dem Aus stehen müssen. Es wurde von zwei Kerlen geführt, die keine Ahnung vom Geschäft hatten. Aber wir waren nie bereit, unser Unternehmen den Bach runtergehen zu lassen, selbst wenn das bedeutete, erst einmal alles zu verlieren. Ich hatte eine Woche im Auto gelebt und die Firma vom Rücksitz aus geführt. Ich würde jetzt nicht lockerlassen. Das war eine Mission, die nicht scheitern durfte.

Mitch und ich entwickelten das *3XB*-System: *Build, Burn, and Beyond.* Aufbauen, (Ver-)Brennen und viel mehr. Wir wandten unsere eigenen Erfahrungen an und brachten unseren Mitgliedern darüber hinaus bei: Man muss immer bereit sein, sich anzupassen und zu lernen.

Wie locker ich nun mit Menschen sprach, war für mich früher undenkbar gewesen, aber ich konnte ihnen am Beispiel meiner eigenen Kämpfe deutlich machen, dass in uns allen Kraft steckt. Ich offenbarte meine Schwächen, weil wir nicht zulassen dürfen, dass sie uns davon abhalten, voranzukommen. Ich hatte keine Angst mehr, mich so verletzlich zu zeigen, weil das in Wahrheit gar keine Schwäche war.

Viele, die in unser Studio kamen, haderten mit ihrem Körper. Sie wollten anders aussehen. Manche schämten sich und fürchteten sich davor, reinzukommen, weil sie sich nicht lächerlich machen wollten. Ihnen fehlte das Selbstvertrauen.

Ich bezweifle, dass viele unserer Kunden einen ähnlichen Lebensweg haben wie ich. Keiner von ihnen war im Krieg, keiner hat die Dinge gesehen, die ich gesehen habe. Und doch ähnelten sich unsere Emotionen. Unsere Unsicherheiten.

Build. Burn. Beyond. Das war unser neues Mantra. Barrie erlaubte mir, etwas aufzubauen, für etwas zu brennen und über das hinauszugehen, was ich für möglich gehalten hatte. Diese drei Schritte hatte ich allein dank Barrie getan.

Eines Nachmittags brachten wir drei unserer Mitglieder, die Mütter waren, zum höchsten Berg von Wales, dem Snowdon. Sie hatten die ersten zwei Stufen des Trainings bereits geschafft. *Build* – das waren elementare Work-outs, Ernährung, die Grundlagen. *Burn* – das bedeutete, in schweißtreibenden Trainingssessions in die Vollen zu gehen und anzuwenden, was man gelernt hatte. Nun waren sie bereit, über sich hinauszuwachsen – *go beyond*.

Diese drei Frauen sollten mit mir ein Rennen, einen Marathon, den Berg hinauf absolvieren. Als wir zur Basis kamen, sahen wir hinauf, und der Snowdon ragte über uns auf. Man konnte seine schneebedeckte Spitze kaum sehen, aber genau die war unser Ziel. Ich zeigte hinauf.

»Ladys, da geht's rauf.«

Wir wollten den Crib-Goch-Grat hinaufkraxeln, den wir über den Pen-Y-Pass erreichen würden. Es war der härteste Weg den Snowdon hinauf. An seiner Spitze wartete das weißeste Weiß, das man sich vorstellen kann.

Die Antwort der Ladys war nervöses Gekicher, aber wir würden das durchziehen. Das Wetter war nicht auf unserer Seite – ein beißender Wind sog den walisischen Himmel an diesem Nachmittag ein, aber das verstärkte nur das Gefühl, dass wir ein Abenteuer vor uns hatten.

Wir begannen mit dem Aufstieg, joggten bergan, solange wir konnten. Bald würde es zu steil dafür werden, und wir würden anfangen müssen zu klettern.

»Nicht stehen bleiben. Weiter geht's!«, bellte ich. Als Reaktion war nur lautes Schnaufen und hier und da ein Stöhnen zu hören.

Einfach sollte es ohnehin nicht sein, aber es wurde ein bisschen härter als geplant. Je näher wir dem Gipfel kamen, desto steiler wurde es. Jeder Schritt war schwerer als der vorherige.

Nach knapp vierhundertfünfzig Meter Aufstieg machten die ersten Beine schlapp.

»Weiter geht's, Ladys. Ihr schafft es«, brüllte ich. Das Wetter wurde zusehends schlechter, ein Sturzregen drohte. Und dann schossen Hagelkörner vom Himmel herunter. Unsere Schuhe und Socken waren durchnässt und schlammig. Es erinnerte mich an Afghanistan, wo uns immer nass und kalt gewesen war. Diese Ladys hatten keine militärische Ausbildung, aber sie leisteten Großartiges an diesem Tag.

Nach fast zwei Stunden unseres vertikalen Marathons teilte man uns mit, dass es nicht höher ging. Wir sollten wieder hinabsteigen, es war nun zu gefährlich, weiterzuklettern. Meine Begleiterinnen stießen einen erleichterten Seufzer aus – und ich ehrlich gesagt auch. An diesem Punkt waren wir völlig fertig, unsere Beine wollten nicht mehr, wir hatten Schmerzen und froren.

Auf dem Rückweg kamen wir an einem See vorbei. Wir befanden uns auf einem Vorsprung mit einiger Distanz zum Wasser. Eine letzte Aufgabe. Ich sah die drei Mums an, und sie schüttelten den Kopf.

»Das mache ich auf keinen Fall!«, sagte Kate und bemühte sich, nicht nach unten zu blicken. Sie rückte zentimeterweise an den Rand des Felsvorsprungs, und ein paar kleine Steinchen kullerten über den Rand und fielen in den See.

»Auf keinen Fall.«

»Du schaffst das, Kate.«

»Nein.«

»Doch.«

»Nein, ich kann nicht.«

»Auf drei, Kate. Los.«

Sie sah panisch aus, während sie meine Hand hielt. Wir schauten in das unendliche Blau unter uns. Und auf drei sprangen wir.

Der Stolz in ihren Gesichtern und das aufgeregte Geschnatter sagten mir alles, was ich wissen wollte. Sie konnten es schaffen – und sie hatten es geschafft.

22

»Sitz, Barrie. Sitz. Sitz. Sitz …«

Barrie wedelte fröhlich mit dem Schwanz. Winterwolken hingen über unserer Hütte, und der Eisregen fiel wie ein Kugelhagel auf das frostige Gras. Eine Girlande mit rot und grün blinkenden Weihnachtslichtern hing quer über dem Dach wie eine Kletterpflanze, die sich an Wände und Pfeiler klammert. Aufgeregt versuchte Barrie, die Eisstückchen zu fangen, bevor sie auf den Boden fielen, und bellte verwirrt darüber, dass der feste Eisregen in ihrem Gesicht schnell zu Wasser wurde.

Sie wirkte so glücklich. Und ihr erstes Weihnachtsfest stand vor der Tür. Unser erstes Weihnachtsfest.

Barrie war seit fast zwei Monaten bei mir, die besten zwei Monate meines Lebens. Am Anfang waren wir beiderseits ein bisschen abhängig voneinander. Das war nicht unbedingt gesund, aber zu dem Zeitpunkt notwendig. Wir brauchten einander, um zu überleben. Barrie und ich waren Seelenverwandte. Sie schien dieselben Nöte und Erfahrungen durchzumachen wie ich.

Sie hatte immer noch ein wenig Mühe mit allem, musste sich nach wie vor erst an ihr neues Leben gewöhnen. Nicht nur an ihre Umgebung, auch an sich selbst. Und wir mussten uns daran erinnern, dass sie ein Straßenhund war, der in einem Kriegsgebiet geboren wurde, inmitten von Schutt und Ruinen. Den Großteil ihres bisherigen Lebens war sie von einem Ort an den anderen verfrachtet worden, lebte im Laderaum eines Lkw, dann wieder in der Dunkelheit eines Flugzeugbauches. Ihre Instinkte waren auf Überleben und Beschützen ausgerichtet. Nun war sie frei, aber es war eine merkwürdige Art von Freiheit, und eine, die sie bisher nicht kannte. Sie mochte die Leine nicht. Sie hatte noch nicht begriffen, was das sollte. Sie war kein Schoßhündchen, wollte nicht drinnen bleiben, sondern frei draußen herumlaufen. Ich glaube, sie hatte Probleme zu verstehen, wer sie nun war. Wir arbeiteten daran, jeden Tag. Ich wusste, dass sie so oft und lang wie möglich rausmusste, also machte ich es zu einem Teil meiner Routine, ausgedehnte Spaziergänge mit ihr zu unternehmen. Aber wir alle hatten den Eindruck, so richtig das Wahre würde es erst sein, wenn sie ohne Leine würde laufen dürfen. Nach zwei Monaten war das jedoch immer noch riskant. Sie war intelligent und schnell – eine gefährliche Kombination. Wenn wir sie von der Leine gelassen hätten, wäre die Wahrscheinlichkeit hoch gewesen, dass sie losgesprintet wäre, irgendeinem Duft hinterher, und wenn wir sie gerufen hätten, hätte sie sich vermutlich gedacht: *Ja, ja, lass sie reden.*

Jeder Morgen begann genau wie der vorherige. Wir wachten nebeneinander auf, Barrie setzte sich auf meine Brust, ich kämpfte eine gute Minute darum, sie von mir herunterzubekommen. Wir gingen eine Runde spazieren, und dann duschten wir. Zumindest duschte *jemand.* Jemand anderes schlug wild um sich und bäumte sich auf, und Daddy war gezwungen, diesen Jemand ins Bad zu schleppen. Ich nenne hier keine Namen, aber nur einer von uns hat Kratzer und blaue Flecken am ganzen Körper. Barrie ging mit mir zur Arbeit, wo sie immer im Mittelpunkt stand. Sie wurde eine noch extremere Diva, ein richtiges »Essex girl«, und zwar rascher, als ich gedacht hätte. Sie stöhnte und seufzte, wenn jemand die Aufmerksamkeit auch nur für den Bruchteil einer Sekunde auf etwas anderes richtete, und meistens bekam sie ihren Willen.

Wenn sie brav war, machten wir einen Spaziergang auf dem Land oder gingen zumindest in einen der Parks in der Nähe unseres Zuhauses, wo sie sich mit jedem Hund anfreundete, der ihr über den Weg lief. Sie war so sozial, das fiel jedem auf. Sie überraschte die Menschen, die glaubten, sie wäre scheu wegen ihrer schwierigen Herkunft, aber Barrie hatte vor nichts Angst. Sie hatte keine Probleme mehr mit Menschenmengen, lauten Geräuschen, Donner. Sie nahm alles ziemlich gelassen hin.

Sie hat mir Sachen beigebracht, genau wie ich ihr – wobei die Erfolge bei Letzterem zu diesem Zeitpunkt noch sehr überschaubar waren. Am Totstellen arbeiteten wir zum Beispiel noch.

Ich wollte lernen, genauso aufgeschlossen zu sein wie sie, beobachtete, wie sie mit den Menschen umging, ihre Anziehungskraft. Vor Barrie hatte ich geglaubt, auf dieser langen, einsamen Straße zu sein, auf der es nie genügte, ich selbst zu sein, und ich verschloss mich vor allen – Freunden, Familie und Fremden. Barrie zwang mich, das zu ändern. Ich musste mich mit mir selbst anfreunden und mir darüber klar werden, dass ich nicht so ein Versager war, wie ich immer geglaubt hatte. Jeden Tag gewann sie neue Freunde, und ich bekam dadurch die Gelegenheit, mich mit einem Menschen zu unterhalten, den ich sonst nie kennengelernt hätte.

Vor allem entdeckte ich, dass es da draußen eine Freundlichkeit gab, die ich mir selbst nicht gegönnt hatte, weil ich mich der Welt nicht öffnen wollte. Menschen kontaktierten mich, um mir zu danken für das, was ich getan hatte. Sie sprachen darüber, wie meine Geschichte sie berührt hatte. Sie offenbarten mir ihre verletzlichen, sensiblen Seiten – jemandem, den sie gar nicht kannten. Es fühlte sich an, als wären das alles meine Freunde.

Die Leute liebten Barrie so sehr. Ich sah meinen Postboten häufiger als meine Freunde. Dann wurde sie sogar zum Hunde-Influencer auf Instagram, was bedeutete, dass sie dort richtig, *richtig* berühmt war und wir dadurch alle möglichen Geschenke bekamen: Fast jede Woche nahm ich ein Paket in Empfang: von Futter (das teure Zeug, das wir uns nicht leisten können) über Halsbänder bis hin zu Spielzeugen und so ungefähr allem, was ein Hund sich wünschen kann. Das kam von Firmen, die uns fragten, ob Barrie ihre Produkte auf Instagram vorstellen könne, in der Hoffnung, dass andere Hundebesitzer, davon inspiriert, dasselbe für ihre Vierbeiner kaufen. Andere Geschenke kamen von uns völlig unbekannten Menschen aus aller Welt, die es so bewegte, wofür Barrie stand, und die großzügig ihre Dankbarkeit ausdrückten.

Weihnachten stand vor der Tür, und das Letzte, was Barrie brauchte, waren noch mehr Geschenke, aber die ganze Familie Laidlaw kam in eine fröhliche Festtagsstimmung. Zusätzlich zu der kitschigen Lichterkette an meiner Hütte wurde im Wohnzimmer ein kleiner Baum aufgestellt. Darunter legten wir Geschenke für alle Familienmitglieder, und es gab, wie Barrie bereits erschnüffelt hatte, auch einen Bereich für sie. Mum brauchte eigentlich keine besonderen Gründe, um Barrie zu verwöhnen. Nach ihrer anfänglichen Zurückhaltung betrachtete sie Barrie nun als ihr vierbeiniges Enkelkind und war diejenige, die ihr am häufigsten heimlich Leckerlis zusteckte.

Da Barrie mittlerweile definitiv ein Teil der Familie war, bekam auch sie einen Weihnachtsstrickpullover, damit sie sich nicht ausgeschlossen fühlte.

Ungefähr eine Woche vor Weihnachten, an einem frischen Sonntagmorgen, war ich mit Dad in der Küche. Wir tranken einen Tee zusammen, und ich durchsuchte den Kühlschrank nach etwas Essbarem. Ich fand ein paar von Netty gekaufte Krakauer, der perfekte Snack für Barrie und mich. Inzwischen verbrachte Barrie viel Zeit mit uns im Haus, und Dads Allergie hatte sich dadurch bislang noch nicht so verschlimmert, wie wir befürchtet hatten. Außerdem mochte Dad es nicht, Barrie auszuschließen, selbst wenn das bedeutete, dass es ihm ein wenig schlechter ging.

Barrie rollte sich in ihrem Hundekörbchen zusammen, das zu Dads Füßen stand.

»Ist das neu?«, fragte Dad.

»Was?«

»Das Körbchen«, sagte er und zeigte nach unten.

»Ah ja, das hat uns einer ihrer vielen Instagram-Fans geschickt.«

»Insta-was?«

»*-gram*. Instagram.«

Die Seite, die Netty für Barrie pflegte, *Barrie the War Dog*, hatte im Dezember zehntausend Follower erreicht.

Mein Hund hatte damit weitaus mehr Follower als ich selbst – nicht dass ich eifersüchtig gewesen wäre.

Das Internet ist eine verrückte Sache. Instagram hatte es uns ermöglicht, mit all den Menschen in Kontakt zu sein, die mehr über Barrie hören wollten, und Netty war so gut darin, Barries freche divenhafte Art in ihren Bildunterschriften rüberzubringen. Es war für mich schon schwer, das Ganze zu verstehen – wie sollte ich es erst Dad erklären?

»Das kommt alles von Barries Seite. Netty schreibt lustige Sprüche so, als würde Barrie das alles kommentieren«, sagte ich. »Sie postet alberne Bilder von Barrie und schreibt so was wie ›Ich liebe es, wenn Mummy mir Süßigkeiten gibt oder Daddy mit mir spazieren geht‹.«

»Mummy und Daddy, hm?«, antwortete Dad und hob eine Augenbraue, während er einen Schluck Tee nahm.

»Ja, irgendwie so was.«

»Also, was läuft da zwischen dir und Netty? Sie ist *sehr* oft hier.«

Mums sechster Sinn für Klatsch und Tratsch muss geklingelt haben, denn sie kam die Treppe herunter und gesellte sich gerade rechtzeitig zu uns, als wir begannen, über mein Liebesleben oder vielmehr mein nicht existentes Liebesleben zu reden.

»Wir sind gute Freunde«, sagte ich. »Richtig gute Freunde. Sie liebt Barrie genauso wie ich.«

»Ja, ich bin sicher, sie übernachtet immer wegen Barrie bei dir«, warf Mum ein.

Ich lachte, aber ich müsste lügen, wenn ich behaupten würde, ich hätte nicht auch darüber nachgedacht. Netty und ich hatten ein interessantes Verhältnis – wir waren

Freunde, und dann wurden wir die Eltern dieses wunderbaren Hundes. Wir hatten immer noch nicht darüber geredet, aber wir verbrachten unsere komplette Zeit miteinander, wir hatten dem Ganzen nur bloß noch keinen Namen gegeben.

»Ich war damals auch immer bei deiner Mum, bevor wir ein Paar wurden, weil ich ihrem Hund nah sein wollte«, sagte Dad.

Eine Familie von Komikern, dachte ich. *Haha.*

Um ehrlich zu sein, war ich mir nicht sicher, ob ich bereit für eine Beziehung war. Die vergangenen Monate waren die besten meines Lebens gewesen, und ich wollte das nicht kaputt machen, indem ich einen so radikalen Schritt ging.

»Sie tut dir gut, Seán«, sagte Mum. »Lass sie nicht gehen.«

Dieses Weihnachtsfest war ganz besonders für mich. Barrie war da, Rachels kleine Tochter Sophie und die ganze Familie. Ich hatte den Eindruck, dass es uns zum ersten Mal seit Langem allen gut ging. Es war keine ausgefallene Feier, im Gegenteil. Wir hatten einen Baum mit ein paar Geschenken darunter – die meisten davon für Barrie.

Meine Familie steht total auf Wichteln, also kaufte jeder nur ein Geschenk für eine Person. Mein einziges Weihnachtsgeschenk aus der Familie bekam ich von meinem Schwager Alex. Ich öffnete es – und traute meinen Augen nicht. Ein Bett für Barrie. Das einzige Weihnachtsgeschenk für mich war in Wirklichkeit für Barrie.

Unser Abendessen war einfach. Der Truthahn war nicht zu trocken und der Milchreis nicht zu süß. Wir trugen alberne Pullover wie jeder andere auch. Aber ich hatte dieses Jahr eine Menge, wofür ich dankbar war. Ich war dankbar für die Geduld meiner Familie mit mir, als ich an meinem Tiefpunkt war, und dafür, dass sie nun mit mir hier war, um sich über die Höhepunkte zu freuen.

Wildes Gelächter war der Soundtrack des Abends. Barrie war anscheinend ganz begeistert von Weihnachten. Sie rannte in ihrem Weihnachtspullover durchs Haus, dessen Rot zu unseren Wangen passte, und schnüffelte unter dem Baum nach ihren Geschenken.

Netty fotografierte sie dabei.

»Ein Weihnachtsfoto für Omi«, sagte sie.

Sie lud es auf Instagram hoch und wünschte allen in Barries Namen und von uns frohe Weihnachten und warf noch eine Handvoll zusätzlicher Hashtags hinein.

Ich ging in die Küche, wo es ruhiger war. Netty gesellte sich zu mir. Wir setzten uns nebeneinander, sie legte den Kopf auf meine Schulter.

»Eine Frau hat uns über Barries Account geschrieben«, unterbrach sie die Stille. »Sie fragt nach einem Date.«

»Mit Barrie?«

»Mit dir.«

»Oh«, sagte ich. »Sieht sie gut aus?«

Ganz offensichtlich fand Netty meinen Witz nicht lustig.

»Sie soll die Finger von dir lassen. Du gehörst mir.«

»Ach ja?«

»Ja.«

Dieses eine Mal verspürte ich nicht den Drang zu diskutieren, denn sie hatte recht. Diesmal ließ sie das Thema jedoch nicht einfach wieder fallen.

»Also?«, fragte sie.

»Was?«

»Sind wir nun ein Paar?«

Ich musste lachen. Es klang so lustig mit ihrem süßen polnischen Akzent.

»Ja!«, antwortete ich.

»Gut«, sagte sie und nickte. Das war alles, was sie hören wollte – zumindest vorerst.

Als die Feierlichkeiten vorüber waren, machten wir Pläne, im Januar ihre Familie in Polen zu besuchen. Nettys gesamte Verwandtschaft lebt dort. Ich hatte ihren Vater nur einmal getroffen, da war er in unser Studio gekommen. Netty und ich waren nun schon so lange zusammen, dass es sich richtig anfühlte, sich aufzuraffen und ihre Verwandten zu besuchen. Ich wollte Barrie nicht mitnehmen, auch wenn wir mit ihr im Auto hätten rüberfahren können. Ein paar Leute waren bereit, einen Flug zu bezahlen, damit sie an alle möglichen Orte reisen konnte, beispielsweise Amerika, aber ich lehnte immer ab. Barrie war schon so viel unterwegs gewesen, und ich wollte, dass sie eine Weile an einem Ort verbrachte.

Netty kommt aus Elblag in der Nähe von Danzig, und im Januar war es dort eiskalt. Ihre Familie ist gerne in der Natur, also gingen wir, obwohl es Winter war, an den Strand. Unglaublich. Das Wasser war wie Eis. Es war völlig verrückt. Abgesehen davon war es schön, ihre Familie und ihre Freunde kennenzulernen und ein Gefühl dafür zu bekommen, woher sie stammte.

Netty organisierte ein Abendessen mit ihren Freunden, damit sie ihren neuen englischen Freund vorzeigen konnte! Als Soldat war ich ziemlich trinkfest, würde ich sagen, aber in meinem neuen Leben hatte ich das Trinken weitgehend aufgegeben. Ich trank Alkohol eigentlich nur noch, wenn wir ausgingen. Das Essen begann ganz normal, und alle sprachen Englisch, das war super. Im Laufe des Abends schalteten die Polen jedoch einen Gang höher und holten zu dem Bier, das es gab, vier Flaschen Wodka hervor. Netty erklärte mir, es sei üblich, in kleinen Schlucken ein Pinnchen Wodka zum Bier zu trinken. Das ging jedoch nicht lange so, insbesondere, als einer ihrer Freunde, Lukasz, und ich anfingen, über unsere Erfahrungen beim Militär zu reden. Er war eingezogen worden, als es in Polen noch die Wehrpflicht gab. Wir kippten den Wodka hinunter und tranken das polnische Bier *Tyskie*, als gäbe es kein Morgen. Meine nächste Erinnerung ist, dass ich am darauffolgenden Tag um vierzehn Uhr aufwachte, zur Erheiterung von Nettys Familie. Ich hatte mich wacker geschlagen beim Trinken, bei dem wir fünf Flaschen Wodka vernichteten und wer weiß wie viele Biere, aber am Tag danach konnte ich nicht mehr. Ich musste mich nicht übergeben, zum Glück, aber ich schlief wie ein Toter. Um achtzehn Uhr stand ich schließlich auf, nur um zu erfahren, dass ich nun Nettys Großeltern vorgestellt werden würde. Das war hart.

Ich lernte ihre Oma, ihren Opa, ihre Mutter und ihren Vater kennen. Sie sprechen kein Englisch, aber sie wirkten alle ziemlich cool, nach dem zu urteilen, was *Google Translate* mir über das verriet, was sie mir erzählten. Nettys Heimat ist ein schöner Flecken Erde, und wir redeten darüber, wie toll es wäre, mit Barrie zurückzukehren und die vielen Wälder und Berge zu durchstreifen, in deren Umgebung sie aufgewachsen war. Hoffentlich ließ unser polnisches Abenteuer nicht allzu lange auf sich warten. Barrie würde es sicher unheimlich gut gefallen.

Anscheinend habe ich Eindruck auf Nettys Mutter gemacht, denn nachdem wir wieder in England waren, textete sie mir alle paar Tage. Einmal schrieb sie, wie froh sie sei, dass Netty mit mir zusammen sei. Netty war mit jemandem nach Großbritannien gezogen, mit dem sie vierzehn Jahre lang eine Beziehung gehabt hatte, aber es war ihr nicht leichtgefallen. Ihre Mum meinte, sie hätte nie gedacht, sie einmal so glücklich zu sehen. Es ist schön, so etwas zu hören. Wir waren eine richtige kleine Einheit, Netty, Barrie und ich. Wir mussten alle an dem ein oder anderen Punkt in unserem Leben gerettet werden.

Nettys Heimat zu besuchen war etwas sehr Besonderes für uns. Und nicht lange, nachdem wir wieder in England waren, gab es ein weiteres ganz besonderes Ereignis.

Barries erster Geburtstag stand an. Wir kannten das genaue Datum natürlich nicht, deshalb beschlossen wir, den Tag, an dem ich sie aus dem Schutt geholt hatte, zu ihrem Geburtstag zu machen. Das war der 28. Februar.

Wir mochten den *BrewDog*-Pub in Tower Hill, London, und weil bei dieser Kette »Dog« im Namen steckt, sind unsere vierbeinigen Freunde in all ihren Lokalen erlaubt. Wir überlegten dort bei einem Drink, wie wir Barries Geburtstag feiern könnten, als einer der Angestellten sagte: »Macht es doch hier!«

Eine Geburtstagsparty für einen Hund … in einem Pub? Ein Jahr zuvor wäre ich der Meinung gewesen, so etwas sei völlig bekloppt. Aber nach ein paar Monaten mit einem berühmten Hund hatte sich meine Einstellung um hundertachtzig Grad gedreht.

Erst kam es mir verrückt vor, dass die Besitzer anderer berühmter Hunde uns anschrieben und fragten, ob wir Lust hätten, uns auf einen Kaffee mit ihnen zu treffen.

Mein erster Gedanke war: Auf keinen Fall. *Das sind bestimmt so komische Hundenarren.*

Wir waren zu ein paar Hundeveranstaltungen eingeladen gewesen, daher kannte ich diese Leute, die glaubten, sie seien prominent, weil ihr Hund es war. Leute, die herumliefen und sagten: »Oh, Mitsy verträgt kein Gluten.«

Das passte überhaupt nicht zu mir, und deshalb war ich etwas skeptisch, aber Netty überredete mich, es zu versuchen, und zu meiner Überraschung trafen wir völlig normale Menschen. Unter anderem haben wir Nick kennengelernt, dem der Mops Smalls gehört, Paz und Jake, die den Account *All About Lloyd* ihrem Hund zu Ehren erstellt haben, und Anna und Giovanni, die »Eltern« von Buzz. Außerdem wäre da Charlie, der Besitzer von Pop Sausage, und wir sind mit Dan und Ben befreundet, den »Dads« der *LV Poms*, zweier Zwergspitze mit Namen Louis und Vinnie. Sie alle wurden Barries beste Freunde. Wir sind eine Gruppe von sechs oder sieben Hunden plus Anhang, mit denen wir alle zwei Wochen etwas unternehmen.

Als es also auf Barries Geburtstag zuging, schrieb Netty ein paar Einladungen – und dann wurde die ganze Sache immer größer. An Barries Ehrentag waren dreißig oder vierzig Hunde im Pub. Es gab einen Kuchen für Barrie mit dem Cover dieses Buches darauf, es gab spezielle

Cupcakes und Kekse für die Hunde, »Bier« und »Prosecco« für sie. Alle Hunde trugen Kostüme. Einer kam im Tutu! Und natürlich wurde das gesamte Event für die Ewigkeit festgehalten und auf Instagram gepostet.

Es war ein einziges Chaos und der absolute Wahnsinn, aber auch sehr lebensbejahend und ein großer Spaß.

Irgendwann pinkelte Barrie vor allen Gästen auf den Boden. Keine Chance, es zu vertuschen.

Wir ließen alle Hunde gleichzeitig auf den Kuchen los und entdeckten in diesem Zusammenhang, dass Barrie noch etwas von ihrer Mum Netty übernommen hatte – die Mentalität eines Einzelkinds. Sie sah nämlich überhaupt nicht glücklich aus, besonders, als der Mops Smalls es so mühelos mit einem Kuchen aufnahm, der doppelt so groß war wie er!

Irgendwann war ich von all diesen verrückt aussehenden Hunden umringt und schaute mich um. Netty amüsierte sich. Ich sah Barrie in ihrer kleinen Jeansjacke, umgeben von ihren besten Freunden, und sie wirkte wie ein Kind, das eine tolle Zeit an seinem ersten Geburtstag hat.

Und wisst ihr was? Ich dachte, das würde ich um nichts in der Welt eintauschen wollen.

EPILOG

Wer hätte gedacht, dass das kleine eingestaubte Geschöpf, das ich im Schutt fand, so große Auswirkungen auf mein Leben – auf das Leben vieler Menschen – haben würde?

Ich denke oft an jenen Tag. Hätte ich nicht diese Art von Job und Ausbildung gehabt, möglicherweise hätte ich das Winseln dieses hilflosen Tieres überhört. Vielleicht wäre ich einfach an ihr vorbeigegangen, ohne sie zu bemerken. Wir hätten in einem ganz anderen Bereich arbeiten können. Ich weiß nicht, ob es Glück oder Schicksal war oder ob das Universum uns einfach zusammenbringen wollte.

Ich weiß nur, dass Barrie zum richtigen Zeitpunkt kam. An einem anderen Punkt in meinem Leben wäre ich vielleicht nicht bereit dafür gewesen, sie aufzunehmen. Ich war schließlich auch schon auf Bali, in Vietnam, in Afghanistan ... Ich hatte viele streunende Hunde gesehen, aber nie einen mit nach Hause gebracht. Warum diesen Hund, warum damals, warum jetzt? Das sind die großen Fragen.

Was für ein Wahnsinnsjahr das war! Ich war vor Kurzem auf einem Hunde-Event und saß da mit den beiden anderen Hundevätern Nick und Charlie. Lauter Hunde rannten herum. Barrie saß einfach da und chillte. Nick sagt zu mir: »Unfassbar, dass du vor einem Jahr noch in

Syrien warst und mit Barrie an deiner Seite Sachen in die Luft gesprengt hast, und jetzt auf einem Hundefestival in der Nähe von London abhängst und Barrie eine Jeansjacke trägt!«

Er hatte recht! Wie soll man das begreifen? Ich kann es jedenfalls nicht. Es ist einfach unglaublich, wie wir hier gelandet sind. Manchmal muss ich mich kneifen, um sicherzugehen, dass das wirklich alles passiert.

Damit will ich nicht sagen, dass nun alles glattging. Ich habe immer noch ab und zu Momente, in denen sich die Anspannung in mir aufbaut, zum Beispiel, wenn wir mit der Firma eine Frist einhalten müssen, und ich mir Sorgen mache, dass wir es nicht schaffen. Oder ein Mehrwertsteuerbescheid kommt rein und stresst mich. Trotzdem ist es jetzt anders. Früher hat das wer weiß wohin geführt, und das tut es nun nicht mehr. Ich kann nun nach Hause kommen und es einfach vergessen. Die Arbeit verfolgt mich nicht mehr zwangsläufig. Früher kam ich heim und konnte weder essen noch schlafen, und der Stress baute sich immer stärker auf. Jetzt ist Netty da, die mir hilft, runterzukommen, und dafür sorgt, dass ich ein anständiges Abendessen zu mir nehme, selbst wenn ich noch irgendwelche Arbeitssachen regeln muss. Es macht mich nicht mehr so fertig. Und wenn ich merke, dass doch einmal Panik in mir aufkommt, klappe ich den Laptop zu und spiele draußen mit Barrie.

So viel ist passiert, seit ich Barrie begegnet bin.

So vieles, wofür ich dankbar bin.

Im April bewarb ich mich notgedrungen auf einen Job beim Sanitätsdienst. Das Fitnessstudio steht zwar inzwischen sehr gut da, und seit Barrie zu Hause ist, fühle ich mich viel stabiler. Mitch und ich werden langsam immer besser darin, ein Unternehmen zu führen, und lernen jede Menge dazu. *Beyond Limits* hat sich in Riesensprüngen entwickelt und macht gutes Geld, aber wir wollen nichts aus der Firma nehmen. Also beschloss ich, mir einen anderen Job zu suchen, und da ich nun einmal bin, wie ich bin, wollte ich nicht einfach irgendetwas machen. Ich schaute mich nach einem Job um, für den ich mit meinem Hintergrund geeignet war. Eines Tages bekam ich eine E-Mail vom Stellenservice der Streitkräfte, in der stand, dass der Sanitätsdienst in meiner Gegend Leute suchte. Wie ich herausfand, sitzen die nur zwei Häuser weiter von unserem Studio. Ich bewarb mich und bekam den Job aufgrund meiner militärischen Qualifikationen am nächsten Tag. Nun arbeite ich als mobiler Pflegehelfer, was so etwas ist wie ein Rettungsassistent, also im Grunde ein sehr teurer Uber-Fahrdienst für sehr kranke Menschen. Ich arbeite vier Tage, dann habe ich vier Tage frei, das bedeutet de facto, ich fahre vier Tage für den Sanitätsdienst und arbeite die anderen vier für das Studio. Dieser Job bringt es mit sich, dass ich den ein oder anderen schweren Unfall mitbekommen habe, aber mittlerweile stehe ich auf viel sichereren Beinen und kann besser mit solchen Herausforderungen umgehen.

Barrie bringt mir Ruhe, und ich bin glücklich mit Netty. Außerdem fühlt es sich gut an, wieder eine Uniform zu tragen und stolz auf meinen Job sein zu können.

Mit Barrie gibt es nach wie vor viel zu tun, aber wir machen Fortschritte. Endlich akzeptiert sie, wenn auch widerwillig, dass ihre Stellung in unserem Dreier-Rudel unter mir ist. Wir müssen ihr nur noch beibringen, dass

Netty ebenfalls ein ranghöheres Rudelmitglied ist! Das könnte noch ein Weilchen dauern.

Barrie muss außerdem lernen, dass sie bei Spaziergängen in unserer Nähe bleiben und nicht einfach davonlaufen darf. Es gab ein paar Gelegenheiten, bei denen sie um eine Ecke gerannt ist, irgendeinem Duft hinterher, und wir einen Moment hatten, in dem uns das Herz stehen geblieben ist: »Oh nein, sie ist weg.« Meistens renne ich dann hinter ihr her. Wenn ich um die Ecke gelaufen komme, sitzt sie da und sieht mich an, als wolle sie fragen: »Was ist denn los?«

Sie ist nach wie vor ein Instagram-Star, weshalb wir mit Hundeprodukten überhäuft werden. Sie hat ihren eigenen Kleiderschrank voll mit Klamotten, darunter Jeansjacken und sogar Militärkleidung. Es ist ziemlich albern, um ehrlich zu sein.

Aber es gibt andere große Vorzüge. Im März wurden wir zur Crufts-Messe in Birmingham, der größten Hundeschau der Welt, eingeladen, für die wir VIP-Tickets erhielten und wo wir live fürs Fernsehen interviewt wurden. Unsere ganzen Hundefreunde waren dort. Es war toll, sie alle wiederzusehen.

Da wir noch ein wenig mehr herumgereist sind, dachten wir uns, wir leisten uns ein neues Auto, und gönnten uns dann gleich eine größere Nummer: einen Mercedes GLC SUV, damit ich für Barrie ein Hundegitter in den Kofferraum einbauen konnte. In der ersten Woche wirkte sie, als würde sie nicht so recht verstehen, weshalb sie im Kofferraum und nicht auf dem Rücksitz mitfahren musste, aber mittlerweile mag sie es. Sie hat genug Platz, um sich hinzulegen und zu chillen oder im Sitzen aus dem

Fenster zu schauen. Ein zusätzlicher Pluspunkt ist, dass die Fenster geschwärzt sind, sodass sie hinaus-, aber niemand hineinblicken kann. Sie hat nach wie vor einen starken Beschützerinstinkt, besonders, wenn sich Menschen uns nähern, deshalb ist das sehr praktisch: Niemand kommt mehr ans Auto, um sie anzuschauen, und sie ist daher viel entspannter.

Da ich, was die Arbeit angeht, viel zufriedener bin und mit Barrie alles geregelt ist, überrascht es vermutlich nicht, dass ich mich zu Hause viel wohler fühle als früher. Barrie hat einen Schmetterlingseffekt ausgelöst – beziehungsweise *Barrie-Effekt* –, denn sie hatte mir fortwährende unbändige Freude beschert.

Am Beginn dieser Geschichte fühlte ich mich verloren, und nun habe ich einen Hund gefunden, der mich mehr über mich selbst gelehrt hat, als ich mir jemals hätte träumen lassen.

Und mit Netty habe ich einen Menschen gefunden, mit dem ich den Rest meines Lebens verbringen möchte.

Wenn einem klar wird, dass man diese Person getroffen hat, möchte man es offiziell machen. Und das tat ich.

Ich wollte ihr keinen normalen Heiratsantrag machen. Es sollte etwas Besonderes sein. Und alles sollte perfekt sein.

Da Netty ist, wie sie ist, musste ich einiges bedenken. Zum einen steht sie nicht gern im Mittelpunkt. Vermutlich wäre die Premierenfeier dieses Buches der perfekte Augenblick gewesen, um die Frage aller Fragen zu stellen, aber vor einem Raum voller Leute zu stehen hätte Netty vielleicht auch überfordert. Sie hätte sich vor Leuten, die sie kennt, schämen können, und das hätte sie mir nie verziehen!

Mein anderes Dilemma war, wie ich es mit dem Ring anstellen sollte. Ich wollte selbst einen aussuchen, damit ich ihn ihr überreichen konnte, wenn der Moment gekommen war. Und ich wollte sichergehen, dass die Größe stimmte. Netty trägt eigentlich nicht so gern Schmuck. Immer, wenn wir vorsichtig über das Thema Verlobungs- oder Ehering gesprochen haben, sagte sie, sie würde keinen tragen. Ich befand mich also in einer schwierigen Lage. Ich wusste, was auch immer ich wählte, es durfte nicht überkandidelt sein. Ich wollte nicht riskieren, dass ich ihr einen Ring kaufte, der ihr nicht gefiel. Mit alledem im Hinterkopf schaute ich mir ein paar Designs an und beschloss, dass es etwas Einfaches, aber Funkelndes sein sollte.

Als Netty und ihre Freundin Paige im Frühjahr eine Reise nach Marrakesch buchten, sah ich eine Gelegenheit, meine Pläne umzusetzen. Ich bat Paige, Netty diskret dazu zu bringen, ein paar Ringe anzuprobieren, damit ich wusste, welche Größe sie hatte. Das tat sie. Als Nächstes musste ich mich für ein Design entscheiden. Ich hatte etwa drei in der engeren Auswahl, die ich Paige zeigte, damit sie mir ihre Meinung sagte. Netty hat – ich bin sicher, es ist okay, dass ich das hier erwähne – kurze kleine Finger; ich bezeichnete sie manchmal liebevoll als Würstchenfinger. Ich recherchierte ein wenig online und fand heraus, dass birnenförmige Diamanten genau das Richtige für die Länge ihrer Finger waren. Am Ende wurde es ein Ring mit einem birnenförmigen Diamanten in der Mitte und zwei kleineren an den Seiten.

Ich überlegte noch, wann ich Netty den Antrag am besten stellen könnte, als sie vorschlug, im Juni einen

Kurzurlaub zu machen – fünf Tage zwischen meinen Schichten, sodass ich nur einen Tag freinehmen musste. Sie fand ein Hotel in Corralejo, auf der kanarischen Insel Fuerteventura, und buchte uns ein Zimmer.

Im Urlaub mag ich es nicht, nur am Strand oder Pool zu liegen. Ich bin gern unterwegs, schaue mir die Gegend an und erlebe ein paar Abenteuer. Also sah ich nach, was für Ausflüge dort angeboten wurden, und fand einen, bei dem wir mit einem Buggy eine Tour durch die Dünen machen konnten. Das sah nach einer Menge Spaß aus. Ich scrollte durch die Fotos von dem Unternehmen, das die Touren anbot, und darunter war eines, das auf einer Düne aufgenommen worden war, mit Blick aufs Meer. Es war wirklich malerisch, und ich dachte, das könnte der ideale Ort sein. Ich schrieb dem Unternehmen, was ich vorhatte. Sie fanden die Idee super und hatten einige Vorschläge, wie wir es am besten anstellten konnten. Sie arbeiteten mit einem Fotografen und Videofilmer zusammen bei den Touren, der den Augenblick perfekt einfangen könnte, also verbanden sie mich mit ihm.

Die nächste Phase der Operation war, den Ring zu kaufen und dann, wie es die Tradition will, bei Nettys Eltern um ihre Hand anzuhalten. Dafür musste ich sie anrufen und ihnen erklären, was ich vorhatte, und hoffentlich ihren Segen erhalten. Das war nicht einfach, da weder ihre Mutter noch ihr Vater Englisch sprechen. Deshalb bat ich Beata um Hilfe, eine weitere Freundin von Netty. In der Woche vor unserem Urlaub machte ich einen Videoanruf bei ihren Eltern, und Beata nahm an dem Gespräch teil, um zu dolmetschen. Als sie es Nettys Eltern übersetzte, fingen die beiden an zu weinen und sagten sofort »Ja«

und hielten die Daumen hoch in die Kamera. Es war so goldig.

Ich musste den Ring mit nach Fuerteventura nehmen, ohne dass Netty ihn vorher zu Gesicht bekam. Die Tour mit dem Sandbuggy war für Samstag gebucht. Für den Abend wollte ich einen Tisch im Restaurant reservieren, schließlich würden wir – wenn alles gut ging – etwas zu feiern haben. Ich hatte bereits vor der Reise online geschaut, aber ich wollte nicht riskieren, etwas zu buchen, was auf den Fotos gut aussah – und in echt nicht. Ich überlegte daher, dass es vielleicht am besten wäre, wenn ich wartete, bis wir in dem Resort waren, und dann ein paar Lokale auskundschaftete. An dem Tag vor dem Ausflug gingen wir zum Mittagessen an den Strand. Wir aßen Pizza, und ich googelte heimlich ein paar Restaurants, in der Hoffnung eines zu finden, das angemessen romantisch war. Von meinem Platz aus konnte ich jedoch den Strand entlangblicken und sah eines, das *Mi Casa* hieß und geeignet wirkte, mit Stühlen direkt am Strand, schöner Einrichtung und einem idyllischen kleinen Boot davor. Wie konnte ich mir einen näheren Eindruck verschaffen, ohne dass Netty sich fragte, was ich vorhatte? Ich hatte eine Idee.

»Ich muss mal auf die Toilette.«

»Okay.«

»Ich muss groß, es könnte also eine Weile dauern.«

Sie schüttelte den Kopf, lachte und aß weiter ihre Pizza.

Das Restaurant war rund dreihundert Meter von unserem entfernt, und ich joggte den ganzen Weg dorthin. Sobald ich es von Nahem sah, wusste ich, dass es perfekt war. Ich sprach mit einer Kellnerin, die mich an den ebenfalls anwesenden Restaurantbesitzer verwies. Ich erklärte ihm meinen Plan. Die beiden waren begeistert und reservierten einen Tisch für mich ganz vorn neben dem kleinen Boot. Das war also geklärt. Ich sprintete zurück. Die Flip-Flops, die ich trug, waren brandneu, und die Striemen schnitten mir in die Füße. Als ich wieder bei Netty ankam, brachten sie mich schier um.

»Lust auf einen kleinen Strandspaziergang?«, fragte Netty.

»Äh, okay«, sagte ich, nicht so scharf darauf, auch nur einen Schritt weiterzugehen.

»Oh Gott«, sagte sie, als sie die Wunden an meinen Füßen sah. »Wie ist das denn passiert?«

»Die Flip-Flops. Sie sind ganz neu. Aber ich komme schon klar.«

Wir spazierten am Strand entlang, wobei wir natürlich am *Mi Casa* vorbeikamen. Die Kellnerin und der Besitzer standen draußen und sahen auffällig unauffällig überallhin, außer zu mir.

Ich stupste Netty an. »Das sieht nett aus, oder?«

»Ja«, sagte sie. Ihr gefielen die Stühle und das kleine Boot. »Es sieht sehr romantisch aus. Vielleicht können wir morgen hingehen.«

»Ja«, sagte ich. »Vielleicht.«

Alles war geregelt. Der Samstag kam, und wir machten uns bereit für die Buggytour. Ich war so aufgeregt, dass ich es kaum verbergen konnte. Ich wollte Netty alles erzählen, einfach mit der ganzen Geschichte herausplatzen. Schließlich war sie diejenige, die immer alles von mir erfuhr. Jetzt gab es so etwas Wichtiges zu erzählen, und ich konnte nicht – noch nicht!

Als wir bei den Organisatoren ankamen, fragten sie nach unserer Reservierung. Ich sagte, ich hätte online gebucht, der eine schaute mich an, sagte etwas auf Spanisch zu seinem Kollegen und zwinkerte mir zu, als Netty abgelenkt war. Es konnte losgehen!

Wir brachen auf, und die Buggytour war ein großer Spaß – wir sausten die Dünen hinauf und hinunter. Ungefähr in der Mitte der Tour ließen sie uns auf der höchsten Düne anhalten. Es war genau wie auf dem Foto, das ich im Internet gesehen hatte, nur noch viel spektakulärer. Wir atmeten tief durch und ließen die Schönheit dieses Ortes auf uns wirken.

»So, alle bitte einmal einen Kreis bilden«, sagte einer der Tourguides. Die Teilnehmer guckten ein wenig verwundert, taten aber, was er verlangte. »Wir machen einen kurzen Test. Es ist ein Reaktionstest, weil die Bremsen der Sandbuggys nicht besonders gut sind. Wir brauchen zwei Freiwillige«, erklärte er lachend.

Netty und ich melden uns nie bei so etwas, also standen wir einfach nur da, während er sich umsah, als würde er nach den richtigen Personen suchen. Er war sehr überzeugend.

»Ihr zwei«, sagte er und sah uns an. »Ihr seht sehr kräftig aus. Kommt mal her.«

Er stellte uns Rücken an Rücken auf.

»Geht bitte jeder zwei Schritte nach vorn.«

Wir machten zwei Schritte. Er tippte mich an der Schulter an und zeigte den erhobenen Daumen. Das war das Zeichen. Der Moment war gekommen.

Ich drehte mich um, Richtung Netty, die nach wie vor mit dem Rücken zu mir gewandt dastand, holte den

Ring hervor und ging auf die Knie. Wennschon – dennschon.

»Und los!«, sagte er.

Netty drehte sich um und sah mich vor ihr knien und ihr ein Kästchen mit einem Ring darin entgegenstrecken.

»Netty, willst du mich heiraten?«, fragte ich und versuchte, meine Stimme in den Griff zu bekommen.

Ihr Gesicht hatte einen Ausdruck für die Götter. Es wirkte, als wartete sie darauf, dass ihr Gehirn verarbeitete, was ihre Augen sahen.

Dann begriff sie. Ich fragte sie, ob sie meine Frau werden wollte. Tränen stiegen ihr in die Augen.

Ich hielt ihr den kleinen Ring hin, wie um zu sagen: »Und?«

Sie war wirklich sprachlos – zum ersten Mal!

»Ja!«, sagte sie dann lachend und kam auf mich zu. Ich schloss sie in die Arme. Es fühlte sich an, als würde all die Liebe, die ich für sie empfand, in diesem Moment greifbar werden. Ich steckte ihr den Ring auf den Finger. Zum Glück passte er.

Ich hörte, wie die Leute um uns herum jubelten und klatschten. Manche kamen zu uns, umarmten und gratulierten uns. Leute, die wir erst seit diesem Morgen kannten. In gewisser Hinsicht wurde es dadurch noch außergewöhnlicher.

Der Fotograf, der vorher Bilder von Netty gemacht hatte, als wäre sie einfach ein gewöhnliches Mitglied der Gruppe, hatte im richtigen Augenblick auf den Auslöser gedrückt und außerdem eine Kamera aufgestellt, mit der er den Antrag filmte. Und das alles fügte sich völlig natürlich ein.

Nach unserem großen Moment ging die Tour weiter, offroad einen Vulkan hinauf. Schließlich hielten wir an einer Bar und hatten Zeit, ein wenig unsere Gedanken zu sammeln. Wir riefen Mum und Dad an, die nicht wussten, was ich vorgehabt hatte. Dann machten wir einen Videoanruf bei ihren Eltern. Als Netty mit ihnen sprach, fing sie an zu heulen. Sie konnte sich nicht zurückhalten. Die beiden riefen ihre Glückwünsche durchs Telefon, und Netty war in Tränen aufgelöst. Es war eine herrliche Szene. Wir waren in einer Bar voller Gäste, und ihre Familie rief irgendwelche polnischen Worte über das Telefon!

An diesem Abend im Restaurant bekamen wir wie versprochen den besten Tisch. Sie hatten ihn mit einer einzigen Rose dekoriert. Es war perfekt.

Nun endlich hatten wir die Gelegenheit, über alles zu reden, was passiert war. Wir würden heiraten! Erst jetzt kam das so richtig bei uns an.

Ich hatte in diesem Zusammenhang so viel heimlich organisieren müssen, dass es eine Erleichterung war, Netty endlich alles zu erzählen. Als Netty sich den Moment in den Dünen noch einmal vor Augen hielt, stellten wir fest, dass sie nicht einmal gemerkt hatte, dass alle im Kreis um uns herum gestanden hatten. Sie erinnerte sich nicht, dass irgendjemand anderes außer uns dort gewesen war.

Nachdem ich ihr von all meinen Aktivitäten erzählt hatte, fragte sie: »Gibt es noch mehr Überraschungen?«

»Nein!«, sagte ich.

Genau in diesem Augenblick kam die Kellnerin mit einem Kuchen, auf dem »Herzlichen Glückwunsch!« stand.

»Oh, mein Gott!«, sagte Netty.

»Davon wusste ich nichts!«, versicherte ich. Es war eine nette Geste von dem Restaurant.

Als wir ins Hotel zurückkamen, erwarteten uns dort eine Flasche Prosecco, zwei Gläser und eine Karte mit Glückwünschen.

Das Tourunternehmen leitete uns das Video mit dem Antrag weiter. Es war Teil des allgemeinen Videos des Tages für die ganze Gruppe. Ich schnitt auf dem Handy unsere Stelle hinaus und untermalte sie mit einem Song des amerikanischen Country-Sängers Cody Johnson, *On My Way To You*. Das war unser Lied. Ich höre viel Country-Musik beim Autofahren. Netty mochte sie bekanntlich nie, aber sie hatte in den letzten Jahren keine andere Wahl. Einmal lief dieses Lied, und als ich mir den Text genauer anhörte, sagte ich zu ihr: »Das ist unser Lied.«

Der Text lautet: »All the hell I've caused«, all der Mist, den ich durchgemacht habe, war es wert, weil er mich zu dir geführt hat. Nun ergibt alles Sinn, weil ich hier bin. Als Netty die Lyrics hörte, sagte sie: »Oh, du hast recht. Das ist unser Song.«

In den fünf Jahren, die ich Netty kenne, ist sie immer mein Fels in der Brandung gewesen. Dass wir beide ein Paar wurden, ist wie das Sahnehäubchen. Selbst als wir noch nur Freunde waren, war sie immer der Mensch, den ich anrief. Als ich in Syrien war, war sie diejenige, mit der ich jeden Tag sprach, morgens und abends, und der ich von meinem Alltag erzählte. Selbst als ich nichts auf die Reihe bekam, war sie immer da, erinnerte mich daran, dass ich ein guter Mensch war und einfach nur meine Probleme lösen musste. Mit ihr zusammen zu sein, die bei alledem an meiner Seite war, ist wie ein Wirklichkeit gewordener Traum. Sie kennt mich mit all meinen Facetten und nimmt mich trotzdem so, wie ich bin.

Sie weiß alles über Barrie – und über das, was ich durchgemacht habe, um sie zu uns nach Hause zu holen.

Schade, dass ich Barrie nicht in den Antrag einbinden konnte, denn wenn ich zurückdenke an all die anderen guten Erinnerungen aus dem Jahr, war Barrie bei jeder einzelnen Gelegenheit dabei. Genau wie Netty war sie stets an meiner Seite. Direkt oder indirekt war sie ein Teil all der positiven Veränderungen in meinem Leben.

Ich weiß nicht, ob ich ohne Barrie jemals in der Lage gewesen wäre, mich aus dem tiefen Loch der Verzweiflung nach Afghanistan herauszuarbeiten. Ich weiß nicht, ob ich mich ohne Barrie je dem Grauen hätte stellen können, dessen Zeuge ich als Soldat geworden war. Ich weiß nicht, ob ich ohne sie ein Leben als Zivilist hinbekommen hätte. Ich weiß nicht, ob es mir ohne sie gelungen wäre, mich Menschen zu öffnen und zu merken, dass ich nicht allein war. Ich weiß nicht, wo *Beyond Limits* ohne sie wäre, ob ich in der Lage wäre, Leute zu trainieren ohne all das, was ich von ihr gelernt habe. Ich weiß nicht, ob ich ohne sie jemals glücklich geworden wäre.

Ein Wirbelsturm an Ereignissen brachte Barrie und mich zusammen und auf einen Weg, den ich mir vorher nie hätte vorstellen können. Mein Leben fühlte sich an wie ein Film, und nun beginnt der Teil, in dem die Hauptcharaktere glücklich miteinander leben bis ans Ende ihrer Tage.

Netty wird meine Frau werden, und Barrie ist meine beste Freundin, das wird sie immer sein. Ich kann mir die Welt ohne sie nicht mehr vorstellen. Unser Leben ist nicht perfekt, keineswegs. Wir leben in einer Hütte im Garten meiner Eltern. Ich habe immer noch mit Gedanken zu kämpfen, die in meinem Kopf lauern, aber es gelingt mir ganz gut. Ich arbeite nach wie vor so gut wie jeden Tag, und auch wenn ich dadurch unsere Rechnungen bezahlen kann, bin ich weit entfernt davon, uns in nächster Zeit eine Villa zu kaufen. Aber mit Barrie schaffe ich das alles.

Unser glückliches Ende ist vielleicht nicht so grandios wie im Film, aber es ist mehr, als ich mir gewünscht habe.

Barrie zu begegnen war das Beste, was mir passieren konnte. Sie wusste es damals nicht, und ich bin mir nicht sicher, ob sie es heute weiß, aber sie rettete mich vor diesem Gefühl, unterzugehen, von dem ich glaubte, ich würde es nicht überleben. Vor ihr erschien mir alles dunkel, einsam und verwirrend. Ich fühlte mich, als würde ich in einer Schleife festhängen, mich an einem unendlich langen Seil hochziehen, das ins Nirgendwo führte. Sie hat meinem Leben Klarheit und einen Sinn verliehen.

Die Leute sagen immer, ich habe Barrie das Leben gerettet, aber in Wahrheit ist es umgekehrt.